Despertando del Caos

Reconstruyendo
el Altar Roto

Endosos

En su libro *Despertando del Caos*, Greg Hood presenta una obra maestra de esperanza para el futuro de la iglesia, para América y para las naciones que claman por el mover de Dios. Él establece cuidadosa, bíblica y proféticamente un modelo para el avivamiento con el que cada líder y creyente puede trabajar para cambiar la cultura y capturar la atmósfera espiritual para traer cambio. La palabra estudios brinda una visión increíble y revela los elementos importantes necesarios para reconstruir el altar del Señor que ha sido roto tanto en la iglesia como en la sociedad para poder llegar a ver un derramamiento del cielo de cosecha y transformación sin precedente alguno. En este momento crítico de la historia, los creyentes no pueden darse el lujo de ceder a la desesperanza, la complacencia, el miedo o la desesperación, sino que deben aceptar el desafío de hacer que una nación regrese a Dios. Este libro lo inspirará con el entendimiento de que Dios no ha abandonado a América, sino que nuestros días más grandes de cumplimiento, demostración y avance del Reino de Dios aún están por venir. Gracias, Greg, por este magnífico encargo al Cuerpo de Cristo de abrazar nuestro mejor momento.

Dr. Jane Hamon, *Vision Church @ Christian International*

Autora de: *Dreams and Visions, The Deborah Company, The Cyrus Decree, Discernment*

Despertando del Caos, es una revelación clave para ver los altares falsos desmantelados y derribados, y la presencia manifiesta del Señor establecida en cada región. Muchos han estado orando, siendo parte en la guerra espiritual y trabajando apasionadamente, con gran fe y esperanza, para ver un poderoso derramamiento del Espíritu Santo en avivamiento y despertar espiritual, y sin embargo, no hemos visto la plenitud del fuego, ni la gloria de la presencia de

Dios y su poder manifiesto como lo vemos en la Escritura o en movimientos previos de Dios a lo largo de la historia de la Iglesia. Es hora que nosotros, como pueblo de Dios, la Ekklesia del Señor, nos dediquemos a reparar el verdadero Altar del Señor.

El afilado don profético de Greg, su fuerte autoridad apostólica y su sólido fundamento en la Palabra de Dios se manifiestan alto y claro en *Despertando del Caos*. La claridad de la revelación y aplicación práctica de como las Piedras del Altar, que representan a cada una de las Tribus de Israel, es de vital importancia para los días que estamos viviendo. Este no es simplemente un libro para leer, sino un libro de referencia para ser consultado una y otra vez mientras todos nos esforzamos por ver el altar del Señor restaurado en nuestras propias vidas y en los territorios que Dios nos ha asignado.

¡Gracias, apóstol Greg, por invertir tu vida en los propósitos de Dios y por hacer que este libro esté disponible para todos nosotros!

A Él sea la Gloria,

Jacquie Tyre, Líder Apostólica, Kairos Transformation Ministries – CityGate Atlanta

Greg ha establecido una instrucción clara sobre *Despertando del Caos* que es muy necesaria en la actualidad. Greg nos trae la verdad de forma directa y honesta. El margen afilado que encontrarás en estas páginas puede convertirse en la verdad que te haga libre. Su revelación seguramente te llevará a un mayor nivel de comprensión espiritual. Greg a través de los dones proféticos y la enseñanza que destella incrementada por un corazón del reino para equipar al Cuerpo de Cristo dio por seguro al blanco aquí. Disfruta, crece y espera que Dios se revele a ti en un nivel mayor.

Clay Nash, Autor de *Activating the Prophetic, Relational Authority* y *God Dreams to Make America Great Again*

Acabo de terminar de leer *Despertando del Caos*. ¡GUAU! ¡Qué oportuno este libro profético y revelador para hoy! Personalmente apruebo este libro como una de las revelaciones más significativas para cada ministro, apóstol, profeta, maestro, evangelista, pastor y cada líder de la iglesia. Léalo, practíquelo y observe el poder de Dios usando a Su dotada iglesia para Sus intenciones finales. El diablo perdió y Dios ganó, esos serán los titulares en las próximas temporadas.

Greg Hood ha venido como apóstol para el reino para un momento como este. Es un hombre de oración, tiene poder apostólico y es un líder entre los líderes. Dios bendiga a todos los que lean este libro. Este libro te cambiará la vida.

Apóstol Emanuele Cannistraci, Pastor Fundador de GateWay City Church, San Jose, CA

El libro de Greg Hood, *Despertando del Caos*, se abre como un mapa en un viaje por carretera a través del país. Desde la examinación detallada de cada una de las 12 tribus de Israel y cómo nos impactan hoy en día, Greg nos conduce sin esfuerzo desde las hazañas de los antiguos hasta las necesidades de la cultura moderna mientras observamos por las ventanas de nuestra casa rodante, contentos de hacer algunas paradas aquí y allá, en la medida que se despiertan nuestros intereses.

Greg presenta un panorama tan variado que, si no te gusta lo que dice en un párrafo, no te preocupes, quédate sentado y pasa al siguiente.

Estas páginas son una maravilla para la vista. Recomiendo encarecidamente pasar unos días con este magnífico tomo.

Dr. Harold R. Eberle, Ministerio Worldcast, Autor de *Father-Son Theology*

Mi amigo Greg Hood es conocido por ser contundente, directo e intransigente en su prédica. ¡Su escritura lo es aún más! Me encanta la forma en que nos desafía audazmente a liberarnos de las viejas mentalidades religiosas para que podamos abrazar los planes del reino de Dios. En su nuevo libro *Despertando del Caos*, Greg nos da una visión clara de una iglesia restaurada. Con ricas ideas sobre las doce tribus de Israel, nos lleva en un viaje hacia la restauración de la fe del Nuevo Testamento. ¡Serás desafiado e inspirado!

J. Lee Grady, Autor y Director de The Mordecai Project

Del Shofar es soplada la voz profética por nuestro querido hermano Greg Hood para recordarnos que *Reconstruir el Altar Roto* es la orden para este tiempo. Él nos ayuda a comprender el significado del tiempo y captar el impacto sísmico del altar. He tenido el privilegio de la amistad de Greg y las bendiciones de sus claras voces proféticas. Alabo al Señor Jesús por permitirle escribir este valioso libro.

Tamrat Layne, Ex Primer Ministro, Etiopía

Creo que este oportuno libro lo desafiará a cumplir su propósito en el planeta tierra. Greg ha dado en el clavo cuando nos anima a reconstruir el altar. Greg tiene una pasión por ver el reino de Dios establecido en la tierra como lo es en el cielo. Este libro hará que el gigante durmiente que hay en ti se levante y tome su lugar. ¡Este libro cambiará la forma en que ves las Escrituras!

Neil Miers, Pastor & Fundador de Global Connexions Church, Australia

El libro del Dr. Greg Hood, *Despertando del Caos*, está lleno de percepciones espirituales. ¡Te inspirará a caminar más cerca de Dios!

Yo le conozco por más de una década por tener una unción poderosa y distinta del Espíritu Santo sobre su vida y ministerio.

Dr. David A Sobrepena, Word of Hope Church, Manila, Filipinas

Es asombroso ver que todavía hay esperanza y que la iglesia tiene la llave para traer un mover de Dios a este mundo que lo necesita desesperadamente. Por eso es muy refrescante encontrar a hombres como Greg Hood escribiendo *Despertando del Caos* en un momento en que la iglesia necesita un GPS para volver a su primer amor. Estoy tan agradecido de que mi buen amigo continuamente tenga sed de la justicia de Dios. ¡Greg ha cultivado una profunda percepción espiritual que revela planos bíblicos para construir un altar vivo con un Dios vivo!

Alex Panetta, DIRECTOR EJECUTIVO, TBN PACIFICO Brisbane, Queensland, Australia

Despertando del Caos por Greg Hood es un mensaje profético de "ahora" para la Iglesia y sus líderes. Cada piedra utilizada para reconstruir el altar representa una de las 12 Tribus de Israel. A medida que Greg desglosa la rica metáfora y la aplicación profética para nosotros hoy, te llenará de esperanza y un celo santo por Su Reino.

¡Amo este libro! ¡Todo estudiante serio de la Palabra de Dios amará este libro! Es una mina de oro de revelación y entendimiento profético para esta hora. ¡Greg Hood tiene una increíble voz profética para estos días!

Faylene Sparkes, Director, Australian Company of Seers

Al Señor Jesús le gustaba usar la frase: "los que tienen oídos para oír, que oigan". Con esta frase estaba indicando que lo que estaba diciendo en ese momento contenía una profunda verdad espiritual que requeriría conocimiento, sabiduría para discernir, y madurez para aplicarla.

Esto es precisamente lo que encontramos en el libro más reciente del Dr. Greg Hood, *Despertando del Caos*. El Espíritu Santo de Dios le ha revelado al Dr. Hood verdades intensamente relevantes y oportunas usando el simbolismo profético y sacerdotal (el altar y el pectoral), que el escritor nos presenta, de una manera fascinante, informativa y completa. ¡Dios tiene la intención de que el mensaje de este libro sane, entusiasme y capacite a sus creyentes, a su iglesia y a esta nación, al arrepentimiento y al poder!

No querrás dejar este libro. No hay duda de que el Dr. Hood tiene una unción para predicar. Su don espiritual también se manifiesta claramente en sus escritos. En estas páginas, las verdades profundas del Espíritu Santo llamarán a las partes más profundas de tu alma y espíritu (Salmo 42:7), reencendiendo y avivando el fuego santo en un infierno justo.

Dr. Wendell Choy, Presidente, Ohana Christian Institute

Greg Hood ha hecho un excelente trabajo al presentar la historia y la relevancia de la edificación del reino y la estructura de Dios en su libro *Despertando del Caos*.

En este libro, encontramos que Dios está revelando sus planes para nosotros. Dios siempre está haciendo una obra en nosotros para hacer una obra a través de nosotros. Asociarse con Dios, escuchar su voz, comprender los tiempos y las estaciones en que vivimos, son vitales a medida que avanzamos en estos días.

Greg ha hecho un excelente trabajo al "desempacar" la verdad y la sabiduría para ayudarnos a alinearnos con Dios, superar todos los errores que hemos cometido y desarrollar el discernimiento y la comprensión del reino de Dios y el proceso de construcción en nosotros. *Despertando del Caos* está repleto de conocimientos sobrenaturales de algunos de los misterios ocultos que realinearán nuestro pensamiento y nos darán instrucciones sólidas a medida que avanzamos en los días por venir.

Cindy McGill, Hope for the Harvest Ministries, Autor de *What Your Dreams Are Telling You*

Los altares de adoración requieren asamblea, orden y pacto renovado. Las piedras esparcidas no dicen nada, están en silencio esperando al líder para quien su propósito es evidente. Mil pueden caminar alrededor de ellas sin saber para qué sirven, pero un hombre de Dios con una misión puede restaurarlas en un día.

Greg Hood presenta un cuadro profético con una poderosa percepción: las piedras del altar en ruinas deben ser restauradas con el orden del pacto, sanadas con manos consagradas y renovadas por el fuego de Dios.

Reconstruyendo del Altar Roto revela el significado de las presentaciones proféticas del propósito, revela las señales que hacen que los convenios olvidados sean funcionales y establece el orden adecuado para la adoración. Perder incluso una piedra puede dejar que el pueblo de Dios pierda el objetivo de su golpe.

Restablece tu propio altar. Únase al Remanente que está restableciendo los altares de las naciones. Conviértase en esta parte del movimiento de Dios para unir las piedras esparcidas para la venida del reino, la cultura y la conquista en esta generación.

Dr. Don Lynch, Ministry Matrix International, Jacksonville, FL

Las percepciones proféticas de Greg han sido de gran ayuda en mi vida espiritual, dándome orientación práctica y confirmando direcciones en mi vida. Su sinceridad y evidente amor por Jesús se filtra a través de su profunda revelación de la palabra de Dios. Ahora también puedes participar de sus revelaciones reveladoras de la palabra. Recomiendo encarecidamente este libro.

Lars Brittsjo, CEO, Dueño de Empresa, Singapur

La Iglesia es la esperanza del Mundo. Ahora más que nunca nuestro mundo y nuestra Nación se aferran a la esperanza. Y ahora estamos en medio de la tormenta perfecta para que la iglesia se levante y sea esa plataforma de esperanza. El apóstol Greg Hood presenta una estrategia bíblica que posicionará a la iglesia para hacer precisamente eso. *Despertando del Caos* desafía a cada creyente a fijarse en Aquel que es la fuente de toda esperanza. Nos recuerda que Dios nos ha creado a cada uno de nosotros para un momento como este. Este libro lo despertará al plan de Dios para marcar el comienzo de un Gran Despertar.

Pastor Guy Kapeliela, God Squad Church, Oahu, Hawái

El nuevo libro del apóstol Greg Hood, *Despertando del Caos*, no solo despertará su espíritu, sino que las ideas inspiradas por el espíritu de Greg iluminarán su camino para descubrir su tribu y encontrar su destino. Este libro es una lectura que debería ser obligatoria para todos los que anhelan participar activamente en lo que Dios está haciendo en la tierra hoy en día y cuyo corazón arde para ver "el reino del mundo convertirse en el reino de nuestro Señor".

Mike Henson, Pastor de Bethel Worship Center, Marion, Indiana

Utilizando las doce piedras del altar que construyó Elías, que representan las doce tribus de Israel y sus respectivos y particulares rasgos de carácter, Greg Hood nos brinda una herramienta concreta como recuerdo para ayudarnos a aplicar los principios de Dios en nuestras acciones y vidas, en la familia, iglesia y el gobierno, las tres instituciones de Dios.

Greg Hood reconoce que nosotros, como individuos, líderes, padres, familia e iglesia, estamos siendo desafiados como nunca antes. Estamos viviendo los tiempos de los que hablaron los profetas de antaño. Tiempos maravillosos, desafiantes y difíciles. El fuego de Dios vendrá de nuevo en una escala mucho mayor del que hubo en el altar de Elías. Que podamos estar preparados y activos para llevar su voluntad a tantos pueblos, familias y naciones como podamos.

Se usaron en este libro las doce piedras de Elías con sus respectivos nombres de las tribus explicados, como anclas de recuerdo, para inspiración, advertencia y guía.

Cam Cavasso, Dueño de Empresa en Hawái, Ex Representante del Estado en Hawái

Despertando del Caos es un grito de batalla por el corazón y el alma de nuestra nación, inspirado por el Espíritu. Mientras leía el libro de Greg con ojos de fe, me animó con nueva esperanza para el futuro. ¡El don del Apóstol, que Dios ha dado a la Iglesia para revelar misterios, hará eso!

El uso que hace Greg de las "imágenes de piedra" para definir los problemas y las estrategias que nos impulsarán a tener más coraje en este conflicto de los tiempos es cautivador. Esta obra de revelación nos ayudará a cada uno de nosotros a descubrir nuestros propios dones y llamados para que podamos ser usados como socios para reparar el altar de Dios, ese lugar donde Dios se encuentra con el hombre. Cuando esto suceda y su fuego santo caiga sobre nuestra nación, ¡no vamos a saber cuántas vidas serán tocadas, almas salvadas y la gloria que se le dará a Dios!

Terry Garrett, Pastor Principal, KingsGate Worship Center, Tupel. MS

En un momento en que las naciones tiemblan, las economías se tambalean y las plataformas de noticias transmiten incertidumbre, el apóstol Greg Hood trae un mensaje revelador que dice la verdad a las mentiras, habla orden al caos, trae vida a los sueños y esperanza al futuro.

Despertando del Caos lo compromete a mirar más allá de las circunstancias y lo desafía a descubrir y abrazar completamente el plan de Dios para su vida, ciudad y nación. Preséntate y únete a mí en ferviente oración y expectativa: "¡Señor, venga tu reino, hágase tu voluntad en la tierra como en el cielo y envía tu fuego!"

Vicki Nohrden, Wind and Fire Ministries, Monterey, CA

Gracias, Apóstol Greg, por tu valentía al exponer en este libro los latidos de tu corazón unidos con los del Abba Padre. A pesar de que es un llamado de atención inspirado proféticamente para todos aquellos que tengan "un oído para oír", es mucho más que eso. Este libro es un reflejo de la visión y el deseo contenido en el corazón de Greg de que las personas y las naciones adquieran conciencia de cómo ver sus vidas y naciones restauradas y usadas para la gloria y los propósitos de Dios.

Muchos de nosotros oramos: "Venga tu reino, hágase tu voluntad", pero este libro brinda pasos prácticos e instrucciones sobre cómo iniciar ese proceso. Reconstruyendo los altares rotos de nuestras vidas personales y las de nuestras naciones, nos posicionamos mejor para ser guiados por el Espíritu Santo y usados por nuestro Padre para lograr los propósitos de su reino. Un mensaje vital y muy oportuno para los tiempos y la época en que vivimos.

Kevin Philippi, Propietario de Empresa, Queensland Australia

El libro del Dr. Hood trata sobre un lugar llamado altar, donde el hombre se encuentra con Dios. Él traza el patrón de Elías, *Despertando del Caos* ante los sacerdotes de Baal, también conocido como la reconstrucción de nuestra relación con Dios antes de que se pueda lograr algo que valga la pena, ya sea mundano o milagroso. Él dice que las piedras del altar de los Estados Unidos han sido desmembradas y desmanteladas y deben devolverse a su lugar apropiado al unísono, ya que las 12 tribus cubren todas las bases para el bienestar de Israel.

El mensaje fundamental de este libro es que Dios no ha terminado contigo o con los Estados Unidos, pero la iglesia y algunos pastores y algunos de nosotros en el gobierno necesitamos juntar nuestras piedras.

Gene Ward Representante, Doctor, Cámara de Representantes Hawái

En estos tiempos en que Ethnos (la cultura) se levanta contra ethnos (la cultura), cuando Dios está siendo desafiado en las escuelas, universidades, gobierno, medios de comunicación e instituciones religiosas, Dios está reclamando a su novia de la religión y las denominaciones para la Ekklesia Apostólica, para que así la Iglesia pueda volver a ser su voz y no un eco para las Naciones.

El Apóstol Greg Hood captura el decreto del Rey para la Iglesia y las Naciones. Se acabó el tiempo de pasividad, de comprometer, de perversión y religión. Es tiempo de Reparar y Reconstruir de acuerdo al orden y patrón de Dios. Creo que este libro agitará al Cuerpo de

Cristo a nivel mundial para despertarlo a su verdadera identidad y Propósito.

Pastor Newton Festus, Pastor Principal, Waterbrook Church Brisbane, Brisbane, Queensland Australia

Despertando del Caos traerá de vuelta el FUEGO de DIOS donde Dios quiso que su Presencia habitara, en el altar de tu corazón El fuego siempre estará ardiendo en el altar; y nunca se apagará" Lev. 16:13

¡El libro del Apóstol Greg es provocativo, revelador e intencional para un momento como este!

Dra. Virginia Domligan, BRS, The Prayer Center of the Pacific Las Islas Hawaianas

En *Despertando del Caos*, el Dr. Greg Hood reafirma el plan de Dios de usar nuestro llamado y nuestros dones para establecer su reino en la tierra. En este proceso de transformación, "Hay una diferencia entre Dios obrando entre nosotros y Dios obrando a través de nosotros". Bíblicamente, el altar es un lugar sagrado para purificar nuestros motivos, para recibir nuestras órdenes de marcha y donde lo milagroso se encuentra con lo mundano. En el altar de Dios, lo ordinario se convierte en extraordinario, la misión se convierte en mandato y comienza la transformación. Cada una de las 12 piedras que Elías usó para reconstruir el altar representa un mensaje profundo de un poderoso mensajero. Gracias, Dr. Hood, por recordarles a aquellos que colaboran en la obra del reino de Dios en la tierra, que el altar del Señor es tanto un lugar de oración como también es la presencia de Dios.

Dr. Greg Smith, Fundador/Presidente de InStep Global, Atlanta, GA

Greg Hood es un hombre con una comprensión clara de las estaciones y los tiempos en que vivimos. Su libro tiene una clara innovación en alinear la iglesia de Dios con su palabra y en brindarnos una gran perspectiva a todos nosotros.

La revelación del apóstol Greg es profunda en su entrega y traza una línea clara de compromiso y obediencia a la oración, especialmente en relación con estos doce altares.

Evangelista Alan Wills, Alan Will Ministries, Northlakes, Queensland, Australia

El Apóstol Greg Hood tiene un ministerio apostólico revelador de avance auténtico en esta nueva época para la restauración y restitución del pueblo de Dios y la iglesia.

En su nuevo libro, *Despertando del Caos*, el Apóstol Greg Hood lanza un poderoso mensaje profético trayendo esperanza y verdad que atraviesa las muchas voces que están trayendo caos y confusión a muchos en el cuerpo de Cristo.

Despertando del Caos te permitirá recibir nueva revelación y comprensión para restablecer los cimientos defectuosos y establecer alineamiento y orden divino tanto en la iglesia como en tu vida personal.

El autor, Greg Hood, ha establecido con gran habilidad y perspicacia profética verdades bíblicas prácticas y detalladas que podemos aplicar en la reconstrucción de nuestros altares personales y corporativos.

Este libro es una lectura emocionante y un recurso desafiante en la preparación para el mayor derramamiento del Espíritu Santo sobre la tierra. Un "recurso imprescindible".

Apóstol Peggy Barr, Centro Apostólico Living Streams, Sunshine Coast, Queensland Australia

Despertando del Caos es una palabra para la iglesia en esta temporada. Greg tiene un profundo conocimiento de la Palabra de Dios y su aplicación a nuestras vidas hoy. Estarás listo para saltar a la acción después de leer este libro.

Jeremy and Emily Bell, Kingdom Entrepreneurs,
Brisbane, Queensland, Australia

En *Despertando del Caos*, Greg nos regresa al meollo del asunto. Nuestro Dios hizo un pacto con su pueblo de que lo conoceríamos y seríamos como él. Las 12 piedras revelan el deseo de Dios de redimir nuestra humanidad e impartir Su divinidad. El diseño revela el propósito por el cual fuimos creados. Fuimos hechos para conocerlo, sin filtros, sin el corrompimiento de las mentiras y el control de la religión. La pasión apostólica de Greg para que conozcamos verdaderamente a Dios se muestra fuerte y clara. Así también es su advertencia, que la religión pretensiosa y engañadora, busca capturar nuestros corazones y mentes en oposición al conocimiento de la verdadera experiencia de conocer a nuestro Dios.

A través de *Despertando del Caos*, Greg ha resucitado proféticamente el fundamento apostólico que Jehová puso en nuestros antepasados. Mientras leía de los 12 hombres reales que eran las piedras, me encontré reflejado en el ADN y destino de ellos. Puedo escuchar ecos de mi identidad, propósito, y llamado a ser más en mi generación.

Jeffrey Sparkes, Fundador de Transform Corporate Services
Brisbane, Queensland, Australia

Conocí y me encontré con el ministerio de Greg Hood en un momento muy desafiante. Sentado y escuchando sus auténticas y relevantes enseñanzas, tuve también la sensación de la precisión profética desde su primera oración. No solo fue su palabra exacta de sabiduría sobre mi vida y ministerio en ese momento, sino que las declaraciones proféticas que ofrecían orientación sobre el camino que debía seguir me trajeron mucha claridad. Me impresionó su habilidad para conectarse con sus oyentes y creo que tendrá el mismo efecto con los lectores de este libro. Greg definitivamente tiene la capacidad de tomar hechos bíblicos oscuros, exponer su significado y aplicarlo con gran eficiencia para inspirar y entusiasmar al pueblo de Dios. Al leer este manuscrito, me vienen a la mente las palabras de Jesús de que si la gente calla, las piedras clamarán. Greg efectivamente toma las piedras que representan a las tribus de Israel y les permite hablar. El mensaje que emana de las diversas piedras nos conecta en este mundo actual y sus desafíos con los hijos de Jacob, y da vida al significado de sus nombres de una manera muy singular. Como líder espiritual y corporativo de varios ministerios que se enfocan en la educación de la cosmovisión bíblica, estoy convencido de que puedo respaldar la exhortación profética de Greg con gran confianza. Realmente creo que muchas personas serán bendecidas a través de su ministerio y de este libro.

Slabbert Pretorius (Lth, BA, Bth hons, Mth), Pastor Principal de Accelerate Church, Director General de Accelerate Educational Ministries, CEO de Southern Cross Educational Enterprises

Tuve el privilegio de conocer a Greg Hood, a través de un amigo en común, Robert Henderson, quien se dio a conocer por sus tremendas revelaciones sobre las Cortes del Cielo, así como por otros grandes libros. Greg, por la gracia de Dios, recibió una revelación referente a mí y a nuestra iglesia y entonces él vino a nuestra iglesia para impartirla. Su don era claro y su ministerio claramente de Dios. Como resultado, nos hicimos amigos y hemos ministrado juntos en bastantes ocasiones.

¡Greg tiene una comprensión única de los tiempos! Y este libro lo muestra claramente, creo que él es un 'hijo de Isacar' moderno, lo cual es absolutamente raro en los días en que vivimos. Predica con claridad y ahora también escribe con la misma claridad. Recomiendo este libro y recomiendo a Greg. Experimentarás un despertar a los caminos de Dios y a la forma en que debemos responder.

Dennis Goldsworthy-Davis, Autor de *Unlimited Anointing*, *Walking In The Prophetic* y *Touching The God Of Jacob*.

Considero un privilegio y un honor recomendar el libro más reciente de Greg *Despertando del Caos*. Es emocionante ver a hombres compartiendo los valores del Reino con tanta claridad y profundidad de comprensión.

Vivimos en una época en la que gran parte del mundo considera que la iglesia es tan anticuada como los coches de caballo, con poca relación con un mundo posmoderno. Greg muestra en este trabajo que tiene una firme comprensión de la mano de Dios moviéndose a través del tiempo para la restauración de todas las cosas. Muchos son los aplicados seguidores de la teología escapista dispuestos a relegar a la sociedad y a la tierra al enemigo de nuestras almas. ¡Doy gracias a Dios por hombres como Greg que están dispuestos a ponerse de pie y desafiarnos con el hecho de que estamos todo menos perdidos!

Encontrarás una verdadera abundancia de información didáctica en las páginas de este último libro de Greg. El hecho de que Jesús habló más del Reino que cualquier otro tema en la Palabra de Dios ha sido un dato que se ha perdido. Pero en lugar de vernos derrotados por el decreciente interés social de la Iglesia, Greg ve la mano de Dios supervisando todas las cosas para Su gloria. Dios no está ni siquiera cerca de terminar con América o Su pueblo. Podemos animarnos con la esperanza que se encuentra en las páginas de su libro que te harán querer levantarte con orgullo y decir que sí, todavía hay hombres valientes en el reino, porque el espíritu del hombre guerrero y valiente todavía está vivo.

Gracias, Greg, por los años de oración y estudio diligente mientras el Espíritu Santo te guiaba para producir este trabajo tan oportuno. Que sea este libro de verdadera bendición para todos los que lean sus páginas.

Paul A. Doherty, Ph.D, Th.D., Fundador, Victory Fellowship Church, Little Rock, Arkansas

La Biblia dice que somos piedras vivas, edificadas para ser morada del Espíritu de Dios. Mientras Greg nos lleva a través de un estudio de Elías reconstruyendo el altar del Señor con las 12 piedras de las Tribus de Israel, podemos ver cuán importante es tomar nuestro lugar en el Cuerpo de Cristo. A medida que cada uno toma su lugar, en nuestra "posición de tribu", tenemos la capacidad a través de Dios de bendecir y hacer avanzar el Reino de Dios o de maldecir y retrasar o incluso detener el mover del Espíritu Santo. Animo a cada uno de nosotros a tomar este libro y pedirle al Espíritu Santo que nos ayude a encontrar nuestro lugar y hacer nuestra parte para convertirnos en aquellos que están avanzando el Reino y declarando "Venga tu Reino, hágase tu voluntad en la tierra como en el Cielo"

Dr. John Benefiel, Heartland Apostolic Prayer Network - Apóstol que Preside, Church on the Rock – Pastor Principal

En este oportuno libro, el Apóstol Greg Hood, a quien conozco desde hace 28 años y con quien atravesé muchos altibajos, nos muestra cómo mirar el mundo de hoy a través de la perspectiva del Reino de Dios en vez de verlo desde un lugar de pánico que es lo que la

religión está promoviendo a través de los eventos actuales. ¡Debes leer esto!

Bishop Murray Galloway, Home Front Network

Durante años he sido tremendamente bendecido por el ministerio y la amistad del Apóstol Greg Hood. Él camina en una unción profética inusualmente aguda y precisa. Desde que lo conozco, él ha estado apasionado en su relación con el Señor y, literalmente, de evangelizar al mundo para ganar a los perdidos para Jesucristo. En su nuevo libro, *Despertando del Caos*, el Apóstol Hood provoca un hambre dentro de nosotros por encontrar ese lugar donde Dios se encuentra con el hombre y reina con fuego. A través de esta escritura oportuna, el Apóstol Hood ofrece visión y verdades poderosas que le darán acceso a un lugar, que Dios toma en serio y guarda celosamente. Lea este libro atentamente y, mientras lo lee, permita que él lo lea a usted. Comprométete con Dios y date cuenta de que como creyentes, tenemos una tarea y un llamado en la tierra, a través de la entrega y el sacrificio, ¡de reparar los altares rotos en nuestras vidas!

Pastor Jennifer R. Biard, Pastor Principal, Jackson Revival Center Church, Jackson, MS

Despertando del Caos

Reconstruyendo el Altar Roto

Greg Hood

Copyright

Dedicación

A LA IGLESIA REMANENTE, LA EKKLESIA, quienes desde el siglo pasado, han anhelado, orado, ayunado, sacrificado, incluso algunos han dando su vida por este próximo gran despertar.

A los que lo profetizaron y lo decretaron apostólicamente.

A aquellos que recibieron la promesa del despertar pero nunca la verán desde este lado del Cielo.

Que podamos experimentarlo en nuestra vida y pasarlo a la próxima generación que lo administrará para la generación posterior.

A Jesús el Cristo, Rey de reyes y Señor de señores, mi Salvador. ¡Venga tu Reino y hágase tu voluntad en la tierra como en el cielo!

Reconocimientos

QUIERO AGRADECER A MI INCREÍBLE ESPOSA, JOAN, quien, al comienzo de este proyecto, me impulsó y me animó a escribir este libro y poner el otro libro en espera, este que ha estado en mi corazón para escribirlo desde hace algún tiempo. El tiempo fue perfecto. Demostrando ser el movimiento correcto. No hay forma de que este libro se hubiera producido sin su ayuda y guía a lo largo de todo este proceso. ¡Gracias, mi amor!

Un agradecimiento muy especial a mi editor, Jim Bryson. Viniste muy recomendado por varios de nuestros mutuos amigos y no me has defraudado. Contra todos los pronósticos, gracias por mantenerme encaminado y enfocado para terminar este libro. Me has enseñado mucho.

A todos los que escribieron un endoso, revisaron y me dieron su perspectiva de este libro, les estaré eternamente agradecido. Todos ustedes han impactado mi vida de maneras muy especiales. Estoy agradecido por nuestras amistades.

Un gran mahalo para los pastores Terry y Dori Garrett y el King's Gate Worship Center en Tupelo, MS, quienes nos permitieron usar una habitación como estudio desde la cual nació gran parte de este libro.

Por último, pero ciertamente no menos importante, quiero agradecer a mis padres, Hershel y Ann Hood. Desde mi nacimiento, me han inculcado a perseguir mis sueños y pasiones. Me han apoyado incluso cuando he pasado la mayor parte de mi vida adulta recorriendo el mundo, predicando el evangelio del Reino de Dios, que está intrínsecamente incrustado en mi ADN. ¡Estoy agradecido por el legado que han construido dentro de mí y de mi hermano ya que es lo que nos permite hacer lo que hacemos!

Tabla de Contenidos

Prólogo

por Dutch Sheets

SIEMPRE ME HA FASCINADO el relato de Elías y los profetas de Baal en el Monte Carmelo: el drama del enfrentamiento; los esfuerzos de los falsos profetas clamando por fuego a Baal; fuego del cielo cayendo sobre Elías; y el regreso de una nación a Yahweh. ¡Qué increíble pasaje de las Escrituras (ver 1 Reyes 18)! Lo he leído seguido, he escrito sobre él y he predicado de él muchas veces, examinando a fondo sus profundidades. Entonces, justo cuando pensaba que sabía todo lo que había que saber sobre este pasaje, ¡alguien aparece y me avergüenza! Sin mencionar que para colmo de males me pide que escriba el Prólogo.

Este libro está tan lleno de un agudo discernimiento y revelación inspirada por el Espíritu como ninguno otro. Estarías presionado a encontrar un libro más oportuno y más relevante para la Iglesia y las naciones, especialmente en los Estados Unidos, que *Despertando del Caos*. Lamentablemente, hay muchos libros que simplemente reafirman las enseñanzas de otros, coloreándolas para darles un giro diferente. Sin embargo, es refrescante cuando leo un libro que me provee de nuevos pensamientos e información. En pocas palabras, estaba más que entretenido e inspirado con este libro de Greg. ¡Aprendí mucho! Aunque este no es solo un libro para pastores, te digo con confianza que ahora tienes en tus manos el valor de un año de enseñanzas.

Nunca se me había ocurrido aplicar los significados de los nombres de las 12 tribus de Israel al altar que construyó Elías, aun viendo en ellos lo que la Iglesia necesita restaurar hoy. Y Dios verdaderamente los está restaurando. Es muy alentador e inspirador tener a alguien que señale las fallas y debilidades de la Iglesia sin que esto produzca desesperanza o desánimo. ¡Terminé este libro con una gran sensación de esperanza para el futuro!

Es refrescantemente claro que Greg entiende y cree en la vocación y el lugar de los Estados Unidos en la historia, y sabe que todavía está intacta. Me canso de que la gente diga que Dios ha terminado con los Estados Unidos, que nuestros pecados son tan graves y numerosos que Él no puede restaurarnos. Al escucharlos, ¡parecería que los pecados de los Estados Unidos son más graves que los de Israel en el pasado! Lamento decepcionar a los detractores, pero no lo son. Y afortunadamente, sabemos que los pecados de Israel no negaron el pacto que Yahweh había hecho con ellos y el propósito por el cual claramente los levantó. Cuando vino el arrepentimiento, se restableció el propósito. De manera similar, el arrepentimiento que ha tenido lugar en los Estados Unidos y que aún continúa, hará lo mismo. Recuerda, el juicio no triunfa sobre la misericordia; la misericordia triunfa sobre el juicio (ver Santiago 2:13). Greg cree esto y expone bien su caso.

Greg también cree que ganamos... que el Reino de Dios es un Reino que crece y nunca termina. Sin escapismo. Sin derrotismo. El mal no triunfa sobre Dios y su pueblo. Él cree inequívocamente que se avecina un gran despertar y una gran cosecha, una de tal magnitud que se salvarán mil millones de almas y se transformarán naciones enteras. Me encanta leer libros que dicen la verdad: ¡Dios triunfa!

Finalmente, este libro es refrescantemente no religioso. Greg nunca ha sido conocido por ser religioso, algo que muchos de nosotros encontramos maravillosamente refrescante. Él es auténtico. Cualquiera que conozca a Greg sabe que él puede ser divertido y fiel a su forma de ser, el libro es humorístico en momentos apropiados, sin que esto le reste importancia al material. Disfrutarás de su humor. De hecho, a veces me reía a carcajadas.

De verdad que es mi placer recomendar este relevante libro, *Despertando del Caos*.

Dutch Sheets
Autor, Maestro y Orador, reconocido internacionalmente.

Introducción

ESTE LIBRO HA ESTO EN CONSTRUCCIÓN DURANTE MUCHOS AÑOS. Bueno, no del lápiz al papel, sino en mi espíritu. Exploré por primera vez el tema de la reconstrucción del altar en 1997 cuando estaba ministrando en una reunión de avivamiento en Bakersville, CA. Desde entonces, lo he mantenido en mi mente. De vez en cuando pensaba en esto, pero en julio de 2020 sentí que debía volver a retomarlo aunque solo como un tema para ministrar desde el púlpito a nuestras iglesias. Nunca me pasó por la cabeza en ese momento que sería un tema que terminaría publicando. Tenía otro libro en el que estábamos empezando a trabajar y esperaba terminarlo pronto. Pero mi esposa, Joan, me mencionó que sentía que necesitábamos trabajar con este libro lo antes posible. Mientras orábamos por esto, ambos sentimos que era el tiempo de trabajar con este libro *Despertando del Caos*.

Había encontrado en 1 Reyes 18, un reflejo de las luchas de nuestra nación y de otras naciones también. Me di cuenta entonces de que si la lucha era la misma, entonces la respuesta también debía ser la misma. Necesitamos tal encuentro hoy en América y en el mundo. Dios mismo quiere esto.

A lo largo de estas páginas, intento señalar de la escritura un encuentro sobrenatural entre el hombre y Dios a través de un altar y el fuego que lleva a toda una nación de regreso al corazón de Dios.

Al estudiar los eventos en 1 Reyes 18, me di cuenta que el encuentro no vino sin desafíos. Elías tenía que estar dispuesto a arriesgarlo todo y encontrarse cara a cara con el verdadero enemigo del pueblo cuando declaró que Dios es el Dios verdadero y que solo él tiene las respuestas para la nación.

Este mensaje es igual de cierto hoy.

Las respuestas de Dios son sus planes, intenciones y sueños para las naciones y los pueblos, y deben cumplirse tanto en el ámbito espiritual como en el ámbito natural. Esto no es algo que Dios hará

3

soberanamente. Él lo hará a través de asociarse con el hombre, ¡lo hará a través de usted y de mí!

Dios ha estado tratando conmigo sobre los tiempos críticos en que vivimos, el declive moral y espiritual que ha alcanzado nuestra cultura, especialmente en los Estados Unidos, y hacia dónde nos dirigimos como nación. Cualquier emisora de noticias, podcast o periódico da evidencia de nuestra condición. Aquellos que buscan cambiar nuestra cultura desean alejar a los Estados Unidos más y más del propósito de Dios para ella. Creo que Dios no ha terminado con los Estados Unidos y que su plan aún debe vivirse a través de nosotros.

Se han declarado palabras proféticas sobre América desde el siglo XVII.

En 1607, cuando tocaron tierra por primera vez en Cabo Henry, los colonos ingleses clavaron una cruz de madera en el suelo de ésta la futura gran nación y dedicaron la nueva tierra a la Gloria de Dios. Robert Hunt profetizó, diciendo: "Desde estas mismas costas saldrá el evangelio, no solo a este nuevo mundo, sino al mundo entero".

En 1620, llegó a estas tierras un nuevo grupo de creyentes y nos trajeron el pacto de Mayflower. Este fue el primer documento de gobierno constitucional de Plymouth Colony. El gobernador Bradford declaró: "haber emprendido para la gloria de Dios y el avance de la fe cristiana..."

John Winthrop, un puritano y primer gobernador del estado de Massachusetts, dijo en su escrito de 1630 titulado Un modelo de caridad cristiana: "Descubriremos que el Dios de Israel está con nosotros, cuando 10 de nosotros podamos resistir 1000 de nuestros enemigos, cuando Él haga de nosotros una alabanza y gloria, de tal manera que también lo hagan los hombres de las siguientes plantaciones. 'O debemos entender, que seremos como una ciudad sobre una colina [ref. Mateo 5:14], los ojos de todas las personas están sobre nosotros."

Este pasaje de las bienaventuranzas de Mateo 5:14 ha sido una escritura profética sobre esta nación durante los últimos 400 años.

Vosotros sois la luz del mundo. Una ciudad situada sobre un monte no se puede ocultar.

Creo que esta palabra es para nuestra nación. Varios presidentes, por lo menos 12 de ellos, también lo creyeron. El presidente John F. Kennedy usó este pasaje en un discurso de 1961. El presidente Ronald Reagan también lo utilizó en su discurso de despedida de la nación.

He hablado de una Ciudad Resplandeciente durante toda mi vida política... En mi mente, era una ciudad alta y llena de orgullo construida sobre rocas más fuertes que los océanos, azotada por el viento, bendecida por Dios y llena de todo tipo de personas viviendo en armonía y paz; una ciudad con puertos libres activa con comercio y creatividad. Y si tuviera que haber murallas en la ciudad, las murallas tendrían puertas y las puertas estarían abiertas para cualquiera que tuviera la voluntad y el corazón de llegar allí. Así la vi yo, y la sigo viendo.

Entre más orábamos Joan y yo, más sentimos que este libro era un mandato del Señor para que la Iglesia despierte y se posicione para un gran despertar. Esta es nuestra pasión.

Ahora, hay cosas escritas aquí que podrían ser ofensivas para algunos. No tenemos miedo de desafiar la corrección cultural y política, especialmente dentro de la iglesia. En el libro identifico cosas que tal vez no estemos tan interesados en abordar, mucho menos cambiar. La cultura en sí misma puede ser una fuerza para el bien cuando mantiene estándares piadosos. Es por eso que debemos permitir que el Espíritu Santo desplace cosas en nuestras culturas que no se alinean con la cultura del Reino de Dios.

Entonces, a medida que encuentre cosas aquí que puedan desafiarlo cultural o políticamente, no deje de leer, más bien continúe. Creo que el Espíritu Santo comenzará a re moldear algunos de sus puntos de vista como lo ha hecho con los míos a lo largo de los años. De ninguna manera puedo decir que la tarea del Espíritu

Santo conmigo ha terminado, pero el viaje ha resultado emocionante y desafiante a medida que Dios remodela mi cuerpo, alma y espíritu. También puede que tengas algunos comentarios importantes para mí. Si es así mi información de contacto está al final de este libro, les agradezco sus comentarios.

A pesar de la oscuridad actual del mundo, hay mucha esperanza en estas páginas. Quiero animarte a que, mientras lees, tengas presente que nuestro Padre es un Dios redentor y que todo lo que hace es por su naturaleza redentora. Él quiere restaurar todas las cosas y retomarlas en Jesús.

¡Te necesitamos! ¡La Iglesia te necesita! ¡Te necesitamos como Dios te ha llamado! En tu unción y llamado, eres parte vital del Cuerpo de Cristo y de este gran despertar del cual estamos a punto de cruzar. Haremos esto juntos, todos nosotros y todo por Dios.

Esta idea de que el mundo empeora cada vez más para que sea posible que Jesús regrese ha reinado en el cristianismo occidental durante décadas. Afortunadamente, ese pensamiento está llegando a su fin. ¡AMÉN! Jesús regresa por una iglesia victoriosa, sin mancha ni arruga. Hay victoria en nuestro futuro. ¡Victorias cuantificadas! La fatalidad de un cristianismo occidental está con respirador artificial. Desconectemos el enchufe. ¡La VICTORIA es de Jesús!

Dios nos ha dado como nación una ventana de misericordia para alcanzar y alinear las cosas para llegar a ser esa Ciudad en una colina. Él ha estado reorganizando esta nación tanto gubernamental como financieramente para que la Ekklesia (iglesia) pueda reposicionarse y lograr por el poder del Espíritu Santo, el despertar más grande en la historia de este planeta.

¡Este libro contiene Llaves del Reino que nos permitirán hacer realidad lo que está en el corazón y la voluntad del Padre para la tierra AHORA! Así que, mientras ofrezco una visión clara de la oscuridad y el caos que nos rodea, también brindo llaves para mover y liberar a través de ustedes una luz mayor que podrá disipar esa oscuridad como nunca antes; para que despierten ahora.

Mientras recorremos juntos todas estas páginas, creo que terminaremos el último capítulo con una cosmovisión que dice que no solo necesitamos un cambio en nuestras naciones e iglesia, sino que nosotros somos ese cambio.

Porque si por la transgresión de uno, por éste reinó la muerte, mucho más reinarán en vida por medio de uno, Jesucristo, los que reciben la abundancia de la gracia y del don de la justicia.

Romanos 5:17

El Altar

Dios se esta moviendo en el mundo hoy, estableciendo su reino en la tierra y buscando nuestra participación. Sin embargo, fácilmente podemos ignorar, pasar por alto o malinterpretar todo lo que Dios está haciendo.

Hay una diferencia entre Dios obrando entre nosotros y Dios obrando a través de nosotros. Estamos llamados a asociarnos con Dios: hablar sus palabras, invocar su voluntad, declarar liberación y libertad en la tierra, pero no podemos hacer esto mientras no estemos en sintonía con él. Debemos estar enfocados en él y no en las condiciones que nos rodean. Superficialmente, todo podría estar desmoronándose, yéndose al infierno, sucumbiendo al pecado. Pero en un nivel más profundo, Dios está transformando nuestro mundo, reclamándolo para su pueblo. Cuando fallamos en discernir lo que Dios está haciendo, corremos el riesgo de fallar en hacer nuestra parte, incluso si esa parte es permanecer firme, orar y creer.

> *De los hijos de Isacar, expertos en discernir los tiempos,*
> *con conocimiento de lo que Israel debía hacer, sus jefes*
> *eran doscientos; y todos sus parientes estaban bajo sus*
> *órdenes.*

1 Crónicas 12:32

¿Cómo participamos en lo que Dios está haciendo? ¿Cómo podemos saber cuál es nuestra parte? Esto comienza en el centro de nuestro ser, ese lugar de rendición, honor y reverencia ante Dios. Comienza en el altar, el lugar de reunión de Dios y el hombre.

Leemos de una lucha similar en la vida del profeta Elías, en 1 Reyes 18. Vayamos un pasaje a la vez.

Y sucedió que después de muchos días, la palabra del SEÑOR vino a Elías en el tercer año diciendo: Ve, muéstrate a Acab, y enviaré lluvia sobre la tierra." Y Elías fue a mostrarse a Acab. Y el hambre era intensa en Samaria.

1 Reyes 18:1-2

Esto es paralelo a lo que estamos viviendo hoy en los Estados Unidos y el mundo. En gran parte, hemos abandonado los caminos del Señor, y esto nos ha llevado al lugar en el que nos encontramos, donde el engaño y la muerte reinan a través de la confusión, el temor y la anarquía.

Afortunadamente, nuestro Dios es un Dios salvador. Siempre hace las cosas con un propósito redentor en mente. Dios no ha terminado con las naciones. De hecho, el problema que vemos en un nivel es señal de que él está trabajando en otro nivel. Podríamos ver la tierra arruinada y cuestionar lo que Dios está haciendo, mientras perdemos de vista el arado y las semillas de restauración que son plantadas en otros terrenos fértiles.

No, Dios no ha determinado qué naciones serán las naciones cabras y cuáles serán las naciones ovejas. El mundo está cambiando, evolucionando, creciendo. Las naciones pueden cambiarse y salvarse. En naciones donde Dios nos ha dado una tarea como en Australia, Filipinas, Corea y los Estados Unidos, Dios está haciendo grandes cosas. Comprender el mensaje del profeta Elías en este pasaje en particular es clave para nuestra habilidad de empezar a posicionar y dar forma a las naciones nuevamente.

Y sucedió que cuando Acab vio a Elías, Acab le dijo: Eres tú, perturbador de Israel? Y él respondió: Yo no he perturbado a Israel, sino tú y la casa de tu padre, porque habéis abandonado los mandamientos del SEÑOR y habéis seguido a baales. Ahora pues, envía a reunir conmigo a todo Israel en el monte Carmelo, junto con cuatrocientos cincuenta profetas de Baal y cuatrocientos profetas de la Asera que comen a la mesa de Jezabel.

1 Reyes 18:17-19

En este pasaje, el profeta Elías se encuentra con Acab, el Rey de Israel, y le dice que está perturbando a la nación porque ha abandonado los mandamientos y la dirección de Dios. El problema al que se refiere Elías es evidenciado por una sequía paralizante que ha afligido a Israel durante varios años.

Acab siguió a su esposa, Jezabel, y se volvió a la adoración de Baal, una forma de paganismo demoníaco. La mayor parte de Israel siguió el ejemplo de Acab cuando Jezabel se esfuerza por matar a todos los profetas de Dios. Elías, por mandato de Dios, está listo para un enfrentamiento, por lo que desafía a Acab a reunir a todo el pueblo de Israel en el Monte Carmelo.

Acab envió mensaje a todos los hijos de Israel y reunió a los profetas en el monte Carmelo. Elías se acercó a todo el pueblo y dijo: ¿Hasta cuándo vacilaréis entre dos opiniones? Si el SEÑOR es Dios, seguidle; y si Baal, seguidle a él. Pero el pueblo no le respondió ni una palabra. Entonces Elías dijo al pueblo: Solo yo he quedado como profeta del SEÑOR, pero los profetas de Baal son cuatrocientos cincuenta hombres. Que nos den, pues, don novillos; que escojan un novillo para ellos y lo despedacen, y lo coloquen sobre la leña, pero que no le pongan fuego debajo; y yo prepararé el otro novillo y lo colocaré sobre la leña, y no le pondré fuego. Entonces invocad el nombre de vuestro dios, y yo invocaré el nombre del SEÑOR; y el Dios que responda por fuego, ése es Dios. Y todo el pueblo respondió y dijo: La idea es buena.

1 Reyes 18:20-24

Elías confía en la fidelidad de Dios, pero nótese también la confianza de los profetas de Baal. Suben al monte Carmelo con la plena esperanza de triunfar. ¿De dónde viene tanta confianza? Viene de la experiencia pasada. Dios no fue la única fuente de milagros en ese día. Mientras que la gente se alinee con los poderes de las tinieblas, ese poder se manifestará.

Así es como Dios está obrando en nuestra nación hoy en día, en este pasaje vemos que Dios está permitiendo que las cosas lleguen al punto de ruptura por una razón: para sacar a la luz las cosas.

> *Y Elías dijo a los profetas de Baal: Escoged un novillo para vosotros y preparadlo primero, pues sois los más, e invocad el nombre de vuestro dios, pero no le pongáis fuego. Entonces tomaron el novillo que les dieron y lo prepararon, e invocaron el nombre de Baal desde la mañana hasta el mediodía, diciendo: Oh Baal, respóndenos. Pero no hubo voz ni nadie respondió. Danzaban alrededor del altar que habían hecho. Y sucedió que ya al mediodía, Elías se burlaba de ellos y decía: Clamad en voz alta, pues es un dios; tal vez estará meditando o se habrá desviado, o estará de viaje, quizá esté dormido y habrá que despertarlo. Y gritaban a grandes voces y se sajaban, según su costumbre, con espadas y lanzas hasta que la sangre chorreaba sobre ellos. Y sucedió que pasado el mediodía, se pusieron a gritar frenéticamente hasta la hora de ofrecerse el sacrificio de la tarde; pero no hubo voz, ni nadie respondió ni nadie hizo caso.*

1 Reyes 18:25-29

Fíjense en las acciones de los profetas de Baal: saltaron sobre el altar que hicieron. Se cortaron a sí mismos, ofreciendo su sangre y demostrándole a su dios ser dignos. Ellos hacen todo tipo de cosas despreciables sobre ese altar, pero nada de eso los lleva a ninguna parte. Incluso la gente se está aburriendo.

Ahí es cuando Elías da un paso al frente. Él sabe que Dios responderá a sus oraciones, pero no antes de que él (Elías) se dirija al altar roto de Dios.

Entonces Elías dijo a todo el pueblo: Acercaos a mí. Y todo el pueblo se acercó a él. Y reparó el altar del SEÑOR que había sido derribado.

1 Reyes 18:30

Esta es la hora en la que estamos viviendo. Debemos decirle a la gente de esta nación y del mundo: "Acérquense a mí. Tengo algo que decirles; Tengo algo que mostrarles.

Aún así, hay muchas palabras en circulación hoy en día, una plétora de mensajes y enseñanzas proféticas. Algunos nos dicen que sigamos la corriente de la sociedad y los edictos de las autoridades gubernamentales. Otros nos imploran que nos separemos y nos retiremos de los "sistemas del mundo". Cada lado apoya su posición con las escrituras. La mayoría de nosotros estamos atrapados en el medio, confundidos y siendo tirados de un lado a otro, luchando por escuchar a Dios en medio del estruendo.

Como Elías, tenemos que llegar a un lugar donde podamos escuchar lo que Dios está diciendo.

Elías confía en que tiene una palabra de Dios. Seamos realistas: las probabilidades 850 a 1 no son muy buenas probabilidades... a menos que ese 1 tenga al Dios infinito de su lado.

Y reparó (Elías) el altar del SEÑOR que había sido derribado. Elías tomó doce piedras conforme al número de las tribus de los hijos de Jacob, a quien había venido la palabra del SEÑOR, diciendo: Israel será tu nombre.

1 Reyes 18:30-31

Ahora, pongan atención a este cuadro. Elías tiene 850 profetas de Baal frustrados y armados hasta los dientes, listos para que él falle y así puedan cortarlo en pedazos, ¿y lo primero que él hace es reorganizar algunas rocas?

¿En serio?

Oye Dios, sálvame a mí y a tu nación Israel de estos asesinos alimentados por demonios, pero primero, déjame colocar estas rocas en el lugar correcto.

Sí, eso es exactamente lo que hizo.

Y con las piedras edificó un altar en el nombre del SEÑOR, e hizo una zanja alrededor del altar, suficientemente grande para contener dos medidas de semilla. Dispuso después la leña, cortó el novillo en pedazos y lo colocó sobre la leña. Y dijo: Llenad cuatro cantaros de agua y derramadla sobre el holocausto y sobre la leña. Después dijo: Hacedlo por segunda vez; y lo hicieron por segunda vez. Y añadió: Hacedlo por tercera vez; y lo hicieron por tercera vez. El agua corría alrededor del altar, y también llenó la zanja de agua.

1 Reyes 18:32-35

Elías está desafiando a la fuerza reinante de maldad de sus días, contando con que Dios iba a responder a su preparación del sacrificio. Entonces, después de acomodar las rocas formando un altar, Él vierte agua por todas partes, empapando la madera, la tierra e incluso el novillo.

Ahora, ¿Por qué usó toda esa agua, especialmente en medio de una sequía de tres años? Tres razones.

Primero, está claro que Elías obtuvo el agua de la gente porque un poco antes en la historia, vemos al rey Acab enviando gente por toda la tierra en busca de agua pero sin encontrarla. Entonces, esta agua debió haber sido de la reserva personal de la población. Ahora, imagine la fe que se necesita para que la gente haga tal sacrificio de este preciado bien. Esto es más que presumir; es saber que tienes el gane. Se le pide al pueblo que comprometa agua vivificante para probar que Dios es el Dios de Israel.

Segundo, Elías necesitaba limpiar el altar, tanto física como, más importante aún, espiritualmente. El agua representaba una limpieza espiritual.

Para santificarla, habiéndola purificado por el lavamiento del agua con la palabra.

Efesios 5:26

Finalmente, el agua demostró el dominio de Dios sobre el reino demoníaco en forma de Baal. Dios había detenido la lluvia en Israel, y la restauraría... si el pueblo daba su todo.

Ellos lo hicieron y Dios lo hizo y el resto es historia.

> *Y sucedió que a la hora de ofrecerse el sacrificio de la tarde, el profeta Elías se acercó y dijo: Oh SEÑOR, Dios de Abraham, de Isaac y de Israel, que se sepa hoy que tú eres Dios en Israel, que yo soy tu siervo y que he hecho todas estas cosas por palabra tuya. Respóndeme, oh SEÑOR, respóndeme, para que este pueblo sepa que tú, oh SEÑOR, eres Dios, y que he hecho volver sus corazones. Entonces cayó el fuego del SEÑOR, y consumió el holocausto, la leña, las piedras y el polvo, y lamió el agua de la zanja. Cuando todo el pueblo lo vio, se postraron sobre su rostro y dijeron: EL SEÑOR, EL es Dios; el SEÑOR, EL es Dios.*

1 Reyes 18:36-39

Dios escuchó la oración de Elías. El fuego cayó. El sacrificio fue consumido. Y la gente fue cambiada.

Aunque este fue un milagro increíble, es muy fácil enfocarse en el espectáculo de lo que Dios hizo y perderse lo que le tomó a Dios hacerlo. Al igual que los hijos de Israel cuando recién estaban liberados que se regocijaron porque el Mar Rojo se abrió pero luego adoraron a un becerro de oro, podemos pasar por alto el verdadero proceso del trabajo que hay mientras Dios realiza milagro tras milagro.

El motivo de Elías de seguir a Dios fue crucial para el resultado exitoso de ese día, tal como lo son nuestros motivos en todo lo que hacemos. Si buscamos hacer cualquier cosa en lugar de expandir el Reino de Dios y volver los corazones de las personas a Dios, entonces no le estamos dando al blanco. Incluso si estamos teniendo gran éxito, si la gente es atraída a nosotros, si estamos ejercitando nuestros dones, o viendo caer fuego del cielo. Si nuestros motivos están equivocados, estamos en el camino incorrecto. No podemos permitir que eso suceda. Tenemos que mantener nuestro corazón constantemente delante del Padre. Ya saben, de nada sirve tener una ducha en la casa si no nos metemos de vez en cuando en ella... preferiblemente que nos encontremos sin nada que esconder.

Elías sabía que lo que estaba en juego no podía ser mayor. Ya que era el destino de la nación de Dios lo que pendía de un hilo. El mal reinó, en sentido figurado y literal, durante años. Era hora de corregir ese error. Y sin embargo, lo primero que hizo Elías fue reconstruir el altar de Dios que había sido destrozado por la adoración a Baal.

Es hora de asumir nuestra parte en la reconstrucción del altar roto del Señor, ese lugar donde Dios se encuentra con el hombre y cae el fuego de Dios. Dios no revela su presencia en cualquier parte. Tiene que haber un altar, una entrega, un sacrificio, un lugar satisfactorio para Dios donde él pueda derramar su Espíritu Santo sobre la tierra.

Las cosas de Dios son santas; son puras; son íntimas. Su Espíritu es tan precioso que Jesús nos advirtió que no había perdón para aquellos que cometan una blasfemia contra él.

> *Por eso os digo: todo pecado y blasfemia será perdonado a los hombres, pero la blasfemia contra el Espíritu no será perdonada.*
>
> Mateo12:31

En el tiempo de David, Dios mató a un hombre que tocó su arca sin la debida preparación.

> *Pero cuando llegaron a la era de Nacón, Uza extendió la mano hacia el arca de Dios, y la sostuvo porque los bueyes casi la volcaron. Y se encendió la ira del SEÑOR contra Uza, y Dios lo hirió allí por su irreverencia; y allí murió junto al arca de Dios.*
>
> 2 Samuel 6:6-7

Dios incluso trató de matar a Moisés cuando el futuro libertador de la nación falló en circuncidar a su hijo.

> *Y aconteció que en una posada en el camino, el SEÑOR le salió al encuentro y quiso matarlo. Entonces Séfora [la esposa de Moisés] tomó un pedernal, cortó el prepucio de su hijo y lo echó a los pies de Moisés, y dijo: Tú eres, ciertamente, un esposo de sangre para mí. Y Dios lo dejó. Ella había dicho entonces: Eres esposo de sangre, a causa de la circuncisión.*

Éxodo 4:24-26

El poder de Dios es un asunto serio. Estamos jugando con fuego cuando nos apartamos de motivos puros. Lo que está en juego no podría ser mayor. El destino del reino de Dios pende de un hilo.

Piénsalo:

Si Dios derramara su gloria en cualquier lugar, ya la tendríamos.

Si Dios derramara su gloria en los lugares mas altos, ya la tendríamos.

Si Dios derramara su gloria en los lugares mas bajos, ya la tendríamos.

Si Dios derramara su gloria en los lugares mas prósperos, elegantes, sofisticados o incluso en los lugares donde haya la mejor educación, ya la tendríamos.

Si Dios derramara su gloria en los lugares mas extraños o inusuales como los de esta manía Cristiana que hay en la actualidad, ya la tendríamos.

Pero bueno, no la tenemos. Por lo menos no todavía.

Dios es intencional con respecto a dónde él derrama su gloria. Dondequiera que lleve su bendición, su Espíritu se mueve en magnitudes que cambian naciones. Él toma muy en serio su Espíritu y lo protege celosamente.

REPARAR

Dios nos está dando hoy una idea de cómo reparar lo que se ha roto. Considere los orígenes de la palabra reparar o re-parar. Esta palabra da a entender que hubo un tiempo en que el objeto en cuestión estaba en pares o en parejas, ¿Verdad? Cuando pones en pares algo, conectas dos cosas juntas. Cuando re-paras, la pones en pares de nuevo.

Ponemos en pares las cosas para que funcionen juntas. Las personas se emparejan en sociedad, negocios, matrimonio, ministerio y amistad. Para ser eficaz, la pareja debe compartir un lenguaje en común. Eso no significa que sean idénticos. Significa que hay suficientes puntos en común para comunicarse, compartir perspectivas y recursos y trabajar hacia una meta en común.

En la historia de la humanidad, hubo un tiempo en que el cielo y la tierra estaban emparejados. Esto comenzó en el jardín, pero fue interrumpido por la desobediencia de Adán. Más tarde, Dios estableció leyes para que el hombre las siguiera. Mientras obedecieran, este par, el cielo y la tierra funcionó razonablemente bien. Pero cuando el hombre se apartó del Dios del cielo a dioses falsos, ídolos y demonios, el par se interrumpió.

Tal fue el caso en 1 Reyes 18 cuando el profeta Elías reparó el altar para restaurar la unión entre el cielo y la tierra. Israel se había apartado de Dios, pero Elías vino y declaró: "Voy a reparar este altar para que podamos volver a encontrarnos con Dios".

Este esfuerzo continúa hoy. Dios nos está posicionando para reparar la conexión entre el cielo y la tierra. No necesitamos una mejor predica o más celo o personas con títulos que nos desglosen la palabra de Dios. Dios está listo. La tierra es lo primordial. La cosecha está madura. Debemos restaurar esa sincronía entre el cielo y la tierra, como Jesús nos instruyó al orar.

Padre nuestro que estás en el cielo,
Santificado sea tu nombre.
Venga tu reino.
Hágase tu voluntad,
Así en la tierra como en el cielo.

Mateo 6:9-10

Note que la petición del reino es seguida por la implementación de la voluntad de Dios. "Venga tu reino", y luego "Hágase tu voluntad en la tierra como en el cielo". Queremos que el reino de

Dios venga a la tierra y reconocemos que se logrará porque esa es la voluntad de Dios.

Hay una gran conciencia del reino hoy en la tierra. Algunas personas lo llaman así; otros hablan de las cosas pertenecientes al Reino de Dios pero no usan ese término. Hablan de la necesidad de justicia, rectitud, amor, paz y misericordia. Son personas que buscan el reino pero aún no lo conocen. ¿Por qué? Porque no les hemos demostrado a Dios. Todavía no hemos reparado el altar.

SIN MEDIDA

Las personas son fundamentales en la construcción del Reino de Dios en la tierra, y lo hacen con la voluntad de Dios en sus corazones. Dios se encuentra con el hombre dondequiera que él pueda, en cualquier medida que se le permita. Como tal, Dios está limitado por las limitaciones del hombre. Reparar el altar poniendo las piedras en su lugar, y entendiendo lo que representan esas piedras, crea una dinámica en la que Dios se mueve en la tierra no de manera limitada sino de manera inconmensurable.

Esta es la conexión a la que Jesús se refirió en Juan 3:

> *El que procede de arriba está por encima de todos; el que es de la tierra, procede de la tierra y habla de la tierra. El que procede del cielo está sobre todos. Lo que Él ha visto y oído, de eso da testimonio; y nadie recibe su testimonio. El que ha recibido su testimonio ha certificado esto: que Dios es veraz. Porque aquel a quien Dios ha enviado habla las palabras de Dios, pues Él da el Espíritu sin medida.*

> Juan 3:31-34

¿Estás preparado para esta realidad? Por favor considere esta pregunta seriamente. ¿Quieres el Espíritu de Dios sin medida?

Dios dice que podemos tener el Espíritu sin medida, tal como lo tuvo Jesús. De hecho, para hacer todo lo que Dios ha predicho, debemos tenerlo ahora. Pero debemos estar preparados para ello.

19

El poder sin preparación nos matará; nos destruirá en lugar de establecer lo que Dios desea.

Pablo escribió a los efesios explicando que la preparación para el Espíritu sin medida fue la razón para los cinco dones ministeriales.

Y Él dio a algunos el ser apóstoles, a otros profetas, a otros evangelistas, a otros pastores y maestros, a fin de capacitar a los santos para la obra del ministerio, para la edificación del cuerpo de Cristo; hasta que todos lleguemos a la unidad de la fe y del conocimiento pleno del Hijo de Dios, a la condición de un hombre maduro, a la medida de la estatura de la plenitud de Cristo.

Efesios 4:11-13

Note que Pablo no identificó cruzadas o ventas de libros o convenciones o reinos de religión como meta final, sino equiparnos para la obra del ministerio para alcanzar la unidad de la fe, el conocimiento del Hijo de Dios, la madurez y plenitud de la estatura de Cristo en nosotros.

Mira, la religión dice que estas metas se lograrán en el futuro después del regreso de Jesucristo, pero Pablo no dijo eso. Lee atentamente el significado de sus palabras. Él está diciendo que debemos llevar el cuerpo de Cristo a una medida completa en Cristo. La religión nos permite volvernos complacientes e incluso perezosos. "De acuerdo. Haremos lo que podamos ahora. Pero nadie tendrá la medida completa de Cristo hasta que todos lleguemos al cielo".

Esto pasa por alto completamente el punto de Dios nos quiere dar. No vamos a entrar al cielo. El cielo está entrando en nosotros. *"Venga tu reino"* no es lo mismo que *"Llévanos a tu reino"*. Observe las flechas direccionales aquí.

¡El Espíritu Santo, a través de Pablo, nos está diciendo que alcanzamos la medida completa de Cristo ahora! De hecho, debemos alcanzar la plena medida de Cristo para ver el cumplimiento de la manifestación del reino. Aún no estamos allí. Pero estamos llegando allí. Esforzarse por alcanzar el Espíritu de Dios sin medida nos está enseñando cómo caminar en esa realidad ahora. El viaje nos califica para poseer el objeto de nuestra búsqueda.

Después de que Jesús fue crucificado, resucitó, ascendió a los cielos y se sentó a la diestra del Padre. Desde allí envió a la tercera persona de la Trinidad, el Espíritu Santo, para enseñarnos y guiarnos.

Pero el Consolador, el Espíritu Santo, a quien el Padre enviará en mi nombre, Él os enseñará todas las cosas, y os recordará todo lo que os he dicho.

Juan 14:26

En sus últimos días en la tierra con los discípulos, Jesús enseñó principalmente sobre la promesa y el papel del Espíritu Santo, preparando a la iglesia para el regreso del gobernador del reino a la tierra.

Pero cuando Él, el Espíritu de verdad venga, os guiará a toda la verdad, porque no hablará por su propia cuenta, sino que hablará todo lo que oiga, y os hará saber lo que habrá de venir. El me glorificará, porque tomará de lo mío y os lo hará saber. Todo lo que tiene el Padre es mío; por eso dije que Él toma de lo mío y os lo hará saber.

Juan 16:13-15

Desafortunadamente, a través de alguna mala escatología en el pasado, nos hemos conformado con simplemente mantener el statu quo religioso hasta que el Señor regrese, pensando que nuestro trabajo es mantenernos en el camino hasta que Jesús venga para arreglarlo todo.

Hoy, lo entendemos mejor. No estamos aquí para estar a flote mientras esperamos el bote que nos rescate. Estamos aquí y debemos nadar hasta la orilla. Piénsalo. Los nadadores no se hacen más fuertes solamente flotando en el agua, ¿verdad? Tampoco los cristianos alcanzan su plena estatura quedándose quietos, manteniéndose firmes y esperando refuerzos.

Debemos descartar estos patrones de pensamiento de nuestras vidas. Sí, debemos ocuparnos hasta que él venga, pero ¿qué entendemos por ocuparnos? Literalmente significa hacer negocios en nombre del rey. ¡Aleluya! Tenemos que hacer negocios, expandir el reino y traer un despertar de Dios, en Dios ya través de Dios a las naciones de la tierra. Este es el mandato que llevamos. No lo hacemos solos, pero Dios tampoco lo hace solo.

John Wesley lo expresó acertadamente: "Sin Dios, el hombre no puede; sin el hombre, Dios no lo hará".

LAS DOCE PIEDRAS

Cuando Elías reparó el altar de Dios, usó 12 piedras. Cada piedra representaba una de las 12 tribus de Israel: el linaje de Jacob a través de sus 12 hijos. Cada tribu poseía un llamado de Dios y características únicas, y de estas fluía el propósito y la función de cada tribu.

Las 12 tribus (Génesis 30) son estas:

Rubén	Dan	Isacar
Simeón	Neftalí	Zabulón
Leví	Gad	José
Judá	Aser	Benjamín

Para entender qué es lo que se requiere hoy para que caiga el fuego de Dios, debemos entender qué significa cada una de estas piedras, qué representan y cuál es su papel para ver venir el despertar a América y a las demás naciones del mundo.

La Piedra de Rubén

Visión

EN 1 DE REYES 18, EL PROFETA ELÍAS TOMÓ 12 PIEDRAS del altar que había sido roto por los profetas de Baal, y él las reparó. En este contexto, *reparar* significa "sanar o limpiar", no de una enfermedad física sino de la corrupción espiritual del culto a Baal. Después de que Elías reparó las piedras, reconstruyó el altar del Señor... esto con consecuencias devastadoras para los profetas demoníacos.

Cada piedra aquí representa una de las tribus de Israel, y cada tribu nos muestra las cualidades que Dios hoy busca en un altar espiritual antes de que él manifieste su poder. En este capítulo, veremos la piedra de Rubén para comprender su papel integral en la reconstrucción del altar.

Rubén fue el primogénito de Jacob y Lea. El significado literal del nombre Rubén significa "he aquí un hijo". Recuerde que los nombres en el Antiguo Testamento eran una visión profética de lo que se suponía que ese niño fuera. Estos transmitían una bendición cuando la persona vivía de acuerdo con su nombre, pero también transmitían una maldición cuando la persona no vivía de acuerdo con su nombre.

Del nombre de Rubén, obtenemos: "he aquí la visión, tomar conciencia, distinguir, aconsejar, mirar, observar y ver, ver como un vidente, hacer una inspección, comprender, proveer, pertenecer". Veamos algunas de estas cualidades.

He Aquí La Visión

La palabra visión en "he aquí la visión" merece que la examinemos con mas detalle. Aquí hay tres escrituras para entender lo que es visión.

El joven Samuel servía al SEÑOR en presencia de Elí. La palabra del SEÑOR escaseaba en aquellos días, las visiones no eran frecuentes.

1 Samuel 3:1

En este caso, la traducción de la Reina Valera nos provee una mejor redacción.

La palabra de Jehová era preciada en aquellos días; pues no había visión manifiesta.

1 Samuel 3:1 VRV

La visión es importante para saber hacia dónde vamos y qué estamos haciendo. Sin embargo, cualquiera puede tener una visión. La distinción es que las visiones de Dios dan frutos piadosos. Cuando Dios hace cosas, las hace pensando en la redención.

Hoy en día, hay pocas visiones proféticas porque tenemos muy pocas personas apostólicas y proféticas que estén dispuestas a arriesgarse para decretar la voluntad de Dios en medio del caos, los problemas y la persecución. Sin embargo, Dios está levantando su Ekklesia que se atreverá a decir: "No amamos nuestras vidas hasta la muerte. Vencemos por la sangre del Cordero. Vencemos por la palabra de nuestro testimonio y vamos a dar un paso adelante, vamos a comenzar a profetizar, vamos a comenzar a decretar lo que Dios nos está diciendo en nuestro espíritu que liberemos, para que las naciones puedan ser sanas y el reino de Dios pueda expandirse en la tierra."

La segunda escritura es de Proverbios:

Donde no hay visión, el pueblo se desenfrena, pero bienaventurado es el que guarda la ley.

Proverbios 29:18

La palabra *desenfrena* aquí significa: "soltar, dejar solo, soledad, abandono, descuido".

El mismo versículo en la VRV dice:

> *Donde no hay visión el pueblo perece; mas el que guarda la ley, es bienaventurado.*

Proverbios 29:18 VRV

Sin embargo, la traducción de la Biblia del Jubileo lo expresa mejor:

> *Sin visión profética el pueblo perecerá; mas el que guarda la ley es bienaventurado.*

Proverbios 29:18 JBS

Parte de la definición de *visión* significa "sueño". Dios está trayendo sueños proféticos a su iglesia. Estamos recuperando la imaginación y valorándola. Por sueños, no me refiero necesariamente a los sueños cuando dormimos, sino a metas y aspiraciones, cosas tan magnificas, tan más allá de nuestra realidad presente que todo lo que podemos hacer es imaginarlas. Sin embargo, Dios hará que se cumplan.

Visión también significa "revelación" como cuando Dios trae a nuestro espíritu cosas del Espíritu que no podemos entender sin su intervención.

De la palabra *revelación* podemos derivar las definiciones: "oráculo, hablar, palabra profética".

Nuestra tercera escritura es 1 Timoteo:

> *Esta comisión te confío, hijo Timoteo, conforme a las profecías que antes se hicieron en cuanto a ti, a fin de que por ellas pelees la buena batalla,*

1 Timoteo 1:18

En esencia, Pablo está diciendo: "Timoteo, quiero que pelees con las palabras proféticas que se han hablado sobre ti".

Las palabras proféticas son parte de la visión de nuestras vidas. Ellas vienen del corazón de Dios. Cuando los verdaderos profetas hablan la palabra del Señor sobre nuestro país, ellos están leyendo del libro sobre América.

¿Qué libro es ese? Me alegro que hayas preguntado. De Daniel 7:10, leemos:

El tribunal se sentó, y se abrieron los libros.

En el Salmo 139, se nos dice que Dios tiene todos nuestros días contados en un libro.

Tus ojos vieron mi embrión,
Y en tu libro se escribieron
Todos los días que me fueron dados,
Cuando no existía ni uno solo de ellos.

Salmo 139:16

Hay libros sobre ciudades y naciones. De hecho hay muchos libros en el cielo, no solo el Libro de la Vida. Hay libros que contienen la visión de Dios para cada una de nuestras vidas. Los profetas y videntes necesitan profetizar de lo que está escrito en estos libros para hablar la visión de Dios.

Dios está despertando una visión fresca y trayéndola a la iglesia. *"Sin visión profética, la gente se desenfrena"*. Donde no hay sueños, ni percepción, ni revelación, donde nadie habla de lo que está en los libros del cielo, la gente anda desenfrenada y enloquecida.

Dios está acorralando a la Ekklesia con visión de vuelta a su lugar, la está ensillando y le está poniendo el bocado en la boca, la está preparando para que él pueda correr con nosotros y guiarnos a los lugares a los que él quiere que vayamos, mientras aprovecha el poder que lleva la Ekklesia. Nos volvemos como caballos que corren en la batalla. Debemos ser personas con visión.

¿Cuál es la visión de Dios para tu vida, tu casa espiritual, tu región, estado y nación? Tu visión personal está atada con la visión de la casa a la que perteneces, y esa casa será consagrada para que traiga avances a la región, estado, nación y el mundo.

Nadie está llamado a ser un llanero solitario. La visión que Dios da no es solo para ti; es para servir a los demás. Los regalos son para mejorar otras vidas, no para que te conviertas en una gran estrella. La unción es para influenciar, favorecer, abogar, impactar y la liberar el corazón del cielo a donde Dios te ha llamado a funcionar. *Bienvenido al jardín, Adán. Ahora ponte a trabajar.*

"Bienaventurado es el que guarda la ley."

La palabra *ley* aquí es poderosa. Significa "dirección". Entonces, podríamos decir: "Bienaventurado el que guarda la dirección".

También significa "instrucción" o "ser enseñado". Entonces, podríamos decir: "Donde no hay visión, la gente se desenfrena, se descontrola, perece, pero dichoso el que permanece en el rumbo, el que mantiene la dirección, el que presta atención a la instrucción y la enseñanza".

La palabra enseñanza se refiere a nuestro maestro espiritual, el Espíritu Santo.

Pero vosotros tenéis la unción del Santo...

1 Juan 2:20

Pero cuando Él, el Espíritu de verdad, venga, os guiará a toda la verdad, porque no hablará por su propia cuenta, sino que hablará todo lo que oiga, y os hará saber lo que habrá de venir.

Juan 16:13

Entonces, "Feliz es el que sigue la instrucción del Espíritu Santo".

Salvación

Hebreos 2:3 dice:

¿Cómo escaparemos nosotros si descuidamos una salvación tan grande? La cual, después que fue anunciada primeramente por medio del Señor, nos fue confirmada por lo que oyeron...

La salvación no significa un boleto al cielo. La palabra salvación significa "ser salvo, sanado, liberado, puesto en libertad y hecho completo". Es un proceso de tres pasos.

- Fuimos salvos—pasado
- Estamos siendo salvos—presente
- Seremos salvos--futuro

La salvación en presente nos habla de la obra continua de redimir el cuerpo, el alma y el espíritu. Es la recuperación de los estragos del pecado y el establecimiento de nosotros como verdaderos hijos e hijas de Dios.

Mucha gente solo está viviendo la parte del pasado. La salvación es una introducción al perdón de Dios a través de la sangre de Jesucristo. Sin embargo es más, mucho más.

Es hora de ser liberado, librado, sanado y restaurado por completo. Es hora de presentarse como hijos adultos del Rey. Es hora de ponerse a trabajar. Esta es la salvación en tiempo presente que no debemos descuidar.

Las consecuencias de ignorar una salvación tan grande incluyen: "quedar solo, descuidado, estar fuera de control".

Las ciudades de los Estados Unidos, donde los asesinatos y los ladrones están fuera de control, carecen de visión divina. No hay ninguna dirección o autoridad establecida para traer orden a esos lugares para que lo que hay en el corazón de Dios para esas ciudades se manifieste. Partes de nuestra sociedad están fuera de control, arrastradas por la ignorancia, influenciadas por los poderes de las tinieblas que manejan la muerte. La pobreza—tanto física como espiritual—es un motivador poderoso, pero a menos que tengamos la verdadera respuesta a mano, a menos que tengamos la voluntad y la provisión de Dios para nuestras vidas, reaccionaremos mal a nuestra condición y nos causaremos más daño a nosotros mismos y a nuestras comunidades a largo plazo

Hoy, regiones de los Estados Unidos están cayendo bajo el poder de fuerzas que explotan nuestras debilidades y difunden el caos a través de mentiras de distorsión y desinformación. Pretenden ofrecer soluciones pero su verdadera visión es la destrucción de todo lo que Dios ha inculcado en nuestro gran país.

El ladrón sólo viene para robar y matar y destruir; yo [Jesús] he venido para que tengan vida, y para que la tengan en abundancia.

Juan 10:10

VISIÓN DIVINA

Habacuc escribió sobre la visión y todo lo que implica.

Estaré en mi puesto de guardia,
Y sobre la fortaleza me pondré;
Velaré para ver
Lo que Él me dice,
Y qué he de responder cuando sea reprendido.
Entonces el SEÑOR me respondió, y dijo:
"Escribe la visión
Y grábala en tablas,
Para que corra el que la lea.
Porque es aún visión para el tiempo señalado;
Se apresura hacia el fin y no defraudará.
Aunque tarde, espérala;
Porque ciertamente vendrá, no tardará."

Habacuc 2:1-4

Este pasaje pinta un cuadro de lo que es visión: de lo que Dios está diciendo y cómo escucharlo. Esto comienza cuando nos posicionamos.

El nombre del SEÑOR es torre fuerte;
A ella corre el justo y está a salvo.

Proverbios 18:10

Desde la torre de la muralla de la ciudad, podemos ver más lejos que cualquier otro que esté abajo a nivel del suelo. Arriba podemos ver los ejércitos que pueden estar acampando en el campo. Podemos ver al enemigo acercarse y además podemos ver cuando viene una tormenta, para así poder preparar a la ciudad. Cuando habitamos en la torre, podemos ver y prepararnos.

"Voy a mantenerme velando para ver lo qué me dirá".

Con respecto a esto, ¿cómo es que vemos lo que alguien dice? ¿Cómo vigilamos las palabras? Oímos palabras; no vemos palabras, ¿verdad? Bueno, las palabras de Dios son creativas. Él trae las cosas a la existencia por su palabra.

Dios, que da vida a los muertos y llama a las cosas que no existen, como si existieran.

Romanos 4:17

Considere Génesis 1:

Dios dijo, "Hágase la luz"; y hubo luz.
Dios dijo, "Que haya una expansión en medio de las aguas..."
Dios dijo, "Que las aguas de debajo de los cielos se reúnan en un solo lugar, y que aparezca lo seco..."

¿Entiendes? Dios habló una palabra y el universo fue creado.

Una visión de Dios transmite mucho. La palabra visión en Habacuc significa: "sueño, visión, revelación mental, oráculo, visión, profetizar, proveer". Es por eso que no tenemos que preocuparnos por la falta de fuerza o recursos para cumplir con nuestro llamado. Cuando Dios nos da una palabra, esta viene junto con la provisión que necesitamos para hacer lo se que nos ha asignado.

Cada vez que Dios nos da una visión, la provisión viene ligada a ella. ¡Estas son buenas noticias! Dios tiene todo lo que necesitamos. Los elementos del mundo no pueden detenernos. Jesús calma el mar, calma el viento y reprende la tempestad. Claro, es posible que debamos presionar un poco más, cavar un poco más profundo, orar más fuerte en el Espíritu, pero hay provisión para llevar a cabo la visión.

"Cuando Dios guía, él provee". Es un cliché conocido pero tiene grandes verdades.

¿Cómo respondemos cuando escuchamos a Dios? Grabamos su palabra en nuestro corazón, oramos y respondemos: ¡Sí, Señor! Respondemos en fe, obediencia y alegría. "Sí, Señor, aquí estoy, envíame a mí. Dios, yo sé que nada es imposible para ti".

Mi pastor asistente en Life Church en Hawái, el pastor Rick Amous, siempre decía que estaba en el "Programa Sí". Siempre es Sí a Dios.

Por eso es importante atesorar la palabra que Dios nos da, escribirla para que sigamos orando por ella, declarándola y recordando que la podemos ejecutar. Dios trae obreros para la mies, y no solo para la mies de almas sino para todo lo que hemos administrado.

Dios quiere traer cosas a nuestras vidas para que llevemos a cabo su visión. Se necesita dinero, energía, recursos, trabajadores, cosas que no podemos conseguir por nuestra propia cuenta. Se necesita que otros escuchen nuestra visión y digan: "Puedo correr con esta visión. Quiero ser parte de lo que Dios te está llamando a hacer. Aquí hay algo de dinero, un edificio, un vehículo para que se haga esto. Estoy orando contigo, creyendo contigo, intercediendo contigo, esa será mi parte". Así es como llegan los recursos desde muchas direcciones para poder cumplir la visión que Dios nos ha dado.

Cuando la piedra de Rubén no está en su lugar, experimentamos falta de visión, deterioro, desenfreno, indecisión y pobreza.

Estas cosas nos impiden cumplir la visión y la tarea que Dios ha dado a nuestras vidas. Entonces, al no entender las realidades espirituales involucradas, nos encontraremos quejándonos a Dios, diciéndole: "Dios, ¿por qué no has hecho lo que prometiste? ¿Por qué no has hecho que esto suceda todavía? Somos socios".

Te aseguro que no es culpa de Dios. Él anhela darnos todas estas cosas y más.

Cuando el altar de Dios sea reparado (re-parado, como en el "emparejar" de un artefacto con un Bluetooth), las personas se conectarán contigo y te ayudarán a cumplir la tarea que Dios te ha asignado.

Nos damos por vencidos demasiado rápido. El cumplimiento de Dios viene en el tiempo que él estableció, pero requiere nuestra participación.

> *Porque es aún visión para el tiempo señalado;*
> *Se apresura hacia el fin y no fallará.*
> *Aunque tarde, espérala;*
> *Porque ciertamente vendrá, no tardará.*

Mira, la palabra *pecado* significa "errar el blanco o equivocar el camino". En este pasaje, Dios está diciendo que la visión va a dar en el blanco como una flecha disparada por el arco de un tirador.

Algunas veces, la visión es para un tiempo lejano.

"La visión es para el tiempo señalado, aunque tarde...*Espérala."*

¿Qué nos dice esto? Aférrate a ella; no renuncies; espérala *"Porque ciertamente vendrá, no tardará".*

A medida que nos asociamos con el cielo y sincronizamos nuestro corazón con el corazón del Padre, la visión de Dios para nuestra vida encontrará el tiempo señalado. Se manifestará y expandirá el Reino de Dios.

Por ejemplo veamos la vida de Simeón: él era un anciano cuando finalmente llegó el día en que pudo abrazar al niño Jesús y bendecirlo. Esto, fue lo que él declaró:

> *Ahora, Señor,*
> *Permite que tu siervo*
> *Se vaya en paz,*
> *Conforme a tu palabra;*
> *Porque han visto mis ojos tu salvación,*
> *La cual has preparado en presencia de todos los pueblos,*
> *Luz de revelación a los gentiles,*
> *Y gloria de tu pueblo Israel.*

> Lucas 2:29-32

Simeón dijo: "Este es el momento para el cual yo que fui creado". Nótese que él no cambió las naciones, ni separó los océanos, no hizo caer fuego del cielo, tampoco escribió la mitad del

Nuevo Testamento. Su misión fue bendecir al Rey. Y para esto esperó toda su vida... Y finalmente lo hizo.

El blanco al que tu aciertas en tu tarea hace la diferencia. Independientemente de cómo le parezca al mundo, tendrá el impacto de una bomba la cual golpea su objetivo.

Cuando tenía 17 años, Dios me dijo: "Greg, irás a Australia; Tendrás un impacto en esa nación".

Bueno, me tomó treinta y tres años llegar a Australia después de que Dios me lo dijo, pero nunca me rendí. Seguí presionando en la visión, creyendo en Dios por provisión. Me surgieron muchas oportunidades para ir, pero sabía que no era el tiempo de Dios, aunque sabía que Dios dijo que iría.

Finalmente, un amigo mío, el apóstol Darren Begley, me dijo: "Oye, Greg, has compartido esta historia varias veces. Quiero ser parte del cumplimiento de esa visión que Dios te dio de ir a Australia. Acompáñame a Australia para hacer una conferencia profética con algunos empresarios".

Así que lo hice.

A pesar de que mi primer viaje no fue bajo un entorno de iglesia como lo conocemos. No fue en un culto de iglesia o un servicio de avivamiento. Mi primer viaje fue a una conferencia para gente de negocios. De todas maneras, allí vimos el poder de Dios manifestarse mientras ministramos y profetizamos en la vida de las personas. Sus vidas fueron impactadas y cambiadas. Y creamos una relación con muchas de esas personas que todavía mantenemos hasta el día de hoy. Fue una experiencia increíble, pero me tomó treinta y tres años llegar allí. ¡El tiempo de Dios es perfecto!

"He aquí, el orgulloso, su alma no es recta dentro de él; mas el justo por su fe vivirá."

Cuando tenemos una visión, tenemos que vivir por fe. Tenemos que soñar, orar, escuchar y oír para ver que esas visiones se hagan realidad.

¿Qué visión te ha dado Dios? ¿Cómo cambiaría tu vida si la piedra de Rubén fuera puesta de regreso a su lugar para que el fuego de Dios cayera? ¿Cómo sería tu vida hoy? ¡Sueña con eso! ¡Deje que su imaginación vuele! Capta la visión que Dios tiene para ti.

HE AQUÍ EL HIJO

Recuerde que el nombre de Rubén significa "he aquí el hijo". ¿Qué significa ser hijo adoptado?

Tenga en cuenta que la palabra *hijo* no está ligada a un género en específico. Hijo adoptado incluye varón y hembra (Oye, si los hombres están incluidos dentro del término la novia de Cristo, las mujeres están incluidas dentro del término, los hijos de Dios).

La adopción de los hijos es muy importante para Dios. La palabra *hijo* es diferente a la palabra *niño*. De hecho, son polos opuestos. Veamos este pasaje decisivo en Gálatas 4:1-9:

> *Digo, pues: Mientras el heredero es menor de edad, en nada es diferente del siervo, aunque sea el dueño de todo, sino que está bajo guardianes y tutores hasta la edad señalada por el padre. Así también nosotros, mientras éramos niños, estábamos sujetos a servidumbre bajo las cosas elementales del mundo. Pero cuando vino la plenitud del tiempo, Dios envió a su Hijo, nacido de mujer, nacido bajo la ley, a fin de que redimiera a los que estaban bajo la ley, para que recibiéramos la adopción de hijos. Y porque sois hijos, Dios ha enviado el Espíritu de su Hijo a nuestros corazones, clamando: "¡Abba! Padre!" Por tanto, ya no eres siervo, sino hijo; y si hijo, también heredero por medio de Dios. Pero en aquel tiempo, cuando no conocíais a Dios, erais siervos de aquellos que por naturaleza no son dioses. Pero ahora que conocéis a Dios, o más bien, que sois conocidos por Dios, ¿Cómo es que os volvéis otra vez a las cosas débiles, inútiles y elementales, a las cuales deseáis volver a estar esclavizados de nuevo?*

Nuevamente, permítanme enfatizar que la palabra *hijo* no está hablando de género. La palabra *hijo* significa literalmente "maduro", como "el que es maduro". En contraste, a la palabra niño que significa "inmaduro".

La palabra *niño* en este pasaje también es la palabra griega para *huérfano*, pero la connotación no es la misma que en la cultura occidental donde un huérfano no tiene hogar, ni nombre, ni herencia, ni familia. Huérfano en la Biblia literalmente significa "inmaduro". Es la manifestación de lo que es un niño.

En la cultura hebrea, un huérfano tenía un hogar, una familia y una herencia. Era dueño de todo, pero mientras era inmaduro (crecía), no era diferente a un esclavo que no poseía nada. No poseía lo que en realidad era suyo. En cambio, era puesto bajo tutores hasta la fecha fijada por su padre. Mientras tanto, se le daba un tutor para ayudar a criarlo. Esto es como cuando somos jóvenes en Cristo y el Espíritu Santo viene a enseñarnos y a guiarnos (ref. Juan 16 y 1 Juan). Él es nuestro tutor.

Dios ha puesto el Espíritu Santo en nuestras vidas para enseñarnos a ser los reyes que somos. Somos realeza. 1 Pedro 2:9 nos llama, *"real sacerdocio, nación santa"*.

Pablo, en su carta a los Gálatas, señala que mientras somos niños, estamos sujetos al poder de las cosas elementales del mundo. El mundo todavía nos domina cuando somos niños. Amamos a nuestra familia, a nuestro padre, a nuestra casa, pero el mundo sigue haciéndonos retroceder, cortejándonos como lo hizo con el hijo pródigo.

El hijo pródigo era un hombre inmaduro que quería algo que estaba reservado para los hijos maduros. No estaba listo, pero quería su herencia de todos modos, y la obtuvo aunque fue para desperdiciarla.

La preparación, es un proceso que requiere tiempo, y eso lo es todo. Por eso, en el versículo 4, Pablo dice: *"Pero cuando vino la plenitud de los tiempos, Dios envió a su Hijo, nacido de mujer, nacido bajo la ley"*. Eso es muy importante. Luego, en el versículo 5 dice:

"Para que Él pudiera redimir a los que estaban bajo la Ley, a fin de que recibiéramos la adopción de hijos".

Limpiar, sanar y colocar la piedra de Rubén en el altar que está siendo reconstruido significa comprender la visión y la adopción de hijos, y entonces desde allí podremos caminar en nuestra identidad como hijos maduros de Dios para que podamos transformar el mundo.

Dios tiene mucho que decir acerca de la madurez. A través de los años, Dios me ha dado algunas palabras fuertes al respecto para predicar a otros.

> *Diles que se quiten el chupete de la boca y que dejen que la espada de la palabra de Dios salga de sus bocas. Diles que salgan de la cuna y entren al campo de batalla y peleen como pelean los reyes.*

(¡Y les cuento que salí vivo de esas iglesias! ¡Alabado sea Dios!)

Colocar la piedra de Rubén en su lugar significa madurar en el Señor, significa llegar a ese momento donde dejemos a un lado nuestro enfoque de vida egoísta y malcriado donde, "todo yo soy el centro de todo".

> *Por cuanto sois hijos, Dios ha enviado a nuestros corazones el Espíritu de su Hijo, que clama, "¡Abba Padre!" Por tanto ya no eres esclavo, sino hijo; y si hijo, también heredero por medio de Dios.*

A veces sabemos lo que es nuestro pero Dios no nos lo dará. En esos casos, él nos está diciendo: "Crece para que yo pueda darte tu herencia. Deja de vivir la vida para ti mismo y comienza a vivir de acuerdo con la visión que te he dado para que yo pueda liberar lo que sabes que es tuyo para tu asignación".

> *Por tanto ya no eres esclavo, sino hijo; y si hijo, también heredero por medio de Dios. Pero en aquel tiempo, no conocíais a Dios.*

Los niños realmente no conocen a sus papás. Es posible que un niño conozca a su papá como un proveedor y como el que disciplina, pero conocerlo de manera que pueda unir su corazón con el suyo requiere madurez. Una gran parte de criar niños es esperar que crezcan para que podamos tener con ellos una relación de adulto a adulto.

O más bien, que sois conocidos por Dios.

Interesante frase, ¿no les parece? Suponemos que Dios conoce a todo el mundo y, en cierto sentido, así es. Pero "ser conocido por Dios" significa que Dios no solo está en nuestros corazones, sino que su corazón está sincronizado con el nuestro. Estamos unidos con los mismos propósitos.

Pero ahora que conocéis a Dios, o más bien, que sois conocidos por Dios, ¿cómo es que os volvéis otra vez a las cosas débiles, inútiles y elementales, a las cuales deseáis volver a estar esclavizados de nuevo?

Por extraño que parezca, en la cultura hebrea, los hijos crecían hasta el momento señalado en que eran adoptados por sus padres. Los padres adoptaban a sus hijos cuando veían que eran lo suficientemente maduros. Por eso la palabra hijo no solo significa "maduro" sino también "el que levanta el apellido y el honor de la familia".

El proceso de adopción era así:

El Padre llama a los líderes locales y empresarios a la puerta de la ciudad. También invita a los sirvientes y al resto de la familia. Luego se pone de pie y dice: "Hoy es el día en que reconozco a mi hijo como alguien que es capaz de levantar el apellido y el honor de la familia. Ya no es un niño; el es un hijo Lo adopto hoy"

Extiende su brazo alrededor de su hijo y lo aprieta con fuerza, y luego, a la vista de todos, le da a su hijo un anillo, una túnica y un par de zapatos nuevos.

Sí, unos zapatos nuevos.

Entonces el padre les declara a todos en la ciudad: "Cuando vean venir a mi hijo, me verán venir a mí. Cuando lo escuchen hablar, él está hablando por mí porque ahora él es el que levanta el apellido y honor de la familia. Tenemos un solo corazón. Tenemos un propósito. Estamos levantando este negocio. Estamos levantando este nombre juntos. Cuando te pida algo, no lo pide para sí mismo; él lo está pidiendo por mí. Es un hijo maduro. Yo confío en él. Creo en él y hoy lo hago socio igualitario en el negocio familiar".

Esa era la adopción en la cultura hebrea, y comenzaba con la madurez.

Efesios nos dice:

> *Pero Dios que es rico en misericordia, por causa del gran amor con que nos amó, aun cuando estábamos muertos en nuestros delitos, nos dio vida juntamente con Cristo (por gracia habéis sido salvados), y con Él nos resucitó, y con Él nos sentó en los lugares celestiales en Cristo Jesús.*
>
> Efesios 2:4-6

Como hijos maduros, gobernamos y reinamos con el Padre desde los lugares celestiales. Nos ha dado su anillo de sellar, un manto de autoridad y un nuevo par de zapatos. Al hacerlo, nos ha posicionado como los que levantan el apellido y el honor de la familia y como socios del negocio.

¿Cuál es el negocio de nuestro Padre? No es zapatero, carpintero, ingeniero o predicador. Nuestro Padre es un Rey. Por lo tanto, nuestro negocio familiar es el reino. Cuando Dios te abraza y te da tu herencia, está declarando al mundo: "Cuando ves a mi hijo, me ves a mí".

Esto tipifica la relación de Jesús con el Padre. Él desea lo mismo para nosotros (Mateo 11:27). Por eso la escritura nos dice:

> *Porque donde están dos o tres reunidos en mi nombre, allí estoy yo en medio de ellos.*
>
> Mateo 18:20

CONCLUSIÓN

Cuando el mundo ve hijos e hijas maduros de Dios, ven a Dios mismo. Esta identidad transmite ciertos privilegios:

> *Por eso os digo que todas las cosas por las que oréis y pidáis, creed que ya las habéis recibido, y os serán concedidas.*

Marcos 11:24

Aunque pedirle al Padre suena grandioso, aquí no se transmite adecuadamente la intención. Piensa en esto: "Cuando hablas, decretas, profetizas y expandes, estás levantando el nombre de la familia, Dios está contigo".

Como hijo maduro de Dios, David se distinguió de sus hermanos. Hoy, como hijos e hijas maduros de Dios, nos destacaremos de entre la multitud con un propósito. Dios quiere que nos distingamos de nuestro pueblo. Él quiere que vean su favor en nuestras vidas. Él quiere atraer a otros hacia él a través de nosotros.

Cuando la piedra de Rubén está en su lugar, el favor del Señor se derrama sobre nuestras vidas. Recuérdese que el nombre Rubén incluye: "aconsejar". La Biblia nos dice que el Espíritu Santo nos aconseja pero también, hay sabiduría en la multitud de consejos. Como hijos e hijas maduros de Dios, ustedes pueden ser ese que aconseja. Es posible que las personas se acerquen a usted y le digan: "Estoy pasando por algo. Tengo una decisión que tomar. ¿Que crees que debería hacer? ¿Podrías aconsejarme? ¿Qué es lo que Dios diría?"

Cuando la piedra de Rubén esté en su lugar, verás como un vidente. Inspeccionarás y rendirás cuentas de aquellas cosas que hiciste. Serás provisto con entendimiento. Pertenecerás a una orden espiritual más profunda. Ya no serás un vagabundo ni un huérfano.

Entonces, ¿Qué sucede cuando la piedra de Rubén está fuera de lugar? No es nada agradable. Invirtamos todas las cosas buenas. Eres entonces: "no favorecido, un sinvergüenza, un esclavo, condenado, desgraciado, arrogante y orgulloso, un errante, un paria, sin visión, sin visión profética, sin entendimiento, oculto y sin acceso, sin acceso al Padre, inconsciente del propósito, incapaz de ver tu visión, incapaz de aconsejar a otros en la visión de ellos."

Te dije que no era agradable.

¿Qué significa cuando la piedra de Rubén está en su lugar? Significa que tenemos pleno acceso al trono del Padre. Tenemos conocimiento profético para profetizar la voluntad y lo que está en el corazón del Padre. Somos guiados por el Espíritu Santo, según Romanos 8:14.

> *Porque todos los que son guiados por el Espíritu de Dios, éstos son hijos de Dios.*

Hay entendimiento y revelación como vemos en Efesios 1. Hay sabiduría para actuar en el nombre de la familia, en el nombre del Rey. Actuamos en nombre del Padre.

> *Por eso Jesús, respondiendo, les decía: En verdad, en verdad os digo que el Hijo no puede hacer nada por su cuenta, sino lo que ve hacer al Padre; porque todo lo que hace el Padre, eso también hace el Hijo de igual manera.*

Juan 5:19

Cuando la piedra de Rubén está colocada en su lugar, actuamos en nombre de Dios para llevar a cabo sus planes y propósitos en la tierra. Entendemos el camino del Padre y tenemos mayor visión y provisión para el futuro. Cuando la piedra de Rubén está en su lugar crea una unión con el cielo como alguien que es primogénito.

> *Ya no os [Jesús] llamo siervos porque el siervo no sabe lo que hace su señor; pero os he llamado amigos, porque os he dado a conocer todo lo que he oído de mi Padre.*

Juan 15:15

La Piedra de Simeón

Escucha

EN LOS DÍAS DE LA BIBLIA, LOS PADRES LE PONÍAN EL NOMBRE A SUS HIJOS proféticamente de acuerdo a su destino, declarando con esto tanto lo que eran como lo que llegarían a ser. Sin embargo, como ocurre con todas las cosas proféticas, si los niños no llegaran a vivir su destino, se manifestaría lo opuesto a esas cualidades. Siendo Elías el principal profeta de Israel, él colocó las piedras de regreso a su lugar y revirtió la corrupción que había pervertido a las 12 tribus durante generaciones, restaurando así el propósito y el llamado de cada tribu a la nación.

¿Qué significa el nombre de Simeón? ¿Qué características evoca? El nombre Simeón en hebreo, es Shama o Shimon y literalmente significa: "anunciar, comprender completamente, discernir diligentemente, oír con certeza, seguir escuchando, estar atento, escuchar atentamente, obedecer".

Eso es mucho, ¿Verdad? ¿Por qué necesitamos estas características en el altar de Dios? ¿Qué está buscando Dios antes de que su fuego caiga?

Bueno, considere cuántos de nosotros escuchamos cosas pero no las comprendemos. Comprender requiere que escuchemos atentamente. El proceso comienza con una proclamación y termina con ser obedientes a todo lo que escuchamos. Si no escuchamos con atención, o ignoramos lo que se proclama o intentamos seguirlo tontamente sin comprender, o faltos de madurez como lo puede hacer un recién convertido armado con un solo versículo de la Biblia y buscando amonestar a sus mayores.

El nombre de Simeón también significa "escucha esto, escuchando como por casualidad con permiso". Es como escuchar a escondidas pero es más que eso. Implica que se le dé permiso para escuchar una conversación, no solo para escuchar a escondidas o por casualidad, sino para ser llamado a propósito para escuchar la intención y la profundidad del corazón de alguien.

Piense en algo así como ser invitado a la Oficina Oval y escuchar mientras el presidente discute asuntos de estado con el gabinete. La mayoría de las personas se sentirían honradas de estar allí y tendrían el buen sentido de sentarse, guardar silencio y escuchar atentamente.

Hoy, nos encontramos con una generación de personas atrevidas en su forma de hablar, con un falso sentido de confianza y una brújula moral auto dirigida. Estas son personas que no tienen nada de valor para decir, pero que abren la boca de todos modos... en voz alta... descaradamente... con fuerza... a cualquiera lo suficientemente tonto como para escucharlos. Esto es lo que sucede cuando la piedra de Simeón está fuera de lugar.

En contraste a esto, cuando la piedra de Simeón se repara y se coloca en su lugar, vemos una generación de personas que obedecen atentamente, que son rápidas para escuchar y lentas para hablar.

Esto sabéis, mis hermanos. Pero que cada uno sea pronto para oír, tardo para hablar, tardo par la ira.

Santiago 1:19

Cuando la piedra de Simeón está fuera de lugar, esto significa: "muerte sin habilidad para escuchar, ignorancia sin deseo de conocer la verdad, confusión acerca de lo que sucede a nuestro alrededor, pobre mayordomía espiritual, descuido de los dones espirituales y las responsabilidades dadas por el Padre, oír algo pero no estar seguros de lo que escuchamos."

MUERTE SIN AUDICIÓN

A medida que voy envejeciendo, puedo escuchar los sonidos, pero no siempre puedo discernir lo que estoy escuchando a menos que preste mucha atención a las palabras y al que está hablando. Esto es lo que significa escuchar algo pero no estar seguro de lo que escuchamos. Significa "indecisión, rebelión contra el mandato y la asignación del Padre para nuestras vidas, desconectarse del Espíritu Santo, escuchar a escondidas con un propósito distorsionado, para poder pervertir la verdad y torcerla para nuestros propósitos".

Esto describe una gran parte de la iglesia hoy. La iglesia a menudo es sorda y no puede escuchar lo que dice el Padre.

Esto, creo, se debe a que:

- Le damos más importancia a la educación que a la intimidad.
- Le damos más importancia a los títulos que a la relación con Dios.
- Le damos más prestigio a los títulos en lugar de la habilidad de seguir el corazón de Dios.
- Fallamos en permitir que el fruto—los resultados del ministerio—sean lo que den el título.

Hoy, mientras nos aferramos a los títulos, estamos atrapados entre soluciones contrapuestas a la misma enfermedad. O nos esmeramos por obtener títulos para ganar prestigio o eliminamos todos los títulos para eliminar la tentación de luchar en vano. Cualquiera de las dos soluciones solo aumenta el problema. No sabemos qué valorar ni cómo valorarlo.

Los verdaderos resultados son vistos por el Padre en secreto, y es él quien recompensa generosamente.

> *Pero tú, cuando ores, entra en tu aposento, y cuando hayas cerrado la puerta, ora a tu Padre que está en secreto, y tu Padre, que ve en lo secreto, te recompensará.*

> Mateo 6:6

La Ignorancia es Felicidad

Cuando la piedra de Simeón está fuera de lugar, la iglesia le da más importancia a los logros naturales que al compromiso espiritual y la relación con Jesús.

Lo opuesto a la piedra Simeón significa literalmente "sin capacidad para oír". En pocas palabras: ignorancia.

Considere las palabras de Pablo a los corintios mientras les enseñaba acerca de los dones del Espíritu Santo:

> *Pero no quiero que ignoren, hermanos, acerca de los dones espirituales.*

1 Corintios 12:1 (RVA-2015)

Cuando la piedra de Simeón está fuera de lugar, reina la ignorancia.

Ahora bien, la ignorancia no es tan mala como la estupidez. Como dice el gran filósofo Forrest Gump: "Estúpido es el que hace estupideces". La estupidez no se puede arreglar. En cambio la ignorancia si se puede...a veces. Ignorancia significa "no aprendido sin conocimiento". Eso quiere decir entonces que hay esperanza. Aún así, hay un punto en el que la ignorancia se convierte en estupidez. Esto es cuando no queremos saber y nos negamos a aprender, entonces la ignorancia desciende a otro nivel.

Como iglesia, a menudo nos encontramos en un lugar donde no queremos aprender. No queremos saber sobre:

- Los dones del Espíritu Santo
- El ministerio quíntuple
- Cómo juzgar los dones
- Cómo situar los dones

Por ejemplo, en 1 Corintios 12:28, encontramos que Dios colocó un orden específico de gobierno en la iglesia.

> *Y en la iglesia, Dios ha designado: primeramente, apóstoles; en segundo lugar, profetas; en tercer lugar, maestros; luego, milagros; después, dones de sanidad, ayudas, administradores, diversas clases de lenguas.*

Para poder ver venir el poder de Dios, debemos entender y seguir el protocolo de Dios. ¡Dios lo puso allí por una razón! No podemos ser ignorantes sobre esto. No podemos decir: "Bueno, los apóstoles ya no existen o hay tantos apóstoles y profetas falsos por ahí que esto no es para nosotros". Mira, siempre hay una manzana podrida en el montón. ¡Había un Judas entre los discípulos, y Jesús lo veía todos los días! El hecho de que haya malos por ahí no significa que los designados por Dios ya no existan. Concéntrate en el orden que Dios instituyó. Él opera en el orden correcto (ref. 1 Corintios 14:33), no opera bajo grandes ideas o soluciones solo porque se ven y suenan glamorosas y son "amigables" y no ofenden a nadie.

No, tenemos que aprender y dejarnos guiar por el Espíritu Santo.

Y en cuanto a vosotros, la unción que recibisteis de Él permanece en vosotros, y no tenéis necesidad de que nadie os enseñe; pero así como su unción os enseña acerca de todas las cosas, y es verdadera y no mentira, y así como os ha enseñado, permanecéis en Él.

1 Juan 2:27

Debemos dejar de lado nuestras tradiciones religiosas que impiden que la Palabra de Dios obre en nuestras vidas. Debemos seguir el ejemplo de Jesús en Juan 5:19 y decir: "Padre, solo haré o diré lo que tú quieras que haga o diga y solo iré a donde tú quieras que vaya. No me regreso a mi religión ni a mis tradiciones. Despójame de esas cosas en mi vida. Quita todo lo que me impida seguirte de corazón todo, y pongamos la piedra de Simeón de regreso en su lugar. No seamos ignorantes de las cosas del Reino de Dios."

La ignorancia necesita ser reemplazada por el conocimiento, la comprensión y la revelación. ¿Estás listo para eso?

La Biblia habla de dos reinos: el reino de las tinieblas y el reino de la luz. La palabra *tinieblas* significa "ignorancia". La palabra *luz* significa "conocimiento".

En Efesios 4, observe cual conocimiento es el que Dios valora:

> *Hasta que todos lleguemos a la unidad de la fe y del conocimiento del hijo de Dios, a la condición de un hombre maduro, a la medida de la estatura de la plenitud de Cristo.*
>
> Efesios 4:13 [énfasis añadido]

El conocimiento que buscamos es el de Cristo. Lo que distingue el reino de las tinieblas del reino de la luz no es el bien y el mal. Más bien, es la ignorancia y el conocimiento. Por eso es que vencemos las tinieblas conociendo a Cristo, y por medio de Cristo encontramos el poder de Dios Todopoderoso.

Cuando Pablo naufragó en una isla remota, una víbora lo mordió mientras recogía leña. Los nativos esperaban que muriera. Pero en cambio, sucedió otra cosa:

> *Y ellos esperaban que comenzara a hincharse, o que súbitamente cayera muerto. Pero después de esperar por largo rato y de no observar nada anormal en él, cambiaron de parecer y decían que era un dios.*
>
> Hechos 28:6 [énfasis añadido]

Los nativos pasaron de la ignorancia de Dios al conocimiento de Dios cuando ellos fueron confrontados con el poder de Dios. *"Cambiaron de opinión"*.

Cuando la piedra de Simeón está fuera de lugar, la ignorancia corre desenfrenadamente y el fuego de Dios no cae. La ignorancia ha reinado en la iglesia por demasiado tiempo. Es hora de que los hijos e hijas maduros se levanten, entren en nuestro propósito y destino y reciban nuestra herencia para cumplir la tarea que Dios nos ha dado para su propósito. Estamos en la puerta y cruzando el umbral.

Confusión

Cuando la piedra de Simeón está fuera de lugar, nos confundimos con todo lo que sucede a nuestro alrededor. Veo esto en la iglesia de hoy y en el mundo en general. Los medios masivos controlan la narrativa y nos alimentan con lo que quieren que escuchemos. Sin un oído hacia el cielo, nos convertimos en un pueblo muy confuso. Los medios de comunicación no transmiten la verdad. En cambio, transmiten una sensación de estar bien informado. Estas dos cosas son polos opuestos.

Hay confusión en el mundo y hay confusión en la iglesia. Sin embargo, estamos llamados a ser la sal de la tierra. Estamos llamados a ser los líderes. Algún día habitaremos la ciudad de Dios mientras las naciones vienen a nosotros en busca de sanidad.

Y me mostró un río de agua de vida, resplandeciente como cristal, que salía del trono de Dios y del Cordero, en medio de la calle de la ciudad. Y a cada lado del río estaba el árbol de la vida, que produce doce clases de fruto, dando su fruto cada mes, y las hojas del árbol eran para sanidad de las naciones.

Apocalipsis 22:1-2

Así como hizo Elías en ese fatídico día en la historia de Israel, debemos regresar la piedra de Simeón al altar para que podamos saber lo que Dios está diciendo y permanecer en la voluntad y el propósito de Dios, y ejecutar sus instrucciones como corresponde.

Dios nos está llamando a levantarnos por encima de la confusión que infesta la tierra hoy. Debemos cerrarles la puerta a algunas cosas de nuestras vidas. Debemos regular la puerta del oído de nuestros cuerpos, almas y espíritus porque lo que admitimos determina nuestra dirección y acciones. Es posible que tengamos que desconectarnos de CNN y sintonizar CN—*Cristo Network*.

Se supone que debemos cumplir con el gobierno. Sí, pero solo si no interfiere con lo que Dios está haciendo en la tierra. Debemos ser capaces de mirar más allá de la superficie y ver la raíz de las cosas. Dios nos está llevando a un lugar donde no seremos confundidos. Sabremos qué hacer y estaremos en paz con ello.

Hay una agenda de oscuridad para convertir a las personas en ovejas. Dios quiere que nos levantemos como leones y rujamos. Aleluya. El enemigo quiere convertir nuestro rugido en un débil *bee*. Pero Dios está llamando a la iglesia a levantarse con el León de Judá y rugir, haciendo que nuestros enemigos tiemblen hasta los dientes y se inclinen ante el nombre de Jesucristo.

Mala Administración

Cuando la piedra de Simeón está fuera de lugar, el resultado es una mayordomía deficiente, descuido de los dones y de las responsabilidades dadas por el Espíritu Santo.

El caos del mundo no nos exime de nuestra responsabilidad hacia Dios y sus propósitos. No podemos simplemente parar. Seguimos siendo hijos e hijas del Rey. De hecho, nuestros esfuerzos deben continuar y deben intensificarse. Dios está buscando un pueblo que no tenga miedo de ser intenso con los motivos y los corazones correctos en tiempos de crisis.

Alguien debe desafiar a los espíritus de las tinieblas. No son los virus ni las plagas ni los medios de comunicación ni la política corrupta ni las mentiras populares contra lo que estamos combatiendo. Es el espíritu de las tinieblas lo que está en el corazón de todas esas cosas.

Dios está buscando un pueblo que se levante como piedras de Simeón. A medida que se restaura la piedra y se repara el altar, también vendrá el despertar, el avivamiento y el derramamiento de Dios que es lo que está en su corazón para darnos. El poder fluirá hacia la tierra y veremos cambiar a las naciones en un solo día.

Para que esto suceda, debemos escuchar a Dios. Debemos tener nuestra teología correcta. Debemos tener nuestras relaciones correctas. Debemos tener nuestra interpretación de la palabra de Dios correcta.

¿Cómo podemos hacer esto?

Sintonizándonos con lo que el Padre está diciendo y no escuchando las opiniones de los hombres. Ya sean los medios de comunicación o algún religioso engreído en el púlpito, no importa. Si ellos no te están brindando lo que está en el corazón del Padre, entonces acerca tu propio oído al corazón del Padre para que puedas captar sus latidos y así saber lo que él está diciendo. Aunque tengas dos oídos, solo puedes prestar atención a una fuente.

INDECISIÓN

Cuando la piedra de Simeón está fuera de lugar, hay indecisión.

Hay mucha indecisión en la iglesia hoy en día, no solo en individuos que debaten si dar una palabra o no, sino en personas que luchan por hacer todo lo que Dios les ha llamado a hacer.

Ahora, por favor, no confundas la audacia con cosas que serían descaradamente ofensivas para otros. Cuando somos audaces en Dios y damos un paso adelante y hacemos lo que Dios nos dice que hagamos, hay resultados que son los que Dios ya tenía en mente cuando puso ese espíritu de audacia en nosotros. No podemos tener temor de la audacia y aun así ser efectivos para Dios. No podemos dudar en lo que Dios nos ha llamado a hacer. Ejercitar nuestros dones, vivir nuestras asignaciones y unirnos como la Ekklesia son parte del reconectarnos y todo esto requiere audacia.

> *No dejando de congregarnos, como algunos tienen por costumbre sino exhortándonos unos a otros, y mucho más al ver que el día se acerca.*

> Hebreos 10:25

Hoy me encuentro con muchos cristianos que tienen miedo de reunirse. ¿Por qué? Por miedo a la persecución o a la enfermedad o a la percepción pública. Dios está buscando esa Ekklesia apostólica que dé un paso al frente y camine en lo que se le ha dado: poder sobre las serpientes, sobre la enfermedad, sobre los gobiernos hostiles y las masas.

Debemos ponernos de pie para convertirnos en la Ekklesia, el pueblo apostólico y profético que Dios nos ha llamado a ser hoy. Como tal, vamos a hablar de cambio en la tierra. Vamos a liberar el cambio en las naciones. Vamos a ser los agentes de cambio en nuestras comunidades y los sistemas mundiales.

La obediencia tardía es desobediencia. No podemos dudar.

REBELIÓN

Cuando la piedra de Simeón está fuera de lugar, trae como consecuencia rebelión contra el mandato y asignación del Padre para nuestras vidas. Si no estamos unidos a Dios, no siguiendo el corazón de Dios, él no está obligado a derramar su Espíritu en nuestras vidas. Sí, él todavía nos amará, pero seremos inútiles para sus grandes objetivos.

Aplacamos la rebelión siguiendo el mandato y la asignación de Dios para nuestras vidas. Y hacemos esto al sintonizarnos con el Espíritu Santo.

Porque todos los que son guiados por el Espíritu de Dios,
los tales son hijos de Dios.

Romanos 8:14

¡Si somos hijos e hijas de Dios, debemos ser guiados por el Espíritu de Dios!

Jesús dijo que cuando venga el Espíritu Santo, él nos conducirá y nos guiará a toda la verdad. Él nos establecerá en el arrepentimiento, la justicia y el juicio. ¿Por qué? Porque la tarea del Espíritu Santo es moldearnos en lo que Dios nos creó, para que los reinos de este mundo se conviertan en los reinos de nuestro Dios.

Debemos parar de rechazar y dejar de desconectarnos del Espíritu Santo. Hay denominaciones enteras hoy en día que se niegan a reconocer al Espíritu Santo. Hay "movimientos de Dios" que no tienen nada que ver con el Espíritu Santo. Enseñan que sus dones no son para hoy. Dicen que las sanidades, los milagros y las señales y prodigios no son para hoy. La gente aferra a la duda en lugar de al Espíritu Santo. Para ver caer el fuego de Dios, debemos dejarle al Espíritu Santo reinar libremente en nuestras vidas.

Debemos ser hijos e hijas maduros. No podemos ser movidos simplemente por nuestra emoción; debemos ser guiados por el Espíritu Santo.

Conclusión

Cuando la piedra de Simeón está fuera de lugar, esto significa escuchar a escondidas con el fin de distorsionar la verdad. A algunas personas les gusta escuchar a escondidas solo para poder chismear sobre las cosas de otras personas. El chisme es siempre una distorsión de la verdad. (También lo son los medios de comunicación, en su mayor parte del tiempo).

En nuestras asignaciones de hoy, debemos tener la doctrina correcta, hablando cosas teológicamente sólidas. En este esfuerzo tenemos mucho que desaprender, y solo podemos hacerlo escuchando a Dios.

Cuando tenía 17 años, el Espíritu Santo me dijo: "Greg, debes estar dispuesto a desaprender casi todo lo que has aprendido".

Eso me sorprendió. Pensé que me habían enseñado correctamente todas las cosas. En obediencia, tenía que estar dispuesto a desaprender. Esto no fue fácil para mí, al menos no al principio.

Debemos estar dispuestos a enfrentar las cosas difíciles si vamos a ver caer el fuego de Dios. Para que el poder de Dios caiga y las naciones cambien y se alineen con la asignación de Dios, debemos estar dispuestos a permitir que el Espíritu Santo aborde las cosas que consideramos sagradas para nosotros. Prepárate para la matanza de algunas vacas sagradas.

Los teólogos son humanos, como todos los demás. Tienen razón en algunas cosas, están equivocados en otras y están más confundidos de lo que les gustaría admitir. Es por eso que le corresponde a cada creyente estudiar la Palabra de Dios con esta oración: "Espíritu Santo, enséñame".

Cuando dejemos de resistirnos al Espíritu Santo y comencemos a desear la verdad, estando dispuestos a cambiar las cosas que necesitan cambiar, veremos el cambio que deseamos tanto dentro de nosotros como a nuestro alrededor.

Dios ha confiado en nosotros, nos ha ordenado, nos ha ungido y nos ha equipado para escuchar su voz en medio de una tierra caótica. La respuesta a este caos y confusión está dentro de nosotros: el Espíritu Santo. El enemigo está perdiendo terreno, perdiendo su fortaleza. Está siendo tomado por el Reino de Dios. La Ekklesia se está levantando. Nos estamos convirtiendo en una voz penetrante de claridad y dirección. La Biblia dice que la alabanza en alta voz penetra el oído del enemigo. Dios quiere que seamos esa voz penetrante de claridad y dirección.

Alabadle con címbalos sonoros;
Alabadle con címbalos resonantes.

Salmo 150:5

¿Cuánto tiempo dudaremos entre dos opiniones?

Si el Señor es Dios, servidle. Si Baal es Dios, servidle. Pero no dudes. Les decreto que Baal no es Dios. Es literalmente el espíritu de Baal el que ha sido liberado en las naciones hoy lo que está causando toda esta crisis, todo este alboroto, todo este trauma.

¡Sin embargo, el Espíritu de Dios triunfa sobre todo lo demás! Dios es Dios y nadie más es semejante a él. Seamos personas que persiguen el conocimiento y tienen ganas de aprender; personas que escuchen atentamente y obedecen acertadamente para poder ver el fuego de Dios caer sobre América y las naciones de la tierra hoy. ¡En el nombre de Jesús!

La Piedra de Leví

Sacerdocio

VEMOS EN 1 REYES 18, QUE CUANDO ELÍAS DESAFIÓ a los profetas de Baal y Asera, primero llamó a todo Israel para que viniera donde él estaba.

> *Entonces Elías dijo a todo el pueblo: Acercaos a mí. Y todo el pueblo se acercó a él. Y reparó el altar del SEÑOR que había sido derribado.*

> 1 Reyes 18:30

Entonces, cuando tenia a todas las personas a su alrededor, Elías se acercó a Dios.

> *Y sucedió que a la hora de ofrecerse el sacrificio de la tarde, el profeta Elías se acercó y dijo: Oh SEÑOR, Dios de Abraham, Isaac y de Israel, que se sepa hoy que tú eres Dios en Israel, que yo soy tu siervo y que he hecho todas estas cosas por palabra tuya. [37]Respóndeme, Oh SEÑOR, respóndeme, para que este pueblo sepa que tú oh SEÑOR, eres Dios y que has hecho volver sus corazones."*

> 1 Reyes 18:36-37

De esta forma, él unió a Israel con Dios, y el poder del fuego de Dios cayó.

Por lo que leemos en Santiago 4:8, sabemos: *"Acercaos a Dios, y Él se acercará a vosotros."* La totalidad de lo que hacemos como ministros del ministerio quíntuple es guiar a las personas a una relación sólida con Dios, equipándolas para la obra del ministerio, desarrollando unidad en la fe y madurando a la Iglesia para llevarlos a esa plenitud de Cristo. Esto es también para lo que fue designada la tribu de Leví.

SACERDOTES

Leví era una tribu inusual. La palabra *Leví* significa "adherido, unido a". Viene de otra palabra hebrea que significa "unir, estar unido". Significa "asistir", no en el sentido de asistir a un partido de fútbol, sino más bien: "asistir a algo que Dios tiene", como en "unirse, estar unido, atado".

Imagínese a la tribu de Leví unida a Dios, de tal forma que esté brazo con brazo y pierna con pierna, caminando con Dios. Estaba unido a Dios para el servicio. Por su proximidad con el Señor, ellos podían captar el ritmo del corazón de Dios y llevar a cabo sus intenciones.

La tribu de Leví, a diferencia de las otras tribus, fue entregada a Dios "para permanecer en un lugar". Eran los sacerdotes y estaban en el Lugar Santísimo, el santuario interior del templo, un lugar al que nadie más podía entrar. Sin embargo, ellos no estaban *delante* de Dios, sino *con* Dios. Por eso se define como "unidos como si fueran uno, apartados". Fueron apartados por Dios para asociarse con él en el servicio.

Leví es conocida como la tribu del sacerdocio, e incluía líderes como Moisés, Aarón, Zacarías, Juan el Bautista y Bernabé. La tribu fue designada como sacerdotes desde el momento en que Moisés los llamó en el Monte Sinaí.

> *Y viendo Moisés al pueblo desenfrenado—porque Aarón les había permitido el desenfreno para ser burla de sus enemigos—se paró Moisés a la puerta del campamento, y dijo: El que esté por el SEÑOR, venga a mí. Y se juntaron a él todos los hijos de Leví.*

> Éxodo 32: 25-26

Esto me suena como al mismo llamado que hizo Elías, ¿No les parece? Estás de parte del Señor o no lo estás en absoluto. Leví representaba a Dios y desde ese momento asumieron su lugar como ministros del tabernáculo y más tarde del templo. Moisés nos da un breve resumen de su significado en su bendición sobre la tribu de Leví.

El que dijo de su padre y su madre:
No los conozco;
Y no reconoció a sus hermanos,
Ni consideró a sus propios hijos,
Porque obedecieron tu palabra,
Y guardaron tu pacto.
Ellos enseñarán tus ordenanzas a Jacob
Y tu ley a Israel.
Pondrán incienso delante de ti,
Y holocaustos perfectos sobre tu altar.
Bendice, oh Señor, sus esfuerzos,
Y acepta la obra de sus manos;
Quebranta los lomos de los que se levantan contra él
Y de los que lo odian, para que no se levanten más.

Deuteronomio 33:9-11

La tribu de Leví era leal al Señor y fueron asignados para que le enseñarán al pueblo de Dios. Además, continúa diciendo estos versos que aquellos que se levantan contra Leví harían mal en hacerlo, porque Dios los estaba protegiendo y los vengaría.

Debido a su posición única con Dios e Israel, Leví no tenía territorio tribal. Todas las demás tribus obtuvieron tierras, pero el Señor era la herencia de Leví. Esto sucedió por dirección de Dios a Aarón como el líder principal de Leví.

Todas las ofrendas de lo que es santo, que los hijos de Israel ofrezcan al Señor, las he dado a ti, a tus hijos y a tus hijas contigo, como porción perpetua; es un pacto permanente delante del SEÑOR para ti y para tu descendencia contigo. Entonces el SEÑOR dijo a Aarón: No tendrás heredad en su tierra, ni tendrás posesión entre ellos; yo soy tu porción y tu herencia entre los hijos de Israel.

Números 18:19-20

Dios dejó en claro, cuando separó a Leví del resto de Israel, que él sería su porción y herencia. De verdad que Levi obtuvo el mejor trato. Más tarde, recibieron pastos para su ganado y algunas ciudades para su vivienda.

UN NUEVO VINO

Los deberes que tenia la tribu de Leví eran extensos. El libro de Levíticos está lleno de muchos detalles de sus deberes, incluidos los rituales y sacrificios, una parte importante de la ley de Moisés. La tribu fue conocida a lo largo de la historia como los cuidadores del tabernáculo y más tarde, del templo. Sin embargo, eventualmente hubo un cambio hacia otro tipo de sacerdocio. Cuando Jesús ascendió al cielo, introdujo un orden de sacerdotes completamente diferente.

Por esta razón, es más preciso entender la piedra de Leví como la piedra del sacerdocio. El sacerdocio de Dios comenzó con los sacerdotes levíticos, pero fue suplantado por Jesucristo. Entonces, en esencia, cuando la piedra de Leví está fuera de lugar, significa que falta la piedra del sacerdocio o que está operando según un patrón religioso. Hoy, no buscamos reemplazar la piedra levítica sino la piedra del sacerdocio.

El sacerdocio levítico se enfocaba en rituales, ordenanzas, reglas y reglamentos que se debían seguir para relacionarse con Dios. A través de sacrificios de animales prescritos, los pecados del pueblo serían expiados hasta el próximo año. Los sacerdotes levitas eran los intermediarios entre Dios y el hombre durante siglos hasta que Jesús, como sumo sacerdote, pudo asumir su lugar en el reino.

Aunque la orden religiosa de la época de Leví sabía que venía un mesías, esperaban que viniera a la manera del sacerdocio levítico. Y esta, fue en parte, la razón por la que completamente no lo reconocieron. Jesús no vino como nuestro sumo sacerdote a través del orden levítico. Él vino a través del orden de Melquisedec, y esto amenazó... todo (aunque los levitas ni siquiera se dieron cuenta de ello).

Veamos, a lo largo de los siglos, el sacerdocio de Levi vino a ser una fuerza establecida que dominaba sobre la gente, a tal punto que ellos determinaban si alguien viviría o moriría. Desafortunadamente, con el poder absoluto viene la corrupción absoluta. El sacerdocio no estaba completamente corrupto, de vez en cuando surgía gente buena, como Zacarías (el padre de Juan el Bautista), pero estuvo cerca. Como guardianes de la relación entre Dios y el hombre, los sacerdotes se volvieron complacientes, oportunistas, codiciosos y atrincherados. Es por eso que Jesús chocaba tan severamente con ellos.

De hecho, cada vez que este sacerdote Jesús se encontraba en un templo, causaba problemas.

La Pascua de los judíos estaba cerca, y Jesús subió a Jerusalén. Y encontró en el templo a los que vendían bueyes, ovejas y palomas, y a los que cambiaban dinero allí sentados. Y haciendo un azote de cuerdas, echó a todos fuera del templo, con las ovejas y lo bueyes; desparramó las monedas de los cambistas y volcó las mesas; y dijo a los que vendían palomas: Quitad esto de aquí; no hagáis de la casa de mi Padre una casa de comercio.

Juan 2:13-16

Y les dijo: Escrita está: MI CASA SERA LLAMADA CASA DE ORACIÓN, pero vosotros la estáis haciendo CUEVA DE LADRONES.

Mateo 21:13

¡Ay de vosotros, escribas y fariseos, hipócritas! Porque limpiáis el exterior del vaso y del plato, pero por dentro están llenos de robo y de desenfreno.

Mateo 23:25

No es una buena idea interrumpir la forma de vida de las personas poderosas y humillarlas públicamente, especialmente las personas bien conectadas con el gobierno más despiadado del mundo: el imperio romano.

Aun así, no creo que a Jesús le importara. De hecho, estaba haciendo exactamente lo que se le había enviado a hacer: destruir el antiguo orden sacerdotal y establecer uno nuevo en su nombre y a través de su vida.

Jesús usó palabras más pacificas para la gente común y para aquellos que trataban de seguir a Dios a través de la ley. Cuando los discípulos de Juan el Bautista le preguntaron a Jesús por qué sus discípulos no ayunaban como ellos lo hacían, su respuesta fue más allá de lo que ellos habían preguntado.

> *Y Jesús les dijo: ¿Acaso los acompañantes del novio pueden estar de luto mientras el novio está con ellos? Pero vendrán días cuando el novio les será quitado, y entonces ayunarán. Y nadie pone un remiendo de tela nueva en un vestido viejo; porque el remiendo al encogerse tira del vestido y se produce una rotura peor. Y nadie echa vino nuevo en odres viejos, porque entonces los odres se revientan, el vino se derrama y los odres se pierden; sino que se echa vino nuevo en odres nuevos, y ambos se conservan.*
>
> Mateo 9:15-17

Jesús estaba diciendo: "No vengo a poner vino nuevo en un odre viejo. Porque este se rompería. No vine a arreglar su vieja religión rota y dilapidada. Vine a destruirla y reemplazarla con algo completamente nuevo, algo vivo y eterno".

Como si eso no fuera suficiente, Jesús predijo la destrucción de la joya de la corona de la vida judía: el espectacular templo que construyó Herodes el Grande.

> *Cuando salió Jesús del templo, y se iba, se le acercaron sus discípulos para mostrarle los edificios del templo. Mas respondiendo Él, les dijo: ¿Veis todo esto? En*

verdad os digo: no quedará aquí piedra sobre piedra que no sea derribada.

Mateo 24:1-2

No quedaría piedra sobre piedra. Ni siquiera hubieras podido ser capaz de decir que alguna vez hubo un templo allí. Aunque él se estaba refiriendo a la destrucción total de la orden religiosa, no solo la de un edificio.

Sin embargo, fue cuando Jesús alineó su cuerpo físico con el templo que se volvió más conflictivo.

Jesús respondió y les dijo: Destruid este templo, y en tres días lo levantaré.

Juan 2:19

Por supuesto, él estaba hablando de la resurrección.

¿O no sabéis que vuestro cuerpo es templo del Espíritu Santo, que está en vosotros, el cual tenéis de Dios, y que no sois vuestros?

1 Corintios 6:19

Muchas iglesias hoy en día están contentas con sus viejas costumbres. Escucho a la gente decir todo el tiempo: "Dame un poco de esa religión antigua". No gracias. Yo quiero lo que Jesús está haciendo hoy. Yo quiero este camino nuevo y vivo que Jesús ha traído a la tierra llamado Reino de Dios. Este no es una religión; no está lleno de ordenanzas y rituales. Este es el gobierno y reinado de Jesús el Rey, a través de sus hijos e hijas, la familia de Dios moviéndose juntos como un solo cuerpo y expandiendo el reino aquí en la tierra. Yo quiero este vino nuevo que Jesús está derramando. ¿Y usted?

Jesús no solo habló de este vino nuevo, lo demostró al convertir el agua en vino en una boda en Caná. Al principio parecía no estar de acuerdo de hacerlo, pero accedió a la petición de su madre.

Cuando se acabó el vino, la madre de Jesús le dijo: No tienen vino. Y Jesús le dijo: Mujer, ¿qué nos interesa esto a ti y a mí? Todavía no ha llegado mi hora. Su madre dijo a los que servían: Haced todo lo que Él os diga.

Juan 2:3-5

Jesús le insistió a su madre que no era su tiempo, pero él operaba fuera de su tiempo porque su tiempo solo estaba dentro de él. Jesús estaba diciendo: "Aún no es la temporada para la manifestación de quién soy, pero debido a quién soy, puedo traer algo de mí a este lugar".

Ahora, era el tercer día de la boda y la fiesta todavía seguía viva, cuando Jesús realizó este milagro. El novio, sin saber lo que hacía Jesús, probó el vino y pronunció:

Y le dijo: Todo hombre sirve primero el vino bueno, y cuando ya han tomado bastante, entonces el inferior, pero tú has guardado hasta ahora el vino bueno.

Juan 2:10

Mira, Jesús no les dio de la misma vieja bebida que ellos habían estado tomando. Les dio algo mejor, esto era algo simbólico de lo que él estaba trayendo a la tierra, algo intoxicante.

Las Escrituras a menudo se refieren al Espíritu Santo como vino porque el Espíritu Santo es embriagador. ¿Qué significa ser embriagador? Significa operar fuera de su estado mental normal. La intoxicación altera todo en ti: altera cómo piensas, caminas, hablas y gastas tu dinero.

Jesús nos trajo un vino nuevo y un sacerdocio nuevo y vivo por medio del Espíritu Santo a nuestras vidas. No fue solo para darnos una llenura para hablar en lenguas o sanar a los enfermos. Fue para traer a la tierra un orden sacerdotal que había estado ausente desde Adán: el sacerdocio de Melquisedec. Debemos conseguir que este sacerdocio se active para que caiga el fuego de Dios.

Veamos más de cerca el sacerdocio que Jesús estableció.

Porque es evidente que nuestro Señor descendió de Judá, una tribu de la cual Moisés no dijo nada tocante a sacerdotes. Y esto es aún más evidente, si a semejanza de Melquisedec se levanta otro sacerdote, que ha llegado a serlo, no sobre la base de una ley de requisitos físicos, sino según el poder de una vida indestructible. Pues de Él se da testimonio: TU ERES SACERDOTE PARA SIEMPRE SEGÚN EL ORDEN DE MELQUISEDEC. Porque ciertamente, queda anulado el mandamiento anterior por ser débil e inútil, (pues la ley nada hizo perfecto), y se introduce una mejor esperanza, mediante la cual nos acercamos a Dios.

Hebreos 7:14-19

Jesús es el sumo sacerdote, no según el sacerdocio levítico sino según el orden de Melquisedec. Estos son dos tipos de sacerdocio totalmente diferentes. Gracias a Dios Jesús nació en Judá y no en Leví. Jesús trae otra cualidad que los sacerdotes levitas no tenían: la vida eterna.

Los sacerdotes anteriores eran más numerosos porque la muerte les impedía continuar, pero Él conserva su sacerdocio inmutable puesto que permanece para siempre. Por lo cual Él también es poderoso para salvar para siempre a los que por medio de Él se acercan a Dios, puesto que vive perpetuamente para interceder por ellos.

Hebreos 7:23-25

"Para salvar para siempre...Él vive por siempre..." Jesús opera con el poder de una vida sin fin, y nosotros también deberíamos hacerlo. ¡Aleluya!

Volver a colocar la piedra de Levi en su lugar es instalar la piedra sacerdotal: una nueva forma de vida, un nuevo orden. Jesús reemplazó a Levi con Melquisedec. La operación del reino del sacerdocio ya no está bajo la orden de Levi. Está bajo el poder de una vida sin fin a través de Jesucristo nuestro Señor, y somos parte del sacerdocio de Jesús según el orden de Melquisedec.

¿POR QUÉ SACERDOTES HOY?

Cuando escuchamos la palabra sacerdote, podríamos pensar en la iglesia católica o episcopal. O tal vez pensemos en el equivalente a un pastor en una denominación protestante, alguien en el púlpito el domingo por la mañana trayendo la Palabra. O tal vez visitar a los enfermos, celebrar bodas y funerales, bautizar a la gente y enseñar los miércoles por la noche.

Tal es el viejo orden.

En el nuevo orden, el trabajo de los sacerdotes es poner las cosas en su lugar legalmente para que podamos entrar en nuestra unción real y hacer decretos. Como nos dice la Biblia en 1 Pedro 2:5:

> *También vosotros, como piedras vivas, sed edificados como casa espiritual para un sacerdocio santo, para ofrecer sacrificios espirituales aceptables a Dios por medio de Jesucristo.*

Como sacerdotes, es nuestro trabajo poner las cosas en orden legalmente para que podamos asumir nuestro reinado y hacer decretos apostólicos. Somos un real sacerdocio, un reino de sacerdotes. La monarquía habla de realeza. Los sacerdotes interceden y los reyes decretan. Sin embargo, no podemos entrar en la unción real sin comprender la unción sacerdotal que Dios nos da en nuestras vidas a través de Jesucristo. Eso es lo que hacemos cuando intercedemos, estamos alineando legalmente las cosas en nuestras vidas, estableciendo su gloria y dominio para siempre.

Esta no es una función religiosa. Esta es una función de reino.

- La religión quiere ordenanzas.
- La religión quiere los rituales de Leví.
- La religión quiere seguir los pasos para que talvez algún día podamos complacer a Dios.
- La religión quiere rituales los domingos por la mañana— cantar, ponerse de pie, arrodillarse, orar, oír pero aún así salir de la misma forma que entramos.

- La religión nos quiere en un patrón de espera, esperando que el poder de Dios cambie las cosas cuando ya el poder está dentro de nosotros mismos y a través de nosotros.

Este nuevo orden del sacerdocio es poderoso porque no es religioso. En este nuevo sacerdocio, todos somos reyes y sacerdotes bajo el orden de Melquisedec por medio de Jesucristo. No importa si somos empresarios, maestros, funcionarios gubernamentales, padres que se quedan en casa, artistas o animadores... cualquiera que sea la esfera de la sociedad en la que habitemos, llevamos una unción sacerdotal y real para establecer la gloria y el dominio del Reino de Dios. Así es como Dios está haciendo el reino.

La palabra gloria es *kabod* en hebreo. Significa "peso". Debemos llevar el peso de Dios a cada situación en la que nos enfrentemos. El peso de Dios va a todas partes con nosotros.

Ahora, la gloria no son esos escalofríos (o como decimos en Hawái, "piel de gallina") que hacen que algunas personas caigan en el espíritu. La gloria es el peso de Dios, la influencia de Dios, la intimidación de Dios que aparta al enemigo de las personas y las situaciones y trae a las personas al reino. Llevamos la gloria como creyentes nacidos de nuevo. La gloria la trae el sacerdote. El dominio es traído por los reyes. A través del dominio de Dios, pedimos que los reinos de este mundo se conviertan en los reinos de nuestro Dios. Él nos ha dado poder y autoridad sobre el enemigo, y nada nos hará daño.

Mirad, os he dado autoridad para hollar sobre serpientes y escorpiones, y sobre todo el poder del enemigo, y nada os hará daño.

Lucas 10:19

Como reyes y sacerdotes, aplicamos esa escritura a dondequiera que encontremos al enemigo trabajando. En el aborto, el gobierno, las escuelas, la economía, a través de la codicia, la opresión y el engaño. Transexuales y travestis están adoctrinando a nuestros niños pequeños, leyéndoles historias que apoyan su estilo de vida. Leí sobre una stripper que instruía a una clase de tercer grado sobre cómo bailar en barra. Esta no es una guerra espiritual lejos en alguna parte del universo. Esto es maldad justo debajo de nuestras narices. Está sucediendo en nuestros hogares y comunidades. Si no me cree, revise lo que sus hijos ven en el Internet y indague lo que se enseña en sus escuelas.

Aun así, por más malo que esto suene, aquí están las buenas noticias. Tenemos el poder para vencerlo.

Dios está buscando hijos e hijas que se levanten y digan: "Seré ese sacerdote y ese rey en el ámbito de los negocios, el gobierno, las artes y el entretenimiento, los medios de comunicación, la familia, el ministerio y la educación. Seré la voz de la razón, la voz de Dios y de su reino para proclamar su bondad, traer su gloria y establecer su dominio en este lugar".

El sacerdocio religioso no haría esto. Un pastor de domingo por la mañana no hace esto. Un ministro profesional nunca puede hacer esto. Tiene que ser hijos e hijas levantados en el Espíritu que lleguen a ese lugar donde entendamos nuestra posición, poder y responsabilidades. Se trata de colocar la piedra del sacerdocio por medio de Jesucristo.

Nos has hecho para nuestro Dios un reyes y sacerdotes
Y reinaremos sobre la tierra.

Apocalipsis 5:10 RVA

Este no es un evento post-milenial; este es un evento ahora. Esto no está programado para el futuro. Este no para el fin de los tiempos predicho por Apocalipsis. Esto es para ahora.

Porque si por la transgresión de uno, por éste reinó la muerte, mucho más reinarán en vida por medio de uno, Jesucristo, los que reciben la abundancia de la gracia y del don de la justicia.

Romanos 5:17 [énfasis añadido]

La palabra *reinar* literalmente significa "llegar a ser rey". Dios ha puesto una unción real y sacerdotal sobre nosotros para liberar la gloria y el dominio de Dios.

Dondequiera que Él te haya dado autoridad, cualquiera que sea la esfera de influencia en la que te haya puesto, es tu responsabilidad llevar la gloria y el dominio de Dios a ese lugar. Esto significa no retroceder, no ser cobarde, no tratar de coexistir, no tratar de decir: "Bueno, ¿Podemos llevarnos bien todos?" No, eso es de el Rey Juan. Pero nosotros nos movemos según el Rey Jesús, quien dijo:

> *No penséis que vine a traer paz a la tierra; no vine a traer paz, sino espada.*

> Mateo 10:34

Jesús estaba diciendo: "Estoy trayendo un espíritu de dominio a mi iglesia, y mis hijos e hijas están entrando en ello, ellos están estableciendo el reino y trayendo la gloria de mi padre".

EL ORDEN DE MELQUISEDEC

¿Qué significa ser del orden de Melquisedec? Significa que reinamos en la tierra por intercesión y decretos por el poder de una vida sin fin. Desde esta posición, no debemos desanimarnos. La Escritura nos dice que oremos siempre y no desmayemos.

> *Y no nos cansemos de hacer el bien, pues a su tiempo, si no nos cansamos segaremos.*

> Gálatas 6:9

> *Y les refería Jesús una parábola para enseñarles que ellos debían orar en todo tiempo, y no desfallecer.*

> Lucas 18:1

Cosecharemos...si no desmayamos.

Nuestro poder no viene de las restricciones temporales como lo estaban los sacerdotes levíticos. Nosotros estamos operando en el Espíritu de Jesucristo. (Romanos 8:11)

> *Pero si el Espíritu de aquel que resucitó a Jesús de entre los muertos habita en vosotros, el mismo que resucitó a Cristo Jesús de entre los muertos, también dará vida a vuestros cuerpos mortales por medio de su Espíritu que habita en vosotros.*

Note lo que este pasaje nos dice. ¿A qué cuerpo está dando Dios la vida? ¿A nuestro cuerpo glorificado? ¿El que obtenemos después de dejar la tierra? No, a nuestro cuerpo mortal, a través del Espíritu Santo que habita en nosotros ahora.

Logramos cosas en esta vida, tanto en el ámbito espiritual como en el ámbito natural. Lo que sucede en el cielo puede suceder en la tierra. Lo que es ilegal en el cielo debe ser ilegal en la tierra.

Y yo te daré las llaves del reino de los cielos; y todo lo que ates en la tierra, será atado en los cielos; y lo que desates en lu tierra, será desatado en los cielos.

Mateo 16:19

Esto es más que una promesa. Es un contrato legal. Cuando funcionamos desde el sacerdocio de Melquisedec, le otorgamos a Dios derechos legales, uno de los cuales es ser misericordioso.

Hay una diferencia, sin embargo, entre legal y legalista. Legal es un término usado en el gobierno. Nuestro Padre tiene un gobierno; es un reino. Bajo el sacerdocio levítico, era legalista; tenia que serlo. Era todo lo que la gente podía manejar en ese momento. Sin embargo, ya no estamos en ese tiempo.

Pero en estos sacrificios hay un recordatorio de pecados año tras año. Porque es imposible que la sangre de toros y de machos cabríos quite los pecados.

Hebreos 10:3-4

Nuestro sacerdocio comienza donde terminó el sacerdocio levítico. No podía ir más lejos. Nuestro trabajo como sacerdotes es preparar al mundo para la misericordia de Dios.

Una de las razones por las que no estamos viendo la misericordia de Dios en las naciones del mundo es porque estamos tratando de obtenerla a través de una vena levítica cuando no fluye a través de esa vena. La misericordia solo fluye a través del orden de Melquisedec, la orden del sacerdocio del reino en el que Jesús nos restableció a través de su muerte, sepultura, resurrección y ascensión.

El corazón del Padre es misericordioso. Él quiere expresar su corazón en la tierra, pero no puede hacerlo sin la unción sacerdotal en la tierra que devuelva espiritualmente las cosas al orden legal.

En Génesis 18:17-33, leemos de Sodoma y Gomorra. Abraham negoció con Dios para que fuera misericordioso con Sodoma y Gomorra, pero Dios no pudo serlo porque no se pudieron encontrar diez personas justas.

Sin embargo, el corazón de Dios es misericordioso. Su deseo más profundo es mostrar misericordia. Él solo muestra juicio como último recurso, pero incluso entonces, allí el también anhela mostrar misericordia.

> *Pues ciertamente moriremos; somos como el agua derramada en la tierra que no se puede volver a recoger. Pero Dios no quita la vida, sino designa medios para que el desterrado no sea alejado de él.*
>
> 2 Samuel 14:14

Entonces, Dios diseña los medios para que las personas reciban misericordia. ¿Cómo hace él esto? Por nuestra intercesión.

> *Busqué entre ellos alguno que levantara un muro y se pusiera en pie en la brecha delante de mí a favor de la tierra, para que yo no la destruyera, pero no lo hallé. He derramado, pues, mi indignación sobre ellos; con el fuego de mi furor los he consumido; he hecho recaer su conducta sobre sus cabezas-declara el Señor DIOS.*
>
> Ezequiel 22:30-31

En este pasaje, Dios estaba buscando a alguien para construir un muro y pararse en la brecha, pero no pudo encontrar a nadie. Y como no pudo encontrar a nadie, tuvo que derramar su ira.

Dios está buscando a uno que funcione como su intercesor para que le dé el derecho legal de ser misericordioso. Alabado sea Dios, alguien fue encontrado para nosotros. Su nombre es Jesús, el Cristo, el hijo del Dios viviente.

Pero si hubierais sabido lo que esto significa: MISERICORDIA QUIERO Y NO SACRIFICIO, no hubierais condenado a los inocentes.

Mateo 12:7

La religión no quiere misericordia. No puede transmitir misericordia. Las personas religiosas condenan, juzgan y no perdonan. Todo lo que dicen ser, no lo son.

Dios está buscando personas que valientemente lleven una unción sacerdotal con intercesión para que la misericordia venga a la tierra. Por supuesto, la misericordia por sí sola no puede construir el reino. Todavía hay pecado con el que lidiar, no solo el acto, sino su naturaleza. Ahí es donde entra la salvación. Los estragos de nuestro mundo: estilos de vida sexuales aberrantes, opresión despiadada, depresión, embriaguez, etc., serán erradicados, pero no a través de la condenación. No puedes condenar el pecado de la vida de alguien. El rechazo no trae a la gente al altar. La misericordia atrae a la gente. La salvación limpia a las personas. El bautismo injerta a las personas. La gracia empodera a las personas. La adopción recluta personas.

La Ekklesia debe fluir con unción sacerdotal para poner las cosas legalmente en orden para que pueda llegar la misericordia de Dios. Nuestro trabajo como sacerdote es poner las cosas legalmente en su lugar para que nosotros, como reyes, podamos decretar la voluntad de Dios en las naciones.

Vemos esta función en este pasaje cuando Jesús resucita a Lázaro de entre los muertos.

Entonces quitaron la piedra. Jesús alzó los ojos a lo alto, y dijo: Padre, te doy gracias porque me has oído. Yo sabía que siempre me oyes; pero lo dije por causa de la multitud que me rodea, para que crean que tú me has enviado. Habiendo dicho esto, gritó con fuerte voz: ¡Lázaro, ven fuera! Y el que había muerto salió, los pies y las manos atados con vendas, y el rostro envuelto en un sudario. Jesús les dijo: Desatadlo, y dejadlo ir.

Juan 11:41-44

¿No es interesante que el Hijo de Dios, que podía resucitar a un hombre de entre los muertos, requirió que otros, primero quitaran la piedra, que bloqueaba el regreso del hombre a la vida? ¿No pudo Jesús haber incluido en el milagro la remoción de la piedra? Claro que podría haberlo hecho, pero no es así como él trabaja. Su poder está allí; está disponible para nosotros. Pero nuestro trabajo, como reyes y sacerdotes, es eliminar la barrera que separa los muertos de los vivos: nuestro Dios misericordioso y dador de vida. Eso es intercesión; por eso intercedemos.

1 Pedro 2:5

¿Se acuerda de las palabras de Pablo a los funcionarios del gobierno que se preparaban para torturarlo, sin conocer su ciudadanía?

El comandante ordenó que lo llevaran al cuartel, diciendo que debía ser sometido a azotes para saber la razón por qué gritaban contra él de aquella manera. Cuando lo estiraron con correas, Pablo dijo al centurión que estaba allí: ¿Os es lícito azotar a un ciudadano romano sin haberle hecho juicio?

Hechos 22:24-25

Pablo sabía que la posición legal determinaba lo que se podía y no se podía hacer con él, y su desafío los detuvo en seco.

Así es con lo legal cuando nos mantenemos en el Espíritu. De nuevo:

Yo te daré las llaves del reino de los cielos; y lo que ates en la tierra, será atado en los cielos; y lo que desates en la tierra, será desatado en los cielos.

Mateo 16:19

SACRIFICIOS ESPIRITUALES

Nuestro trabajo en este oficio de Melquisedec, este nuevo orden de sacerdocio, es ofrecer sacrificios espirituales para que podamos poner las cosas en su lugar legalmente.

"También vosotros, como piedras vivas, sed edificados como casa espiritual para un sacerdocio santo, para ofrecer sacrificios espirituales aceptables a Dios por medio de Jesucristo".

¿Cuáles son algunos de los sacrificios espirituales que debemos ofrecer?

<u>La oración</u> es un sacrificio espiritual.

Vuelve, oh Israel, al SEÑOR tu Dios,
Pues has tropezado a causa de tu iniquidad.
Tomad con vosotros palabras, y volveos al SEÑOR.
Decidle: Quita toda iniquidad,
Y acéptanos bondadosamente,
Para que podamos presentar el fruto de nuestros labios.

Oseas 14:1-2

El Espíritu Santo nos guía en lo que debemos decir. Las palabras apropiadas otorgan a Dios el derecho legal de ser misericordioso.

Y al orar, no uséis repeticiones sin sentido, como los gentiles, porque ellos se imaginan que serán oídos por su palabrería. Por tanto, no os hagáis semejante a ellos; porque vuestro Padre sabe lo que necesitáis antes que vosotros le pidáis.

Mateo 6:7-8

Y de la misma manera, también el Espíritu nos ayuda en nuestra debilidad; porque no sabemos orar como deberíamos, pero el Espíritu mismo intercede por nosotros con gemidos indecibles.

Romanos 8:26

La oración no es informar o persuadir a Dios. La oración es trabajar con Dios para establecer la voluntad de Dios en la tierra.

El arrepentimiento es un sacrificio espiritual. Ahora, entienda que la palabra *arrepentirse* y la palabra *confesar* son diferentes. *Confesar* es "reconocer". *Arrepentirse* es "cambiar". La confesión simplemente dice "Sí, lo hice". El verdadero arrepentimiento dice: "Ya no vuelvo a hacer eso nunca más".

> *Corrigiendo tiernamente a los que se oponen, por si acaso Dios les da el arrepentimiento que conduce al pleno conocimiento de la verdad, y volviendo en sí, escapen del lazo del diablo, habiendo estado cautivos de él para hacer su voluntad.*
>
> 2 Timoteo 2:25-26

> *Nuestra alma ha escapado cual ave*
> *Del lazo de los cazadores;*
> *El lazo se rompió y nosotros escapamos.*
>
> Salmos 124:7

La alabanza y la adoración es un sacrificio espiritual. La religión tiene un servicio lleno de canciones. El Reino tiene un servicio de adoración. La religión canta sobre el Rey de Reyes. El Reino le canta a él.

> *Por tanto, ofrezcamos continuamente mediante Él, sacrificio de alabanza a Dios, es decir, el fruto de labios que confiesan su nombre.*
>
> Hebreos 13:15

Dar es un sacrificio espiritual. Cornelio fue un centurión romano cuyas ofrendas y oraciones crearon un memorial.

> *Mirándolo fijamente y atemorizado Cornelio dijo: ¿Qué quieres Señor? Y él le dijo: Tus oraciones y limosnas han ascendido como memorial delante de Dios.*
>
> Hechos 10:4

La religión dice: "No des. Solo buscan tu dinero". El Reino dice: "Dar establece un memorial para ustedes, un lugar de recuerdo que trae la misericordia, la gracia, la provisión y la gloria de Dios".

> *Tomará el sacerdote un puñado de la ofrenda de cereal*
> *como su ofrenda memorial y la quemará en el altar...*
>
> Números 5:26

Esta fue una porción conmemorativa que creó una voz en el cielo que hizo que Dios recordara.

CONCLUSIÓN

Nosotros, con la unción del sacerdocio de Melquisedec, ofrecemos sacrificios que le otorgan legalmente a Dios el derecho de ser misericordioso. Le concedemos el derecho legal como Juez para que pueda cumplir su pasión paternal en la tierra.

Cuando colocamos la piedra de Levi en su lugar, en realidad estamos colocando la piedra de Melquisedec en ese lugar que lleva el nombre de Levi. Somos sacerdotes a través del pacto de Jesucristo, no por nuestras propias obras. Somos sacerdotes con una vida sin fin.

Dios está poniendo las cosas en orden. Él nos trajo a este sacerdocio para operar no solo como sacerdotes sino también como reyes. Debemos establecer las cosas legalmente para poder decretar la voluntad de Dios en el ámbito en el que nos llamó a vivir y gobernar.

La Piedra de Judá

Lanzadores de Piedras

¿ALGUNA VEZ TE HAS PREGUNTADO DE QUÉ TRIBU ERES? Tribu—como en las 12 tribus de Israel. Así como Jacob tuvo 12 hijos biológicos, y cada hijo formó una tribu con un llamado, una característica y un propósito único, los creyentes de hoy en día también tienen características de ciertas tribus, aunque es posible que no lo sepan.

Las tribus son importantes para Dios. Vemos en las Escrituras, especialmente en todo el Antiguo Testamento, que Dios hizo cosas a través de las tribus. 1 Reyes Capítulo 17, 1 Samuel 17 y 1 Reyes 18 nos mostrarán precisamente eso.

Por eso, en 1 Reyes 18, Elías reconstruyó el altar con 12 piedras antes de que el fuego de Dios cayera sobre su sacrificio. Como hemos discutido, cada piedra representaba una tribu, y de la tribu salía una contribución única al altar sobre el cual cayó el fuego de Dios. Es ese el altar que debemos reconstruir hoy si vamos a ver caer el poder de Dios como él lo prometió.

JUDÁ

Un significado derivado del nombre *Judá* se relaciona a menudo con *alabanza*, pero no significa *alabar*. Significa *recibir alabanzas*. Judá significa "ser alabado, dar gracias por".

¿Qué significa ser alabado? Bueno, no significa adorar. Significa que Dios mira tu madurez y dice: "¡Buen trabajo! No importa lo que estés experimentando en la guerra a tu alrededor, yo creo en ti. Sé todo lo que has pasado. Veo la sangre en tus manos. Veo el sudor en tu frente. Veo las cicatrices en tu vida, pero creo en ti".

Un espíritu religioso no puede manejar ese concepto. "Ay, no, no, no. La alabanza le pertenece a Dios."

Bueno, sí, eso es cierto, pero puede darla a quien él quiera. El Padre hablará a tu vida e identificará las cosas que estás haciendo bien en el curso de tu asignación, así como identificará las cosas que necesitan ser corregidas. Funciona en ambos sentidos, y se siente genial cuando él te dice "¡Buen trabajo!"

Dios está agradecido por nosotros. Él no hace nada en la tierra sin nosotros. Nosotros no podemos hacer nada en la tierra sin él. Así es como él lo estableció. Es por eso que nuestras asignaciones son importantes. Para cada uno de nosotros: nuestro llamado es importante, nuestro propósito es importante y cualquier área de la vida en la que estemos trabajando y funcionando en lo que Dios nos ha llamado... eso también es importante.

Judá significa "estar agradecido por, hacer una confesión, ser alabado, dar gracias por, hacer confesiones, ser colocado con seguridad". A menudo, cuando pensamos en la confesión, la aplicamos solo al pecado, ¡pero esta es una confesión de gozo!

Aquí están las buenas noticias. ¡La pelea está arreglada! Hemos sido colocados en una victoria segura. Mira, la religión nos dice que todo va a estar bien cuando lleguemos al cielo. En esta placentera palabra, *eventualmente* todo va a estar bien. Pero déjame decirte que es aquí donde todo puede estar bien. Y si no es así, algo anda mal. ¡Amén!

LANZADORES DE PIEDRAS

La mayoría de la gente conoce al rey David y sus historias, incluyendo su épica lucha contra Goliat. Lo que no es tan conocido es que David era de la tribu de Judá. Como tal, posee las cualidades de esa tribu. Por lo tanto, podemos aprender mucho sobre las características de Judá y la razón por la cual Elías colocó la piedra de Judá de la vida de David, mientras reconstruía el altar.

La principal cualidad de David fue la valentía.

Sucedió que cuando el filisteo se levantó y se fue acercando para enfrentarse a David, éste corrió rápidamente hacia el frente de batalla para enfrentarse al filisteo.

1 Samuel 17:48

Algunas personas son cobardes, como los hermanos de David. Alaban a Dios cuando su armadura esta brillante y no hay peleas. Parecen feroces guerreros, pero cuando el gigante comienza a maldecir a su Dios en el valle, se esconden detrás de las rocas.

Sin embargo David no se escondió. En vez de eso, corrió hacia la línea de batalla. Esto tipifica las características de la tribu de Judá. Cuando Judá está en el lugar correcto, no tiene miedo a la batalla. Sabe que el gigante no tiene autoridad para derrotarlo. Si corres a la pelea, Dios te usará en la línea de batalla.

Note en este pasaje que David nunca llamó al enemigo por su nombre, *Goliat*. En cambio, lo identificó por su sentencia de muerte. David lo llamó *filisteo incircunciso*. David básicamente le estaba diciendo: "Tú no eres judío. No perteneces a esta tribu. No estás en pacto con Dios. Estás a punto de tener un mal día.

Aquí está mi definición de un mal día:

David metió la mano en su saco, sacó de él una piedra, la lanzó con la honda, e hirió al filisteo en la frente. La piedra se hundió en su frente y Goliat cayó a tierra sobre su rostro.

1 Samuel 17:49

El nombre *Judá* en hebreo significa "lanzar o arrojar piedras, extender la mano como quien tira, tomar la honda y arrojar la piedra".

Al crecer detrás del desierto, David tuvo que tomar una decisión: "¿En qué voy a ser competente? Estoy aquí para proteger a estas ovejas de las cosas que podrían comérselas a ellas o comerme a mí. Si es así entonces, tengo que volverme competente en algo que Dios pueda usar en mi vida para protegerme".

Puedo imaginarme esta verdad de repente emergiendo en él.

"¡Vaya! Soy de Judá, la tribu de los que lanzan piedras. Debería volverme hábil en apedrear.

En el desierto solo con Dios y las ovejas, Dios lo estaba preparando.

Sus hermanos, también de la tribu de Judá, finalmente se encontraron en guerra con los filisteos, luchando con lanzas y escudos. Estaban tratando de ganar batallas con una identidad que no era la suya. Eso no funcionó muy bien.

La lección aquí es que debes saber de qué tribu eres, a qué te ha llamado Dios y dónde te ha colocado estratégicamente Dios para ganar batallas.

La gente naturalmente se inclina a la comodidad, incluso en su vida espiritual. Su búsqueda de Dios nace de buscar como hacer su vida más fácil. Sin embargo, Dios no nos ha llamado a lo fácil; nos ha llamado a victoria tras victoria mientras vivimos en él y para él. Encontraremos nuestro verdadero consuelo al otro lado de la batalla.

David era de la tribu de los lanzadores de piedras, pero a diferencia de sus hermanos, él abrazó su identidad. Por eso, cuando bajó por la ladera de esa montaña, tenía su saco, su honda y una vara en la mano. Esa vara era una pieza muy importante en la vida de David. Mira, en esa cultura, cuando un niño joven se convertía en un hombre, no se le daba un automóvil o una escritura de propiedad. Se le daba una vara, y esa vara era como un diario. Ella tenía talladas cosas que le pertenecían a las generaciones anteriores a él. Era un pedazo de historia. Caminando por el valle para encontrarse con Goliat, David llevaba su historia con Dios. ¡Aleluya!

Así mismo, cuando estemos enfrentando los momentos más difíciles de nuestra vida, necesitamos tener nuestra vara en la mano para sentir cerca nuestra historia con Dios porque es ahí donde se construye nuestra fe en Dios. Y es Dios quien nos va a llevar a través de la lucha.

Estoy seguro que la vara de David tenia tallada un oso y un león, y que también estaba prevista para que se le tallara un muy desconcertado filisteo incircunciso. *"¿Acaso no hay una causa?"* David estaba claramente irritado con sus hermanos. En esencia, estaba diciendo: "¿Por qué están aquí escondiéndose detrás de las rocas cuando deberían estar afuera tirándolas?"

Los hermanos de David se escondían detrás de su propósito. David los estaba llamando a salir de detrás de las rocas y que dejaran de ser cobardes.

La gente de la iglesia es buena para esconderse detrás de sus propósitos cuando debería estar al frente de nosotros, en nuestras manos como instrumentos de batalla. Es allí entonces cuando tu propósito se convierte en una herramienta, no en una identidad. Veamos la diferencia, ser llamado a un propósito y actuar en ese propósito son dos cosas diferentes. La armadura cuando brilla se ve genial... hasta que se usa en la batalla.

Siempre que Judá está en funcionamiento, hay una bendición. Pero cuando no estamos usando correctamente nuestro propósito, cuando nos escondemos detrás de la piedra en lugar de empuñarla como un arma, las cosas están fuera de lugar. Cuando Judá está fuera de lugar en nuestras vidas y en el Cuerpo de Cristo, significa que estamos perdiendo el objetivo. En lugar de usar las piedras como armas, nos arrojan piedras a nosotros. Nos acostumbramos a perder batallas y a escondernos como cobardes.

Cuando Judá está fuera de lugar, obtenemos vergüenza en lugar de alabanza. No hay misericordia cuando viene el juicio de otras personas, solo el miedo a los gigantes. Como resultado, seguimos a la multitud y nos escondemos de las batallas.

Cuando Samuel fue a la casa de Isaí para ungir al futuro rey, vio a los jóvenes con aspecto muy real. Desafortunadamente, carecían de valentía para ser reyes. No tenían las agallas para ello; solo poseían apariencia, y nada más.

El cristianismo moderno brilla de apariencias. Sin embargo, Dios está buscando hijos e hijas que rompan la maldición de superficialidad de la iglesia y se levanten para declarar que no tienen miedo de los gigantes.

En los Estados Unidos, estamos en un cruce de caminos. Estamos en el peor de los tiempos, pero estamos en el mejor de los tiempos. Estamos en el umbral del avivamiento. Mas que nunca antes, veremos la mayor cantidad personas nacer de nuevo, saliendo de la oscuridad y las ataduras de sus vidas. Sin embargo, hay un gigante no circuncidado que le grita a los Estados Unidos, diciéndonos que estamos derrotados y esclavizados mientras intenta destruir nuestra historia y cultura hasta borrarnos del mapa.

¡Buena suerte con eso! Porque Judá se está levantando. Dios está levantando un pueblo a pesar de las voces del gigante, ese incircunciso del diablo que nos grita maldiciones.

Dios está buscando personas que sean intencionalmente proféticas. Sí, podemos ver el mal frente a nosotros, pero lo que está en frente de nosotros no es el resultado final. Somos una pieza estratégica en la redención de esta nación. No podemos darnos el lujo de solo mirar hacia adentro, y quedarnos atrapados en nuestra propia iglesia y ministerio, enfocados únicamente en nuestras propias vidas y bienestar.

Dios está cambiando la iglesia y la nación. Al igual que David, nos dirigimos al valle con la intención de obtener la victoria, no la derrota. Verá, los filisteos cometieron un error fatal el día que desafiaron a Israel. Ellos llevaron la batalla a la tierra de Judá, la tierra de los lanzadores de piedras.

Esperaban una pelea fácil. Pero estaban equivocados. Casi puedo oírlos decir: "Son nuestras armas modernas contra los miserables lanzadores de piedras. ¡Ja! ¡Esta batalla la tenemos ganada!"

Los detractores de los Estados Unidos también están equivocados. Dios no ha terminado con América. Esta nación tiene un destino y un propósito, y ese propósito no ha cambiado. Dios está levantando a América para que sea la voz del reino ante las naciones, y está buscando a Judá en nosotros para que se levante y declare: "El diablo está en mi tierra. Tenemos esta batalla ganada. Él puso su pie en mi ciudad. Tenemos esta batalla ganada. Dijo que se va a hacer cargo de nuestro Capitolio. Tenemos esta batalla ganada. Ha declarado que tendrá la Casa Blanca y la Corte Suprema. ¡Tenemos esta batalla ganada! No vamos a convivir con el diablo. No vamos a convivir con Goliat. Vamos a tirarle una piedra justo entre sus miserables ojos, vamos a quitarle su espada y cortarle su miserable cabeza mientras los ejércitos del Señor inundan el campo de batalla y derrotan a nuestros enemigos. El Judá en nosotros estimulará al Judá en la Ekklesia". ¡Aleluya!

Cuando Dios nos cambia, todo cambia. Empezamos a soñar diferente, a escuchar diferente, a profetizar diferente. Empezamos a ver las cosas en el espíritu como nunca antes. Es normal preguntarse qué es lo normal ahora. Estamos dejando el pasto y entrando en el campo de batalla, peleando la buena batalla no como simples guerreros sino como reyes. ¡Luchamos como reyes! Lo que está en juego no podría ser más importante. Ya no son unas pocas ovejas; es el destino de toda una nación.

Cada vez que Judá está en el lugar que le corresponde, literalmente significa "competitivad en tu don". Cuando decidas ser un Judá, serás competente en tu don. Mira, David no llevó la armadura de Saúl, aunque trataron de vestirlo como uno de ellos. Él no era como Saúl, que era un benjamita (pero hablaremos de ellos más adelante). Él era un lanzador de piedras. ¡Él era Judá!

Cuando nos levantamos para la batalla, ya no somos uno de los muchos que se esconden detrás de sus propósitos en lugar de avanzarlos. Recuerde: no estamos tratando de llevar personas al cielo; estamos tratando de traer el cielo a la gente.

Venga tu reino.
Hágase tu voluntad,
Así en la tierra como en el cielo.

Mateo 6:10

El cambio nunca es fácil. A medida que nos hacemos expertos en nuestros dones, nuestros hermanos y hermanas que aún se esconden detrás de sus dones pueden despreciarnos.

Mantengámonos firmes. Somos gente del reino. Nuestra oración no es: Señor, sácame de aquí. Todo está roto y se está yendo al infierno.

Eso no es lo que somos. Somos del Padre que está en los cielos. Muéstranos la línea de batalla y correremos hacia ella. La opinión pública suele ser nuestro primer campo de batalla.

La mayoría de las personas que hablan mal de los demás solo quieren que los problemas de los demás empeoren para poder sentirse mejor con sus propios problemas. No escuches lo que el enemigo dice a través de la gente. En su lugar, encuentra tu tribu. Encuentra tu identidad. Encuentra tu propósito y comenzarás a ver como te vuelves competente en tu don. Darás en el blanco. Las acusaciones no nos detendrán. Habrá misericordia sobre ti en lugar de juicio. Tendrás valentía a través del Espíritu Santo como nunca antes la habías visto.

Necesitamos ser valientes porque las cosas que enfrentamos son más grandes que nosotros mismos. Recuerde lo que Dios le dijo a Josué cuando tomó el mando después de la muerte de Moisés:

Mi siervo Moisés ha muerto; ahora pues, levántate, cruza este Jordán, tú y todo este pueblo, a la tierra que yo les doy a los hijos de Israel. Todo lugar que pise la planta de vuestro pie os he dado, tal como dije a Moisés.

¿No te lo he ordenado yo? ¡Sé fuerte y valiente! No temas ni te acobardes, porque el SEÑOR tu Dios estará contigo dondequiera que vayas.

Josué 1:2-3, 9

Dios nos está llevando a la línea de batalla no para enfrentar derrota sino victoria. La que ya se ha determinado. La valentía está reemplazando la vergüenza con alabanzas, sin tener miedo a los gigantes, sin tener que huir nunca de una pelea, sino eligiendo las batallas que se alineen con nuestro propósito. No debemos vivir nuestras vidas desde un lugar de conflicto y derrota, sino desde un lugar de victoria de nuestro Cristo resucitado.

Mayor es el que está en vosotros que el que está en el mundo.

1 Juan 4:4

Esta es la clave. No peleamos todas las batallas. Luchamos estratégicamente de acuerdo con nuestro propósito. Siempre habrá batallas, y el enemigo nos quiere distraer haciendo que peleemos solo por pelear, pero cuando peleamos por las cosas de acuerdo a nuestro propósito, entonces tomamos control del terreno para el cual Dios nos ha llamado.

David dijo: "Hay un motivo hoy. Un gigante está en mi tierra. Hermanos, si no van conmigo, voy a bajar al valle yo solo, pero no estoy solo. Porque tengo una historia con Dios. Voy a recoger cinco piedras lisas y le apuntaré a la frente del gigante".

David era un lanzador de piedras. Era competente en su don y sabía exactamente qué piedras elegir para golpear a un gigante. Entonces David llevó su mano al suelo de su tribu, su heredad, metió la mano en el arroyo, y las escogió. Conocía la forma, el peso, la finura de las piedras cuando escogió cinco de ellas, entonces las metió en su saco y corrió hacia la línea de batalla.

La reacción de Goliat fue curiosa:

¿Acaso soy un perro, que vienes contra mi con palos?

1 Samuel 17:43

Al escuchar David a Goliat burlándose de él, posiblemente estaba pensando para sí mismo: "Sí, sigue pensando que esto es simplemente un palo. No sabes que esta es mi historia con Dios".

Entonces David metió la mano en su saco, tomó una piedra y la lanzó como era su herencia. Mientras giraba su honda, apuntando a ese feo gigante que se burlaba de su Dios, puedo imaginármelo gritar en su espíritu: "Soy de Judá, la tribu de los lanzadores de piedras. ¡Caerás!"

Después de la caída de Goliat, a David todavía le quedaban cuatro piedras. Coincidentemente, Goliat tenía cuatro hermanos. Podemos suponer que David también los persiguió a ellos. Después de todo, David no recogió cuatro piedras extra, para solo añadir más peso a su bolsa.

EL LEÓN DE JUDÁ

El segundo miembro notable de la tribu de Judá, los lanzadores de piedras, lo encontramos en Juan 8:1-11.

> *Pero Jesús se fue al Monte de los Olivos. Y al amanecer, vino otra vez al templo, y todo el pueblo venía a Él; y sentándose, les enseñaba. Los escribas y los fariseos trajeron a una mujer sorprendida en adulterio, y poniéndola en medio.*

Las personas religiosas de ese día sorprendieron a una mujer en adulterio. Por supuesto, no se menciona al hombre que probablemente instigó el encuentro, pero eso lo dejaremos para otro libro... tal vez el Libro de la Vida.

La Escritura continúa en el versículo 4-7:

> *Le dijeron: Maestro, esta mujer ha sido sorprendida en el acto mismo del adulterio. Y en la ley, Moisés nos ordenó apedrear a esta clase de mujeres; ¿Tú que dices? Decían esto, probándole, para tener de qué acusarle. Pero Jesús se inclinó y con el dedo escribía en la tierra. Pero como insistían en preguntarle, Jesús se enderezó y les dijo: El que de vosotros esté sin pecado, sea el primero en tirarle una piedra.*

Las acciones de Jesús lo decían todo. Se agachó y escribió algo en el suelo. Ante la persistencia de los acusadores, con la intención de atraparlo con algo de qué acusarlo, se enderezó y declaró: "*El que esté libre de pecado, que tire la primera piedra*". Note que él no dijo pecados, en plural, sino pecado, en singular. Eso es muy importante de entender. Porque no estaba simplemente diciendo: "Aquellos de ustedes que nunca han cometido adulterio, que tiren la primera piedra". Tampoco estaba diciendo: "Tú que nunca le has robado a

Dios porque no diezmaste, o que nunca has codiciado, mentido, intrigado o transigido, lanza la primera piedra".

Lo que literalmente, Jesús estaba diciendo era: "Aquellos de ustedes cuya relación de convenio con el Padre es perfecta, siéntanse libres de lanzar piedras".

¡Y esto venía, del León de Judá, de la tribu de los lanzadores de piedras!

E inclinándose de nuevo, escribía en la tierra. Pero al oír ellos esto, se fueron retirando uno a uno comenzando por los de mayor edad...

Obviamente, ninguno de los acusadores pasó la prueba. Tenían suficiente sentido común para conocer el estado de su relación con Dios.

...y dejaron solo a Jesús y a la mujer que estaba en medio.

Note que ella todavía estaba de pie en medio esperando ser juzgada, en un lugar donde podría ser acusada y apedreada.

En los versos 10-11,

Enderezándose Jesús, le dijo: Mujer, ¿Dónde están ellos? ¿Ninguno te ha condenado? Y ella respondió: Ninguno, Señor. Entonces Jesús le dijo: Yo tampoco te condeno. Vete, desde ahora no peques más.

En otras palabras: No estés más separada de Dios.

Jesús era de la tribu de Judá, hijo de David, de la tribu de los lanzadores de piedras. Cada tribu tenía ciertas responsabilidades que cumplir en la nación de Israel. Una de las responsabilidades de Judá como la tribu que lanzaba piedras era ser los que apedreaban a los condenados. No era legal que cualquiera fuera el que lanzara piedras. Era responsabilidad de Judá llevar a cabo el castigo.

Los líderes religiosos sabían que Jesús era de la tribu de Judá y por eso, para atraparlo, le trajeron este caso que calificaba para ser apedreado.

Los escribas y fariseos decían: "Oye Jesús, necesitas actuar como quien se supone que eres. ¡Esta mujer fue sorprendida en el mismo acto de adulterio! Y la traemos aquí en el medio ya que la ley de Moisés dice que tenemos que apedrearla. ¿Qué decís, *apedreador*?

En respuesta a su insistencia, Jesús se agachó y escribió en la tierra. No sé lo que escribió. Podría haber deletreado Judá. Tal vez subrayó el nombre, dibujó un asterisco, una flecha o escribió un hashtag, *#no1apedreadahoy*.

Realmente no lo sé, pero esencialmente el mensaje de Jesús fue: "Ustedes no son de Judá. Yo si lo soy. Ustedes no pueden decidir cuándo se lanzan piedras. Yo decido eso. Esa es mi identidad y mi propósito. Suelta tus piedras o yo recogeré las mías. Hoy no vamos a lanzar piedras. Al contrario vamos a liberar misericordia".

Mira, cuando sabes quién eres, estás seguro de tu identidad y propósito en el Padre. Tienes la capacidad de ejecutar juicio cuando lo necesites y liberar misericordia cuando la necesites.

Esta pobre mujer era culpable bajo la ley, pero Jesús les dijo a sus acusadores: "Veamos sus vidas. ¿Por qué están tratando de ser ilegalmente, lo que no son? ¿Por qué están tratando de apoderarse de mi tribu, asumiendo mi responsabilidad?

La religión trata de dictar cómo se supone que debes vivir tu identidad y propósito, cómo vivir tu tribu cuando son de otra tribu. La religión quiere decirte cómo debes hacer tu trabajo.

Se supone que debes estar enojado. Se supone que estás enojado. Se supone que debes juzgar al mundo ahora mismo.

Se supone que debes estar enojado con todos esos alborotadores, con los manifestantes de Black Lives Matter y los manifestantes de All Lives Matter, con los hombres blancos (si eres negro), con los hombres negros (si eres blanco), con los hombres (si eres mujer), con las mujeres (si eres hombre), con la alta sociedad (si eres pobre), o con el pobre (si eres parte de la alta sociedad).

El mensaje redentor de Jesús sigue siendo cierto hoy: no estamos aquí para lanzar piedras, sino para liberar misericordia en lugar de juicio. Tenemos un propósito redentor dentro de nosotros. ¡Aleluya!

En la ira, acuérdate de tener misericordia.

Habacuc 3:2

El mundo quiere que participes en su retórica y aceptes sus agendas religiosas y políticas. Quiere sacarte de tu identidad. Nuestro trabajo no es lanzarnos piedras unos a otros, sino traer sanidad y liberación y liberar misericordia en lugar de juicio.

Bienaventurados los misericordiosos, pues ellos recibirán misericordia.

Mateo 5:7

Los hijos e hijas maduros saben cuándo lanzar piedras y cuándo juntar piedras. ¡En el nombre de Jesús!

Jesús sabía que estaba ungido pero también sabía que tenía autoridad. Por eso los líderes religiosos lo odiaban. A la religión no le importa si estás ungido; adelante, grite un poco y predique un poco. Pero cuando te mueves en autoridad, cambias los reinos de este mundo para que se conviertan en los reinos de nuestro Dios. Ahí es cuando todo se vuelve real.

CONCLUSIÓN

Estamos en una década del rugido del León de la tribu de Judá, tiempo en que sus hijos e hijas maduros, su Ekklesia, van a rugir más fuerte que nunca sobre América y las naciones del mundo.

Vamos a ver la oscuridad expuesta. La agitación en nuestro país no se debe a que el enemigo sea fuerte; es porque tiene miedo; él está expuesto. La luz ha venido a exponer la oscuridad. La oscuridad se está debilitando y está jugando su última carta. No es su mejor carta, pero sí su última carta.

Es hora de que usted y yo, como la Ekklesia de Dios, el brazo legislativo del cielo, hagamos frente al enemigo y declaremos: "Esta es la ley de la tierra; esto pertenece al Reino de Dios; así es como va a funcionar y te derribamos en el nombre de Jesús. Oh... y si no actúas bien, sabemos cómo lanzar piedras... con precisión... con fuerza.

Ellos lo vencieron por medio de la sangre del Cordero y por la palabra del testimonio de ellos, y no amaron sus vidas, llegando hasta sufrir la muerte.

Por lo cual regocijaos, cielos y los que moráis en ellos; ¡Ay de la tierra y del mar! porque el diablo ha descendido a vosotros con gran furor, sabiendo que tiene poco tiempo.

Apocalipsis 12:11-12

La Piedra de Dan

Juicio

LA INTENCIÓN DE ELÍAS AL RECONSTRUIR EL ALTAR NO FUE PARA CUMPLIR SUS PROPÓSITOS PERSONALES; fue con el propósito de volver el corazón de Israel a Dios. Todo lo que él hizo fue por el pueblo de Israel. Él sabía lo que Dios podría hacer. Por eso desafió a los profetas demoníacos. Por eso se burló de ellos cuando Baal no respondió. Por eso le pidió a Dios que enviara fuego. Estaba seguro de que todo lo que había hecho fue conforme a la palabra del Señor.

Hoy, nos enfrentamos a entornos similares. Estamos desafiando a los falsos profetas que abierta o secretamente están aliados con el mal. Hemos cruzado el umbral para un despertar. Dios nos está dando llaves—principios del reino para restaurar el altar para que su fuego pueda caer. Los actos sobrenaturales convencerán a la gente de que Dios es el Señor y que deben volver su corazón a él. Las naciones se están volviendo al Señor y están viendo el poder de Dios de muchas diferentes maneras.

Una pieza fundamental en la reconstrucción del altar es la piedra de Dan, que representa a la tribu de Dan. Dan era una tribu gobernante. Gobernaban como jueces. Uno de los jueces más famosos de la tribu de Dan fue Sansón, aunque tuvo sus luchas (al igual que el resto de la tribu).

Fundamentalmente, el nombre de *Dan* significa "juzgar, juicio o el que juzga, gobernar". La raíz principal de esta palabra significa "gobernar por implicación, esforzarse conforme a la ley".

Note que no significa "esforzarse por trabajar duro", sino más bien "esforzarse conforme a la ley". El contexto es: "Estoy usando la ley para construir mi caso para poder tener un juicio a mi favor". Otra forma de decirlo es: "contender, ejecutar juicio, administrar juicio o defender la causa".

Sabemos por Juan 16 que nuestro ayudador es el Espíritu Santo. La palabra griega para *ayuda* es *paracleto*, como en "alguien que es llamado para estar a mi lado y defender mi causa". Es un término legal aplicable al sistema judicial del cielo. Restaurar la piedra de Dan a su lugar en el altar restaura el sistema judicial del cielo para traer los juicios justos de Dios a la tierra.

LA TRIBU DE DAN

De todas las tribus de Israel, la tribu de Dan fue la última en recibir su herencia. Además de ser jueces, ellos también brindaron un apoyo militar sustancial al Reino de Israel y fueron considerados expertos en la guerra. Eran también un pueblo marinero que se dedicaba a los viajes y al comercio.

Ahora, en la lista de las tribus del Libro de Apocalipsis, Dan no se menciona con las otras tribus, pero eso es para otro estudio. Para este libro, nos enfocamos en los aspectos judiciales de la tribu de Dan.

Jacob, en su bendición profética sobre la tribu de Dan, la representa bajo la noción de una serpiente en un camino.

> *Sea Dan serpiente junto al camino,*
> *Víbora junto al sendero,*
> *Que muerde los jarretes del caballo,*
> *Y cae su jinete hacia atrás.*

Génesis 49:17

Entonces esta tribu, es descrita como una serpiente en medio de un camino que muerde el talón de un caballo, haciendo que el caballo se levante y arroje al jinete. No es el tipo de gente con la que te gustaría meterte.

Cuando Moisés bendijo a las 12 tribus de Israel, dijo de Dan:

> *Dan es cachorro de león,*
> *Que salta desde Basán.*

Deuteronomio 33:22

Puede que esto no suene como un cumplido, pero la palabra *Basán* significa "fructificación". Entonces, este pasaje dice que Dan iba a lanzarse desde un lugar de fructificación. Además, los intérpretes judíos observaron que Basán era un lugar frecuentado por leones que iban por toda la tierra en busca de su presa. Entonces, con esta declaración, Moisés estaba señalando la fuerza y la destreza de esta tribu a medida que extendían sus territorios a través de un estilo de vida ambicioso. Y de hecho, lo hicieron

No sabemos mucho más sobre la tribu de Dan, pero vemos en el Libro de los Jueces que la tribu a menudo no tramaba nada bueno. Para empezar, ellos no resguardaron la porción original de la tierra que se les asignó. Más bien, Dan emigró hacia el norte.

> *Pero el territorio de los hijos de Dan continuaba más allá de éstas; porque los hijos de Dan subieron y lucharon contra Lesem y la capturaron. Y la hicieron a filo de espada, la poseyeron y se establecieron en ella; y a Lesem la llamaron Dan, según el nombre de Dan su padre.*

Josué 19:47

Lo que deducimos por esta escritura es que pareciera que la porción originalmente asignada a Dan fue insuficiente a sus ojos. A los ojos de Dios, la tierra que le dio fue suficiente, pero Dan no estaba satisfecho. Así que, se fueron a la guerra contra Lesem y tomaron esa tierra, añadiéndola a su territorio.

Esto es muy importante a medida que comenzamos a descubrir y comprender por qué esta piedra está fuera de lugar.

> *Entonces los amorreos forzaron a los hijos de Dan hacia la región montañosa, y no los dejaron descender al valle.*

Jueces 1:34

En aquellos días no había rey en Israel, Y por aquel tiempo la tribu de los danitas buscaba para sí una heredad donde habitar, porque hasta entonces ésta no se le había asignado como posesión entre las tribus de Israel.

Jueces 18:1

Por ser la última tribu en obtener tierra, quedaron insatisfechos con lo que se les había dado y no se asentaron adecuadamente en la tierra que Dios les dio. En cambio, comienzan a ver hacia el norte en busca de otras tierras que les parezca más adecuadas a sus propios ojos. En general en esos días, las personas hicieron las cosas como bien les parecía. En esencia, fueron sus propios jueces.

Dan adoraba a otros dioses, les construía templos y trataba de establecer otro sacerdocio, lo cual era ilegal, por supuesto. Teniendo en cuenta que esta era la tribu que se suponía que iban a ser jueces, es evidente que estaban haciendo mucho daño. La corrupción en un sistema judicial trae todo tipo de maldad e injusticia a la tierra.

Y los hijos de Dan, levantaron para sí la imagen tallada; y Jonatán, hijo de Gersón, hijo de Manasés, y sus hijos fueron sacerdotes para la tribu de los danitas, hasta el día del cautiverio de la tierra. Levantaron, pues, para sí la imagen tallada que Micaía había hecho, todo el tiempo que la casa de Dios estuvo en Silo.

Jueces 18:30-31

Y el rey tomó consejo, hizo dos becerros de oro, y dijo al pueblo: Es mucho para vosotros subir a Jerusalén; he aquí vuestros dioses, oh Israel, los cuales te hicieron subir de la tierra de Egipto." Puso uno en Betel y el otro lo puso en Dan.

1 Reyes 12:28-29

La tribu más tarde se unió a Jeroboam en la idolatría cuando se dividió el Reino de Israel. Aparentemente, la piedra de Dan estuvo fuera de lugar mucho antes de que Elías la restaurara.

La raíz principal de la palabra *Dan* es: "gobernar por implicación, juzgar, esforzarse como en la ley". Significa "contender". Esto es importante. La Biblia nos dice que debemos contender por la fe.

CONTENDER

Contender es una palabra muy poderosa. Los estudios sobre las derivaciones de esta palabra revelan una imagen de un boxeador peleando en la arena.

> *Pelea la buena batalla de la fe; echa mano de la vida eterna a la cual fuiste llamado, y de la que hiciste buena profesión en presencia de muchos testigos.*

1 Timoteo 6:12

Hoy necesitamos contender por nuestra nación, por la visión y el propósito que Dios tiene para nosotros. Necesitamos ser personas que digan: "No, no nos rendiremos. Vamos a pararnos y contender. Tomaremos lo que Dan desechó y lo redimiremos". Tenemos que contender, y tenemos que ganar.

> *Pero en todas estas cosas somos más que vencedores por medio de aquel que nos amó.*

Romanos 8:37

Jesús murió; nosotros morimos con él. Él se levantó; nosotros nos levantamos con él. Se sentó a la diestra del Padre; nosotros estamos sentados en los lugares celestiales con Cristo Jesús ahora mismo, gobernando y reinando.

> *Y con Él [Dios] nos resucitó, y con Él nos sentó en los lugares celestiales en Cristo Jesús.*

Efesios 2:6

Esto nos hace más que vencedores. Cuando el enemigo viene contra nosotros, no somos débiles. No estamos inactivos en la arena. Somos contendientes en la pelea. Somos contendientes por el terreno que Dios nos ha dado y que hemos tomado para Dios en la expansión de su reino.

JUECES

Recuerde que el nombre de Dan significa "juzgar". Otras derivaciones incluyen: "gobernar, esforzarse, actuar como juez". Como escribió Isaías:

Porque el SEÑOR es nuestro juez,
el SEÑOR es nuestro legislador,
el SEÑOR es nuestro rey;
Él nos salvará.

Isaías 33:22

Este pasaje de las Escrituras fue de gran influencia, y que los fundadores de América usaron para establecer esta nación con nuestras tres ramas de gobierno.

- *El Señor es nuestro juez*—nuestro Sistema Judicial.
- *El Señor es nuestro Legislador*—nuestro Congreso.
- *El Señor es nuestro Rey*—nuestra rama Ejecutiva.

Entonces, ¿Por qué Dios quiere jueces? ¿No dice Jesús en Mateo 7:1: *"No juzguéis para que no seáis juzgados"*. Entonces, ¿Por qué es que se hace referencia a Dios como juez?

La palabra *juez* en esta escritura es la misma palabra que *Dan* en hebreo. Se refiere a los juicios justos, la capacidad (y el derecho) de acercarse al trono de Dios para recibir juicios a nuestro favor.

¿Nos ha llamado Dios a juzgar? Si, él lo ha hecho. El Espíritu Santo vino para confirmarnos el hecho de que el príncipe de este mundo ya ha sido juzgado.

Y de juicio, porque el príncipe de este mundo ha sido juzgado.

Juan 16:11

El juicio es una gran parte del Reino de Dios. Cuando la piedra de Dan está fuera de lugar, recibimos juicios erróneos o nos vemos obligados a renunciar a los juicios que Dios nos ha dado al enemigo. Por lo tanto, no tenemos ninguna victoria en nuestras vidas. El enemigo quiere estropear esos juicios justos y evitar que nuestras vidas caminen en ellos.

EL SISTEMA JUDICIAL

El juicio es vital en la guerra espiritual y aún así, se ha enseñado incorrectamente en la mayoría de las iglesias. Irónicamente, la iglesia se ha enorgullecido en la ejecución de la guerra espiritual. Tenemos libros, conferencias, canciones, incluso danzas enfocadas en la guerra espiritual. Lo único que no tenemos es... la victoria. La guerra espiritual puede despertar lo profético pero produce poco menos que eso. ¿Por qué?

El problema es que no hemos discernido dónde están realmente nuestras batallas y cómo es que Dios planeó que nosotros peleáramos la buena batalla de la fe. Considere este pasaje del libro de Daniel:

> *Seguí mirando*
> *Hasta que se establecieron tronos,*
> *Y el Anciano de Días se sentó;*
> *Su vestidura era blanca como la nieve,*
> *Y el cabello de su cabeza como lana pura,*
> *Su trono, llamas de fuego,*
> *Y sus ruedas, fuego abrasador.*
> *Un río de fuego corría,*
> *Saliendo de delante de Él.*
> *Miles de millares le servían,*
> *y miríadas estaban en pie delante de Él.;*
> *El tribunal se sentó,*
> *Y se abrieron los libros.*

Daniel 7:9-10

Note: *"El tribunal se sentó."* ¿Cual tribunal?

Un tribunal representa un sistema judicial, uno con jueces, sentencias, libros, precedencia de sentencias anteriores. En el Sistema Judicial el término Suplica ("Prayer" en Ingles) es muy importante. La acción de la suplica ocurre en el sistema judicial del cielo.

La suplica no es una palabra religiosa. La suplica es una palabra judicial, es una palabra legal. Si alguna vez has ido al tribunal, es posible que haya escuchado a un abogado decir: "Suplicamos a la corte..." Este es un término legal que encontramos operando en el sistema judicial. También hay peticiones, acusaciones, alegatos, protocolo y pruebas. Sorprendentemente, esto se aplica tanto al sistema judicial del cielo como al sistema judicial de la tierra.

Las Escrituras revelan que el lugar inicial del conflicto está en el sistema judicial del cielo, no en el campo de batalla de la guerra espiritual. Es por esto que el primer lugar de intercesión debe ser a través del sistema judicial. Por eso es imperativo que pongamos la piedra de Dan en su lugar. Ya que todo comienza con el juicio.

La mayoría de los cristianos creen que cuando oramos, estamos orando en un campo de batalla. Consecuentemente, se lanzan a la lucha sin tener un veredicto del cielo. Esto conduce al caos, la reacción violenta y la destrucción en sus vidas por parte de las fuerzas satánicas.

Antes de ir al campo de batalla, debemos establecer una precedencia legal para poder estar allí en primer lugar. Irrumpir y gritarle al diablo, hacer decretos y declaraciones violentas, agitan más las fuerzas demoníacas en vez de derrotarlas. Esto no nos conducirá a la victoria. La oración y la guerra no deberían ser como un dispara a la oscuridad. Nosotros deberíamos de ser capaces de apuntar a las cosas que queremos con gran precisión. No debemos de estar disparando a ciegas.

Dios hace todo correctamente y con orden. Es por eso que debemos movernos primero en el sistema judicial del cielo y luego en el campo de batalla.

Jesús y el Sistema Judicial del Cielo

Y vi el cielo abierto, y he aquí, un caballo blanco; el que lo montaba se llamaba Fiel y Verdadero, y con justicia juzga y hace la guerra.

Apocalipsis 19:11

Este versículo nos presenta muchas cosas. Primero, que hay un cielo abierto. Tenemos acceso a los cielos. Desde el momento en que

Jesús fue bautizado en el río Jordán, esa voz "desde los cielos" nos ha estado hablando.

> *Y vino una voz de los cielos, que decía: Tú eres mi Hijo amado, en ti me he complacido.*

Marcos 1:11

De nuevo, en el Monte de la Transfiguración:

> *Y una voz salió de la nube, que decía: Este es mi Hijo, mi Escogido, a Él oíd.*

Lucas 9:35

"Y salió de la nube" se refiere a que los cielos se abrieron.

Sorprendentemente, no encontramos ningún registro de que los cielos hayan sido completamente cerrados alguna vez. Aunque ciertamente, hubo momentos en el Antiguo Testamento cuando los cielos estuvieron bajo llave y estuvieron como bronce. Sin embargo, leemos en el Nuevo Pacto, que después de que el Padre habló sobre la vida de Jesús, el cielo se abrió y hasta el día de hoy permanece así.

> *Y vi el cielo abierto, y he aquí, un caballo blanco; el que lo montaba se llamaba Fiel y Verdadero, y con justicia juzga y hace la guerra.*

Apocalipsis 19:11

Note el orden de las acciones: *"Él juzga y hace la guerra"*. Para hacer la guerra, se debe emitir un veredicto sobre una situación. Debemos aprender a hacer la guerra basándonos únicamente en los juicios, decisiones y veredictos que se dicten dentro del sistema judicial de los cielos.

¿Alguna vez has tenido oraciones que sabías que estaban dentro de la voluntad de Dios y, sin embargo, se quedaron sin contestar? Eso significa que las cosas están legalmente fuera de lugar. Cuando hay oraciones no contestadas es porque el enemigo tiene algo contra ti en el sistema judicial del cielo.

Cuando Jesús, enseñando sobre la oración en Mateo 6 y Lucas 11 y 18, nunca colocó la oración en un campo de batalla. En cambio, él habló que la oración brota de una relación con el Padre, como un amigo que se acerca a un amigo.

Y les refería Jesús una parábola para enseñarles que ellos debían orar en todo tiempo, y no desfallecer, diciendo: Había en cierta ciudad un juez que ni temía a Dios ni respetaba a hombre alguno. Y había en aquella ciudad una viuda, la cual venía a él constantemente, diciendo: "Hazme justicia de mi adversario. Por algún tiempo él no quiso, pero después dijo para sí: "Aunque ni temo a Dios, ni respeto a hombre alguno, sin embargo, porque esta viuda me molesta, le haré justicia; no sea que por venir continuamente me agote la paciencia. Y el Señor dijo" Escuchad lo que dijo el juez injusto. ¿Y no hará Dios justicia a sus escogidos, que clama a Él día y noche? ¿Se tardará mucho en responderles? Os digo que pronto les hará justicia.

Lucas 18:1-8

Jesús, en este pasaje, nos está enseñando que cuando oramos (suplicamos), estamos accediendo al sistema judicial para obtener un veredicto. Recuerde, la suplica es un término legal y un sistema judicial solo puede emitir veredictos de acuerdo con el testimonio dado. Por eso se nos dice en el Libro de Apocalipsis 12:11:

Ellos lo vencieron por la sangre del Cordero y por la palabra del testimonio de ellos.

Ahora, la palabra de tu testimonio no viene de lo mal que estabas antes de ser salvo. Más bien, viene de tu libro en el cielo. En el sistema judicial del cielo hay un abogado y libros. Los libros representan cosas que están predestinadas o soñadas por Dios para ti. Tenemos vislumbres de las cosas que Dios ha escrito en nuestro libro.

Y en tu libro es escribieron
Todos los días que me fueron dados.

Salmos 139:16

Nuestro testimonio es lo que Dios dice acerca de nosotros, no lo que el enemigo haya causado en nosotros. Testimonios como:

- Soy más que vencedor por medio de aquel que me amó y se entregó a sí mismo por mí.
- Todo lo puedo en Cristo que me fortalece.
- Tengo poder para hollar serpientes y escorpiones, y sobre todo el poder del enemigo.
- Ninguna cosa me hará daño.
- Mayor es el que está en mí que el que está en el mundo.

Obtenemos nuestros veredictos de acuerdo al testimonio que nos fue dado. Creamos un caso que le da a Dios el derecho legal de liberar el corazón de padre en nuestras vidas.

Si las cosas están legalmente fuera de orden, debemos asumir el oficio de sacerdote para poder poner las cosas en orden de forma legal. Luego podemos entrar en la unción real para liberar los decretos. Esos decretos son los veredictos que Dios nos da de acuerdo a nuestro testimonio y el caso que presentamos. Recuerde, Dios solo hace cosas en la tierra cuando puede encontrar la persona correcta para hacerlo. Vimos en el capítulo de la piedra de Leví que Dios estaba buscando una persona que se pare en la brecha. Dios necesita que la gente de la tierra libere decretos en la unción real porque él no puede liberar el corazón de padre en este sistema judicial sin que su posición como juez justo esté satisfecha.

Necesitamos volver a poner la piedra de Dan en su lugar y hacer que el juez vuelva a su lugar para que se puedan emitir decretos justos mientras presentamos nuestro caso a Dios por nosotros, nuestra familia, nuestra región y nuestra nación.

Obstáculos

Tres cosas impedirán que el Reino de Dios venga a la tierra a través de ti.

1. Pecado

Debemos movernos hacia nuevos niveles de santidad y consagración porque el enemigo puede usar nuestro pecado para enfrentarnos. No me refiero a la santidad en el término legalista con normas y observancias de rituales. *Santidad* significa "apartado para". No estamos separados del pecado; estamos separados para Dios. Cuando tratas de evitar el pecado, siempre fallarás al blanco. La santidad es separarse para Dios, darse cuenta de que eres de él, él es tuyo y tu le perteneces. La santidad no se basa en lo que haces; se basa en lo que él ha hecho. Por eso Dios pudo decir:

> *Porque yo soy el SEÑOR vuestro Dios. Por tanto consagraos y sed santos, porque yo soy santo.*

Levíticos 11:44

2. Linaje

Necesitamos limpiar la línea de sangre. Tenemos que ocuparnos por los pecados de nuestro padre para que el enemigo no pueda usarlos para construir un caso en nuestra contra. Tener nuestro linaje limpio por medio de la sangre del cordero es muy importante.

> *Sed de espíritu sobrio, estad alerta. Vuestro adversario, el diablo, anda al acecho como león rugiente, buscando a quien devorar.*

1 Pedro 5:8

El diablo es oportunista.

> *No los adorarás ni los servirás; porque yo, el SEÑOR tu Dios, soy Dios celoso, que castigo la iniquidad de los padres sobre los hijos, y sobre la tercera y la cuarta generación de los que me aborrecen.*

Deuteronomio 5:9

Esta escritura nos dice que el pecado puede visitarnos por cuatro generaciones. Es por eso que debemos preguntarle a Dios qué hay en nuestro linaje que necesita ser limpiado. Podemos saber algunas de esas cosas por como nuestro padre, abuelo y bisabuelo vivieron. Así que de eso aprenda de qué es lo que debe arrepentirse, lo qué debe de confesarse y lo qué debe de limpiarse.

3. Motivos

Dios juzga el corazón, por eso nuestros motivos son importantes. Satanás puede armar un caso contra nosotros basado en nuestros motivos tal como lo hizo contra Job basado en sus motivos para servir a Dios.

> *Respondió Satanás al SEÑOR: ¿Acaso teme Job a Dios de balde? ¿No has hecho tú una valla alrededor de él, de su casa y de todo lo que tiene, por todos lados? Has bendecido el trabajo de sus manos y sus posesiones han aumentado en la tierra. Pero extiende ahora tu mano y toca todo lo que tiene, verás si no te maldice en tu misma cara.*

Job 1:9-11

Satanás tenía permiso para probar a Job. Sin embargo, Job pudo dar una respuesta justa para probar que Satanás estaba equivocado con lo que había dicho.

Los motivos de nuestro corazón deben ser puros para que el enemigo no tenga municiones y pueda con ellas presentar acusaciones contra nosotros en el sistema judicial del cielo.

CLAVES PARA LA VICTORIA JUDICIAL

Nunca te dirijas al adversario.

Sólo hable con el juez. Alrededor del trono de Dios, nuestro adversario ha sido despojado de su poder. Debemos tratar con él legalmente. No vamos a la sala del tribunal, miramos al acusador y decimos: "Estás equivocado. No sabes de lo que estás hablando. Te ato en el nombre de Jesús. No recibo lo que dices contra mí.

No ganarás de esa manera. El acusador no tiene poder para absolverte. Él no tiene poder para liberarte. Él no tiene poder para librarte de las acusaciones, cargos o quejas que se han presentado contra ti. De hecho, él quiere que mantengas esas cosas.

Tu te diriges al juez. El juez es quien tiene el poder para liberarte y darte un justo juicio.

Cuando obtienes el veredicto contra tu adversario, él enemigo deja de tener importancia, ya no importa lo que él diga o haga. Sus palabras dejan de tener poder.

El Veredicto

Adhiérase a los veredictos de Dios.

Los veredictos de Dios son las palabras de Dios, las promesas de Dios, las palabras proféticas que te ha dado sobre tu vida.

> *Esta comisión te confío, hijo Timoteo, conforme a las profecías que antes se hicieron en cuanto a ti, a fin de que por ellas pelees la buena batalla.*

1 Timoteo 1:18

Pablo le está hablando a Timoteo acerca de los veredictos que están en su libro. Estos son las palabras, sueños y la voluntad de Dios para tu vida.

Cuando el enemigo trata de tomar tu veredicto justo, tu puedes detener la sentencia del tribunal, la palabra de Dios, la palabra profética, la promesa de Dios, y dejar al enemigo indefenso.

Decreto de Reyes.

Los reyes no interceden. No ejercen desde el lado del banquillo. Ellos están entronizados. Daniel 7:9, dice: *"Se levantaron tronos (plural), y se sentó el Anciano de Días"*. Hay más tronos de los que puedas imaginar.

Como reyes, estamos sentamos en un lugar desde donde se hacen los decretos como reyes. Cuando establecemos las cosas legalmente como sacerdotes a través de la intercesión y hacemos frente a cada acusación en nuestra contra, podemos cambiar las unciones y decretar como reyes el justo juicio en la tierra.

La Biblia dice en Job 22:28: *"Tú también decretarás una cosa, y te será establecida"*.

Presentamos nuestro caso ante el juez, no ante el adversario. Cuando el juez nos dé un veredicto, porque vencemos por la sangre del cordero y la palabra de nuestro testimonio., entonces ese juicio justo está en nuestras manos. Podemos entrar en nuestra unción real y decretar cosas que serán establecidas.

Espere que lleguen respuestas rápidamente.

Podemos esperar que las respuestas lleguen rápidamente cuando salgamos del campo de batalla y entremos en el sistema judicial del cielo. Cuando hice esto, recibí las respuestas a las oraciones con las que había estado luchando durante años. Todas mis peleas, gritos y peticiones no habían traído cosas que sabía que Dios quería traerme del cielo. Pero cuando aprendí a navegar por el sistema judicial del cielo, las cosas sucedieron rápidamente. Mis adversarios fueron silenciados y yo fui vengado rápidamente como la mujer en Lucas 18.

Cuando las cosas se hacen en orden, las respuestas llegan rápidamente.

Fuera De Lugar

Cuando la piedra de Dan está fuera de lugar, obtenemos juicios, jueces y fallos injustos. Tenemos acusaciones en nuestra contra que no podemos responder. Se promulgan leyes que producen el mal. No hay espíritu para pelear por lo que el reino de los cielos desea soltar sobre la tierra. Hay una desconexión con Dios, nuestro justo juez.

El enemigo construye una fortaleza en nuestra nación cuando no hay juicios justos. No podemos obtener avances para ver las cosas vindicadas de forma legal a través del sistema judicial del cielo. Frustrados, a menudo terminamos tomando la ley en nuestras propias manos y nos convertimos en anárquicos. Por lo tanto, hay un sacerdocio falso promulgado en la tierra cuando la piedra de Dan está fuera de lugar.

Hemos visto muchos juicios injustos en nuestra nación. Por eso los tribunales son tan importantes. Necesitamos jueces justos en nuestra tierra. Algunos jueces de la Corte Suprema de los Estados Unidos interpretan la ley para que se ajuste a sus agendas. Apoyaron el aborto. Legalizaron el asesinato en los últimos años de la vida de las personas llamándolo *muerte por dignidad o suicidio asistido*.

Están enjuiciando a las personas que quieren adorar a Dios. Apuntan a cosas en nuestra nación que provocan la caída de nuestra nación. Es sorprendente cómo cinco de cada nueve personas pueden cambiar el destino y el propósito de una nación simplemente tomando decisiones y llamándolas legales cuando en realidad son ilegales y ciertamente impías.

Necesitamos que Dios se mueva. Necesitamos la piedra de Dan en su lugar. Esto no es algo religioso. Esto es algo del reino.

Dios está preocupado por nuestros tribunales. Dios ama nuestro sistema legal. Él quiere hombres y mujeres justos sentados en esos lugares. Él creó la Ekklesia que trae la voluntad de Dios a la tierra, que libera juicio y legislación de forma justa.

CONCLUSIÓN

Dios tiene un reino, no una religión, y ese gobierno del reino quiere ver la justicia desatada en la nación. Por eso es tan importante que veamos personas justas sentadas en estos asientos judiciales en nuestras naciones. Dios nos está preparando para cambiar esos tribunales. Estamos en una nueva era. Dios le está dando a la iglesia una ventana de oportunidad para orar de tal manera que veamos jueces justos en la Corte Suprema.

Un líder e intercesor de confianza, el Apóstol Ken Malone, tuvo un sueño sobre la Corte Suprema en el que el Presidente del Tribunal Supremo decía:

"Estamos siendo invadidos, necesitamos refuerzos".

¿Ken responda?

"Olvídese de los torpedos. Vamos en camino."

Vamos con un juicio justo del cielo. Vamos con la justicia de Dios para reivindicar lo que Dios tiene en su corazón para la nación. ¡Mientras oramos, ayunamos y escuchamos a Dios, vamos a ver cómo el sistema judicial del cielo cambia los tribunales de los Estados Unidos! Vamos a ver un sistema judicial redimido en las naciones y personas justas en esos asientos.

Debemos dejar de gritarle al Diablo. Debemos comprender nuestra posición en el sistema judicial de los cielos y hablarle directamente al juez justo: nuestro Padre celestial. Estamos trayendo orden a la guerra espiritual: primero nos movemos en el sistema judicial y luego en el campo de batalla.

¿Qué sucede cuando la piedra de Dan se coloca en su lugar?

Los jueces justos toman asiento.

Los libros del cielo se abren y el juez justo comienza a leer de esos libros las cosas que él puso allí y que estaban en su corazón.

Empezamos a saltar de Basán, lugar de fructificación.

El espíritu del contendiente se eleva en la Ekklesia.

No nos rendimos, no nos damos por vencidos y no nos agotamos. Alabado sea el Señor.

Ejecutamos el juicio del Señor según Salmos 149:7-9.

Para ejecutar venganza en las naciones,
Y castigo en los pueblos;
Para atar a sus reyes con cadenas,
Y a sus nobles con grillos de hierro;
Para ejecutar en ellos el juicio decretado;
Esto es gloria para todos sus santos.
¡Aleluya!

La Piedra de Neftalí

Luchar

Y Raquel dijo: Con grandes luchas he luchado con mi hermana, y ciertamente he prevalecido. Y le puso por nombre Neftalí.

Génesis 30:8

En Génesis, leemos que Raquel estaba luchando con su hermana. Me imagino que sintió que toda su vida fue una lucha. Recuerde que ella fue la segunda esposa de Jacob. El padre de ellas lo engañó para que primero se casara con su hija mayor, Lea, a pesar de que amaba a Raquel. Esto estableció una poderosa dinámica entre los tres que persistió a lo largo de sus vidas.

Raquel luchó con Lea para ver quién podría darle más hijos a Jacob y de esa manera poseer su corazón. La competencia se volvió tan feroz a lo largo de los años que ambas hermanas eventualmente le dieron a Jacob sus sirvientas como esposas también. Jacob terminó con cuatro mujeres en vez de dos, quienes le dieron a luz a sus hijos. Quizás te preguntes cómo fue que funcionó todo esto. (Eso es tema para otro libro).

Cada vez que Lea (o su sierva) daba a luz, se regocijaba porque su marido se quedaba con ella. Note su alegría después de dar a luz a Zabulón:

Y Lea dijo: Dios me ha favorecido con una buena dote; ahora mi marido vivirá conmigo, porque le he dado seis hijos. Y le puso por nombre Zabulón.

Génesis 30:20

Y entonces Jacob se quedó con ella... por una temporada. Luego volvió con sus otras esposas, como era su costumbre.

Esta era la dinámica entre la familia, igual pasó cuando la sierva de Raquel dio a luz a Neftalí. Ella sintió que había obtenido una victoria sobre su hermana, razón por la cual el nombre de Neftalí significa "mi lucha, entrelazarse". Piense en la escritura en Eclesiastés:

Y si alguien puede prevalecer contra el que está solo, dos lo resistirán. Un cordel de tres hilos no se rompe fácilmente.

Eclesiastés 4:12

Otras derivaciones del nombre Neftalí son: "ser influyente, ser capaz de mostrar su pasado, mostrarse atrevido para la lucha, mostrarse astuto".

La palabra *astuto* significa "ser mentalmente agudo, ser inteligente". Se refiere a un proceso de pensamiento que nos permite navegar a través de situaciones, opiniones y narrativas complicadas. Estas son cualidades importantes hoy en día cuando nos enfrentamos a un bombardeo de información, alguna de ella realmente basada en la realidad actual, que los medios de comunicación nos lanzan las 24 horas del día, los 7 días de la semana.

La palabra a*stuto* también significa "sagacidad". Se refiere a la capacidad de notar y comprender las cosas con claridad. También podríamos llamar a esto discernimiento. No solo discernimiento espiritual, sino también habilidad natural para discernir. Es algo que tú y yo necesitamos para poder volver a colocar esta piedra en el lugar que le corresponde y poder ver caer el fuego de Dios. Cuando esta piedra está fuera de lugar, no hay discernimiento, no hay habilidad para pelear o luchar, no hay habilidad para notar y entender las cosas con claridad.

Ser astuto implica que si hay dos historias que te llegan desde puntos de vista (o agendas) opuestos, tu puedes ser capaz de deducir la verdad. Es importante. Cuando encontramos la verdad, encontramos a Jesús. ¡La verdad nos hace libres (Juan 8:32)!

Jesús le dijo: Yo soy el camino, y la verdad y la vida; nadie viene al Padre sino por mi..

La verdad es importante. Es la clave de la victoria. No tu verdad o mi verdad, sino la verdad de Dios, que es la Verdad de todas las verdades. Se dice que hay dos lados en cada historia, pero en realidad hay tres. Está mi lado, tu lado y luego está la verdad. Entonces, cuando discernimos cosas, no es para promover nuestras agendas sino para promover la voluntad de Dios.

A la hora de lidiar con la verdad, debemos ser despiadados. Cualquier cosa en nuestra cultura que no se alinee con el Reino de Dios debe ser expulsada de nuestras vidas. En el Reino de Dios, las opiniones no importan a menos que estén alineadas con la verdad de Dios.

Aún en la iglesia en medio de los santos, vemos como estamos ansiosos, e incluso hasta apasionados, por dar nuestra opinión. Sin embargo, a medida que maduramos, vamos creciendo hasta llegar a tal punto en que podemos depositar nuestras propias opiniones en el altar de la verdad. El hecho es que nuestras opiniones a menudo son producto de nuestra cultura, y tendemos a filtrar la verdad a través de estas tendencias.

Abandonar nuestras opiniones no es algo fácil, ni agradable. Es por eso que debemos ser intencionales al respecto. Puede sentirse desleal a quienes nos criaron o al entorno que nos acogió. Y es que aunque esos fueron nuestros puntos de partida; no son nuestro final. Debemos estar dispuestos a conocer la verdad de Dios, la verdad del Reino y la verdad viene de Jesús. Además, debemos estar dispuestos *a movernos* hacia la verdad, no hacia nuestra verdad; sino hacia la verdad de Dios.

Cuando somos astutos, entendemos las cosas con claridad y con agudeza mental, astucia y sabiduría.

Lo principal es la sabiduría;
Adquiere sabiduría;
Y con todo lo que obtengas,
Adquiere inteligencia.

Proverbios 4:7

Sin verdad y entendimiento en nuestras vidas, estamos indefensos.

Ser astuto también significa "tener o mostrar la capacidad de evaluar con precisión situaciones o personas y tomar ventaja de esto". Por ejemplo, una persona de negocios astuta, puede escuchar lo que posibles clientes dicen sobre él, sus productos y su presentación, y entender que eso es vital para su éxito.

Entonces, cuando volvemos a poner la piedra de Neftalí en su lugar, nos volvemos astutos y exitosos. Tenemos la capacidad de notar y comprender las cosas claramente con agudeza mental.

Cuando yo era oficial de policía, a menudo nos encontrábamos con situaciones de las que teníamos información limitada, y la mayor parte de esa información la daban las víctimas desde su perspectiva. Sabíamos que cuando llegáramos a la escena, ésta podría ser totalmente diferente de la que habíamos imaginado. Teníamos que estar preparados para eso. Habilidad en nuestro trabajo de policía significaba que teníamos que evaluar las situaciones correctamente.

Como creyentes, debemos hacer lo mismo. Debemos evaluar las situaciones y las personas correctamente porque si no lo hacemos, nos moveremos bajo nuestras propias opiniones, ideas y cultura, y dejaremos de lado a Dios. Irónicamente, debido a que nuestros propios caminos nos parecen correctos, pensaremos (erróneamente) que el favor de Dios está en nuestros pensamientos y acciones porque nos parecen naturales a nosotros.

Ahora, Dios sabe que estamos influenciados y que filtramos todo a través de la experiencia y la cultura. Es por eso que el Espíritu

Santo nos da dones como Palabra de Sabiduría o Conocimiento. Este es el comienzo de lo profético, lo que nos permite ver cosas y ministrar a las personas para encaminarlas a la voluntad de Dios para sus vidas.

Entonces, para entender lo que realmente significa Neftalí, tenemos que entender la cultura y las circunstancias involucradas cuando se le puso su nombre. Su madre Raquel había estado luchando con su hermana y sintió que había obtenido una ventaja con el nacimiento del niño. Además, Jacob pronunció una bendición con respecto a su hijo:

> *Neftalí es una cierva en libertad,*
> *Que pronuncia palabras hermosas.*

Génesis 49:21

¡Una cierva o un ciervo son lo mismo, créame que ambos pueden correr rápido! (Especialmente lo veo cuando los estoy cazando). Son hermosos verlos moverse en el campo.

Recuerde que el significado de Neftalí incluye: "luchar, torcer, enredar una cuerda de tres dobleces".

La lucha libre era una tradición familiar. Neftalí debe haber adquirido algo de esa tendencia a la lucha libre de su padre, Jacob, quien era persistente. Él trabajó 14 años por sus dos esposas. Soportó las constantes intrigas y engaños de su suegro, Labán, quien cambió su salario 10 veces durante los años que estuvieron juntos, y constantemente le intercambiaba el buen ganado con el ganado no tan bueno. Y así sucesivamente, cada vez que Jacob salía adelante, lo cual era frecuentemente porque Dios lo bendecía, Labán buscaba otros medios para robarle. Sin embargo, Jacob, a través de Dios, siempre prevaleció.

Aún cuando el nombre de *Jacob* significaba "engañador, suplantador y manipulador", él fue capaz de agarrarse y aferrarse a algo hasta obtener de ello lo que quería. Incluso engañó a su hermano mayor, Esaú, quitándole su primogenitura, algo que lo perseguiría más adelante en su vida.

109

EL RECORRIDO

Después de años de lucha con Labán, Dios le dijo a Jacob que era hora de irse.

Yo soy el Dios de Betel, donde tú ungiste un pilar, donde
me hiciste un voto. Levántate ahora, sal de esta tierra,
y vuelve a la tierra donde naciste.

Génesis 31:13

Y así, Jacob comenzó su recorrido. La palabra *Betel* significa "casa de Dios". El recorrido de Jacob hacia el lugar de su nacimiento fue con la intención de recuperar su identidad, descubrir quién era y borrar su pasado. Este no sería un recorrido fácil; habría muchas oportunidades de crecimiento disfrazadas como desafíos.

Las Escrituras dicen que no luchamos contra sangre y carne, y eso fue una verdad para Jacob en ese recorrido. En su camino a descubrir su identidad, Dios le habló en Betel. Y aunque él escuchó a Dios no había experimentado a Dios. Así que, veremos, como entrar en la casa de Dios no fue suficiente para que Jacob obtuviera su identidad, destino o propósito. No fue suficiente para que fuera calificado para ser quien Dios lo llamó a ser. Y tampoco es suficiente para nosotros hoy.

Por supuesto, algunas personas piensan que todos son aprobados por Dios porque creen que todo el que invoque el nombre del Señor será salvo (ref. Romanos 10:13). ¿Verdad? Sí, pero eso no siempre significa lo que queremos que signifique. La Biblia dice: *"Porque muchos son los llamados, pero pocos los escogidos"* (Mateo 22:14). La Biblia nos dice que mientras algunos eligen madurar y crecer, muchos otros quieren ser bebés y ser alimentados con cuchara toda su vida.

Así que sí, Jacob estaba en medio de su recorrido cuando pasó por Betel, pero realmente no hubo ningún cambio en él, más que aumentar su frustración y miedos. Su suegro, Labán, lo persiguió y Jacob tuvo que hacer las paces con él (ref. Génesis 31). También se encontró con ángeles (ref. Génesis 32:1). Pero a pesar de todo todavía, le esperaban cosas más importantes a Jacob.

LUCHANDO CON DIOS

La casa de Dios es un buen lugar para encontrar a Dios, pero encontrar a Dios en medio de una experiencia corporativa, no es suficiente como para cambiar tu nombre, encontrar tu propósito, encontrar tu destino, sacar el miedo y la religión de tu corazón. Veamos, incluso en ese momento, Jacob no estaba seguro de quién iba a ser su Dios o qué podía hacer este Dios. Recordemos el comienzo de la relación de Jacob con Dios.

Entonces hizo Jacob un voto, diciendo: Si Dios está conmigo y me guarda en este camino en que voy, y me da alimento para comer y ropa para vestir, y vuelvo sano y salvo a casa de mi padre, entonces el SEÑOR será mi Dios. Y esta piedra que he puesto por señal será casa de Dios; y de todo lo que me des, te daré el diezmo.

Génesis 28:20-22

"*Entonces el Señor será mi Dios*". ¿En serio Jacob dijo esto? Estoy seguro de que Dios quedó impresionado cuando Jacob le dio permiso para ser su Dios. Ni idea tenía él, pero Jacob estaba a punto de encontrarse con Dios a lo grande. Y como es típico de esos encuentros con Dios que cambian las vidas, sucedió cuando él estaba solo.

Jacob se quedó solo, y un hombre luchó con él hasta rayar el alba. Cuando vio que no había prevalecido contra Jacob, lo tocó en la coyuntura del muslo, y se dislocó la coyuntura del muslo de Jacob mientras luchaba con él. Entonces el hombre dijo: Suéltame porque raya el alba. Pero Jacob respondió: No te soltaré si no me bendices. Y él le dijo: ¿Cómo te llamas? Y él respondió: Jacob. Y el hombre dijo: Ya no será tu nombre Jacob, sino Israel, porque has luchado con Dios y con los hombres, y has prevalecido.
Entonces Jacob le preguntó, y dijo: Dame a conocer ahora tu nombre. Pero él respondió: ¿Para qué preguntas por mi nombre? Y lo bendijo allí. Y Jacob le

puso a aquel lugar el nombre de Peniel, porque dijo: He visto a Dios cara a cara, y ha sido preservada mi vida.

Génesis 32:24-30

Ahora, entendemos que esta palabra *hombre* es literalmente la palabra *ish*, que significa una representación de Dios, un hombre espiritual. Entonces, un hombre espiritual luchó con Jacob hasta el amanecer. Al final, Dios tocó la coyuntura del muslo de Jacob y se dislocó y Jacob nunca volvió a ser él mismo.

La palabra *bendecido* significa muchas cosas. Por un lado, significa "que al bendecirme, bendices a todos". También significa "felicitar". Ahora, piensa en el dialogo entre Jacob y Dios.

"Felicítame."

"Espera un minuto. Tu muslo está fuera de lugar. Ya no eres quien eras. Y estás perdiendo la pelea".

"Sí, pero no te dejaré ir hasta que me felicites y obtenga lo que vine a buscar. Debes bendecirme y llevarme a un lugar donde viva como quien se supone que debo ser porque no puedo seguir así por más tiempo".

Así que *felicitar* también implica arrogancia. ¿Puedes imaginarte luchando con Dios y Dios dice: "Mira, me tengo que ir. El sol está saliendo. Voy a golpearte aquí. Y ya estas acabado."

Pero te aferras y dices: "No te dejaré ir hasta que me felicites como el ganador".

Esto es asombroso.

Bendito también significa "persistir en la bendición". Jacob quería que Dios le hablara a su vida y lo bendijera. El nombre de *Jacob* significaba: "suplantador, engañador, intrigante, astuto". Así que decía: "Quiero mi bendición. Mi abuelo tuvo una bendición. Mi padre tuvo una bendición. Y Yo debo de tener una bendición porque voy a regresar a la tierra donde vive mi hermano y él no me quiere mucho. Así que no te dejaré ir hasta que me bendigas".

Finalmente, la palabra *bendecir* también significa "reconocer".

¡Guau! Una cosa es felicitar y otra cosa es reconocer. Un reconocimiento traería una sensación de superioridad. Considere lo que Dios le hizo al hombre en el principio. Él nos dio superioridad sobre la tierra. Él nos dio la capacidad de ser reyes en la tierra. Él nos dio Reino.

Dios nos reconoció cuando nos dijo: "Los bendecimos. Van a ser fructíferos. Van a multiplicarse, y en esta multiplicación y fecundidad, en este dominio que les estoy dando, tendrán superioridad sobre nosotros".

¿Cómo podemos tener superioridad sobre Dios? Simple. Él nos la da.

En Génesis 1, Dios se excluyó a sí mismo del trato que hizo con la humanidad cuando dijo: *"Que ejerza dominio"*.

En esencia, estaba diciendo: "Yo he creado los cielos para mí, pero puse al hombre a cargo de la tierra".

Debemos volver a esa posición de dominio. Debemos dejar de vivir de acuerdo con lo que los hombres nos han llamado. Debemos emerger del velo de la religión. Debemos entrar en la bendición de Dios, donde luchamos con él y le decimos: "Padre, no te dejaré ir hasta que me felicites".

¿Cuál es la lección de este evento transformador en la vida de Jacob? Es que tenemos que aferrarnos. Tenemos que luchar con Dios hasta que salga el sol y declarar que estamos regresando al lugar que nos corresponde. ¡Así que, bendíceme Dios, reconóceme y, felicíteme! Amén

¿QUIÉN ERES?

Mientras Jacob continuaba luchando contra Dios por una bendición, Dios le dijo: "¿Cuál es tu nombre?" En esencia, estaba preguntándole: "¿Cuál es tu reputación?" Dios trajo la atención de Jacob de regreso a su nombre... para luego cambiárselo.

Cada vez que estés buscando la promoción de Dios, él primero te traerá de regreso a tu realidad presente antes de promoverte a su realidad, ese lugar donde residen su verdad y tu promoción.

Con esta pregunta "¿Cuál es tu nombre?" Dios le estaba preguntando a Jacob muchas cosas. Le estaba preguntando:

¿Cuáles son las etiquetas que difaman tu vida?

¿Cuáles son los monumentos que se han construido en tu vida?

¿Cuáles son los altares que se han construido en tu vida?

¿Por cuál característica eres conocido?

Bien, veamos. Jacob compró un poco de aceite y lo derramó sobre unas rocas, este acto en realidad no significaba que el estaba construyendo un altar. Su abuelo fue constructor de altares. Su padre también fue constructor de altares. Jacob tenía que llegar a ser un constructor de altares. Él tenía que ser capaz no solo de construir un altar para sí mismo, sino que extraer de lo ya establecido y construir sobre los cimientos de las generaciones pasadas, una sinergia generacional.

Jacob le tuvo que responder algunas preguntas difíciles a Dios. Asimismo, cada uno de nosotros, en momentos claves de nuestra vida, tendremos que responder las mismas preguntas. Esto se llama capacitación. Aunque puede que no lo parezca mientras nos encontramos temblando y deseando haber traído pantalones extra por si acaso. Pero Dios tiene un propósito. Mira lo que Dios hizo por Job, aunque el comienzo de esa conversación no fue nada reconfortante.

> *Entonces el SEÑOR respondió a Job desde el torbellino y dijo:*
> *¿Quién es éste que oscurece el consejo*
> *Con palabras sin conocimiento?*
> *Ciñe ahora tus lomos como un hombre,*
> *Y yo te preguntaré; y tú me instruirás.*
> *¿Dónde estabas tú cuando yo echaba los cimientos de la tierra?*
>
> Job 38:1-4

"¿Quién es este...? ¿Cuál es tu nombre?" No son preguntas fáciles, pero una vez que se establece la identidad tanto de Dios como de la persona, comprenderemos el motivo de la pregunta: "Este es la persona que estoy haciendo. Tu nuevo nombre será..."

Jacob estaba atrapado entre su identidad, una roca y quien Dios quería que él fuera. Puedo imaginarme su respuesta cuando Dios le preguntó: "¿Quién eres?"

"Yo soy Jacob. soy un engañador Soy un suplantador. Soy un estafador. Soy un tipo disfuncional que le robó la herencia a Esaú, mi hermano mayor. Engañé a mi padre, terminé con una primera esposa a la que no amo y que me está dando más hijos que la segunda esposa a la que, por cierto, sí amo. Por eso es que, paso más tiempo con mi primera esposa y eso frustra a mi segunda esposa. Y justo cuando pensaba que las cosas no podían ponerse peor, tomé las sirvientas de ambas y engendré hijos con cada una de ellas. Luego, tuve que huir de mi suegro, Labán, que ha hecho del engaño un arte, y ahora estoy huyendo de mi hermano, Esaú, que busca venganza. Yo soy Jacob."

Jacob estaba en un lugar difícil. Ya había estado en la casa de Dios-Betel. Ya había experimentado a Dios hasta cierto nivel pero todavía lo perseguían. Mira, cuando llegas a la casa de Dios y experimentas a Dios allí, y aquellos que quieren matarte todavía te persiguen, vas a tener que ir ya no solo a la casa de Dios sino que vas a tener que ir a buscar a Dios mismo a un nivel que esto determine tu propósito. Al hacerlo, quizás descubras que fue Dios mismo quien orquestó todos esos eventos para llevarte al lugar donde lo busques a un nivel mayor, a ese nivel que él siempre ha querido que alcances.

A medida que pasamos por este proceso, tenemos que dejar atrás lo que hemos sido e ir a ese lugar donde le permitimos a Dios que se ocupe de nosotros. Esto es difícil de hacer. Por lo general, no es algo que se pueda lograr a través de consejería, las oraciones de otros o en un buen servicio de liberación. Como Jacob, las cosas profundas e intransigentes en nosotros deben ser desechadas a través de luchar uno a uno con Dios.

A lo largo de los años, he tenido que luchar contra Dios. Y en medio de esa lucha me he vuelto para ver sin encuentro a alguien a quien yo pueda dejarle por un rato mi pelea. Pero me di cuenta entonces que esta lucha no es como un partido que se juega en equipo. Esta es una pelea de Campeonato de uno a uno y Dios tiene un mejor récord que yo. Pero llegué a ese lugar donde podía decirle a Dios: "Felicítame. Estoy viendo esto con claridad".

Cuando la piedra de Neftalí está en su lugar, podemos mirarnos en el espejo y ver a Dios. Podemos ver sus promesas cumplidas. Podemos escuchar a Dios decir: "Tu nombre no será más Jacob. Tu nombre ya no será más engañador, suplantador. Tu nombre ya no será estafador".

Sí, algunos de nosotros éramos adúlteros, fornicarios, borrachos y ladrones, pero ahora hemos sido transformados por la sangre de Jesús, y se nos promete un nombre nuevo.

> *El que tiene oído, oiga lo que el Espíritu dice a las iglesias. Al vencedor le daré del maná escondido y le daré una piedrecita blanca, y grabado en la piedrecita un nombre nuevo, el cual nadie conoce sino aquél que lo recibe..*

Apocalipsis 2:17

"Tu nombre ya no será Jacob, sino Israel". Esta es la manifestación de Neftalí; él está luchando con Dios. El nombre *Israel* significa, "Dios lucha". Este nombre muestra la fidelidad de Dios. Hay otros personajes en las Escrituras que llevan ese nombre, pero Israel en hebreo proviene de la raíz de la palabra *Sarah*, un nombre femenino. La raíz del nombre *Jacob*, el padre de Neftalí, significa "perseverar, preservar, contender, esforzarse y luchó (en tiempo pasado)".

CARA A CARA

Jacob luchó con Dios, pero Dios se consideró a sí mismo el perdedor en esa pelea a pesar de que ganó. ¿Por qué? Porque a través de la lucha, a través del proceso de Neftalí, Jacob llegó a un lugar donde Dios podía felicitarlo como ganador, lo cual ese fue el plan de Dios todo el tiempo. Dios podía reconocer a Jacob y decirle: "Te estoy poniendo de nuevo cargo. Estoy poniendo algo en ti."

Finalmente, Jacob en medio de sus luchas se dio cuenta que quería nombrar ese lugar. Él llamó a ese lugar *Peniel*. Esto significa "el rostro de Dios, cara a cara".

> *Y Jacob le puso a aquel lugar el nombre de Peniel, porque dijo: He visto a Dios cara a cara, y ha sido preservada mi vida.*

Génesis 32:30

Ahora, cara a cara no significa que Jacob está mirando a Dios cara a cara. Sino que, cara a cara significa que Dios te acerca a él y toma tu mejilla y la pone en su mejilla para que ambos miren en la misma dirección. ¿Cuan genial es esto? No estás simplemente mirando a los ojos de Dios; estás viendo en la misma dirección que Dios ve, viendo lo que Dios ve con sus ojos.

Cuando Jacob estaba en Peniel, agarró una de esas rocas y la puso debajo de su cabeza. Esta era una de las rocas del altar que Abraham había construido. Jacob la puso debajo de su cabeza y se durmió y fue entonces cuando vio que se abrían los cielos. Que había una escalera con ángeles que subían y bajaban. Y que iban de arriba a abajo, y Dios le habló.

Ahora, entendamos algo aquí. Este no era el sueño de Jacob; este era el sueño de Dios. El sueño había estado en esa roca desde que Abraham construyó ese altar. Y cuando Jacob recostó su cabeza sobre esa roca, una parte de ese sueño se le fue compartido a él.

Así que puedes encontrarte con Dios en Betel, la casa de Dios, pero para cambiar tu nombre y estar cara a cara con Dios, tienes que estar con Dios en Peniel. Tienes que ponerte cara a cara con Dios. Ahí es donde nacen los sueños. No se consigue el sueño mirando a Dios a los ojos. Eso es Betel. Obtienes el sueño de Dios cuando estás cara a cara con él, viendo lo que Dios ve. Eso es Peniel.

Para ver dónde es que Dios quiere que vayas, tienes que ver lo que Dios está viendo. Y mientras ves lo que Dios ve, la fe te llena. Te anima. Estás fortalecido. Puedes enfrentar los Esaú de tu vida con valentía porque ves tus desafíos a través de las promesas de Dios. Lo que Dios le había prometido a Abraham e Isaac estaba ahora en

Jacob porque él puso su cabeza sobre la roca y todo su mundo cambió.

Nuestro mundo cambiará a medida que soñemos el sueño de Dios. Necesitamos explorar el Jacob que hay en nosotros y confrontarlo, preguntándole a Dios: "¿Cuál es tu sueño para mí?"

El sueño que Dios te revela se conectará en sinergia con las generaciones de tu familia natural y espiritual. Las cosas que hoy soñamos no se van a cumplir del todo. ¿Por qué? Porque una parte de lo que estamos soñando es para ser cumplida en la próxima generación y las siguientes generaciones después de esa.

Dos generaciones después de Abraham, fue cuando Jacob recibió el cumplimiento del sueño. Por lo tanto, nunca seremos demasiado viejos. Tus nietos y tus bisnietos necesitan que empieces a soñar el sueño de Dios hoy.

Algunos de nosotros tuvimos sueños que fueron grandiosos y luego se desmoronaron, se derrumbaron, no se materializaron y pensamos que Dios nunca los haría realidad. Bueno, piensa de nuevo:

¿Cuáles son las palabras proféticas que Dios habló sobre tu vida?

¿Cuáles son las cosas que Dios te ha dicho?

¿Cuáles son las cosas que Dios ha puesto en ti?

¿Cuáles son las cosas por las que sueñas pero la economía te dijo que no podías hacerlo?

La religión dijo que no podías hacerlo.

Tu genealogía dijo que no podías hacerlo.

Tu posición en la sociedad y la cultura dijeron que no había forma de que lo hicieras.

Tal vez es tu pasado.

Tal vez es un grave error que cometiste.

Tal vez fue la aventura de una noche.

Quizás robaste algo.

Quizás pasó algo y tuviste un accidente.

Sea lo que sea, que pueda ser parte de tu Jacob, tienes que ir a Peniel, poner tu cabeza sobre una roca y dejar que el sueño que Dios puso en ti cobre vida de nuevo. Tu prevalecerás y Dios te felicitará y dirá: "Hijo, bien hecho. Te reconozco. Ahora estás de nuevo a cargo".

Considere la oración de acción de gracias de Jacob a Dios:

> *Y dijo Jacob: Dios de mi padre Abraham, y Dios de mi padre Isaac, oh SEÑOR, que me dijiste: Vuelve a tu tierra y a tus familiares, y yo te haré prosperar, indigno soy de toda misericordia y de toda la fidelidad que has mostrado a tu siervo, pues con sólo mi cayado crucé este Jordán, y ahora he llegado a tener dos campamentos.*

Génesis 32: 9-10

Jacob empezó su recorrido con nada más que un cayado cuando cruzó el río Jordán, y terminó próspero, teniendo más cabras, ganado y sirvientes que su suegro Labán. Dios estaba haciendo con él lo que le había prometido a Abraham y lo que le había prometido a Isaac. Jacob llegó a ser más que un pastor de un montón de cabras, vacas, esposas enemistadas y una docena de hijos. Él vino a ser el padre de muchas naciones, y sus descendientes tan numerosos como las estrellas en el cielo. El cumplimiento de la promesa fue con Jacob pero la promesa le fue dada a Abram cuando Dios le cambió su nombre de la misma forma que le cambió el nombre a Jacob.

> *Y no serás llamado más Abram,*
> *Sino que tu nombre será Abraham;*
> *Porque yo te haré padre de multitud de naciones.*

Génesis 17:5

Cuando Abram construyó el altar, Dios dijo: "Ya no eres Abram. eres Abraham. Has redimido el pecado de Cam [hijo de Noé] al construir un altar". Y al construir ese altar, el nombre de Abraham fue cambiado.

119

Jacob recostó su cabeza sobre el altar roto, y Dios le dio un sueño, le cambió su nombre y lo llevó a ese lugar de cumplimiento de la promesa que se le había hecho a su abuelo Abraham.

CONCLUSIÓN

Necesitamos construir un altar hoy. Algunos de nosotros necesitamos redimir cosas a través del altar, necesitamos deshacernos del Jacob en nosotros y soñar con salir vivos después de luchar con Dios para convertirnos en Israel.

El proceso es difícil. La lucha nunca es divertida. A veces mis hijos me dicen: "Oye papá, vamos a echarnos unas luchas".

Solo que, ahora son hombres adultos. Cuando eran pequeños, me tenia que contener. Hoy, podrían matarme fácilmente. Pero no les digo eso. En cambio, les digo: "Chicos, no podemos hacer lo que hacíamos cuando eran pequeños. Me saldría muy caro luchar con ustedes.

"¿Qué quieres decir, papá? ¿Tienes miedo de que te hagamos daño?

"No, yo tengo miedo de lastimarlos a ustedes. Y entonces después de eso tendré que pagar sus gastos médicos.

Cuando luchas con Dios, tienes que aferrarte hasta que él termine. Esto se llama pagar el precio. Te aferras hasta que se concluya el proceso, hasta que Jacob se vaya e Israel esté viviendo la promesa que se le hizo a su abuelo y doce tribus confederadas formen la nación de Israel... todo esto pudo ser porque Jacob estuvo dispuesto a luchar.

¿Está dispuesto? Raquel dijo: "Yo he luchado. Este es Neftalí. Él es la prueba de mi lucha".

Jacob dijo: "Luché. Y ahora soy Israel. Esta es la prueba de mi lucha con Dios".

¿Cuál es la evidencia, de que estás luchando con Dios hoy? ¿Cuál es la evidencia de que le estás permitiendo a Dios entrar en esos lugares de tu corazón por los cuales eres conocido?

Cuando haces esto, eres capaz de ver al Espíritu Santo venir de una manera gentil, amable, y a la misma vez tan poderosa. Él no es el que está batallando realmente. Tú eres el que se está retorciendo, enredando y luchando como lo dice el nombre de Neftalí, tratando de escapar de las garras de Dios. Y Dios dice: "No, tu tocaste la campana que dio inicio a esto. Te comprometiste. Empezaste esta pelea. Así que vamos a terminarla juntos. Solo sostente y espera."

En algún momento después, Dios te dirá: "Espera un minuto. Llevamos demasiado tiempo en esta pelea. Tienes que dejarme ir.

Pero tu le dirás: "No, no hasta que me felicites".

Note, sin embargo que: La victoria no fue por el hecho de que Jacob ganó el partido. La victoria fue por la declaración de felicitaciones que salió de la boca de Dios, el ish, el hombre espiritual, que estaba peleando ese día. Fue la bendición de Dios, liberada en la vida de Jacob, lo que lo convirtió en el ganador. Jacob no ganó por este evento. Ganó por el encuentro.

Cuando vas a la casa de Dios (Betel: ojo a ojo) obtienes eventos, pero cuando vamos al rostro de Dios (Peniel: mejilla con mejilla), obtenemos encuentros.

Si quieres transformación, deja de buscar los ojos de Dios y concéntrate en su mejilla. Él quiere levantarte y mostrarte lo que él ve. "Hola hija. Hola hijo Veamos. Esto es lo que yo veo para ti y tu vida. Esto es lo que yo veo para ti, tu llamado y tu unción, el manto que te he dado".

Puedes decir: "Pero yo soy Jacob. Estoy fuera de lugar. Perdí. En algún momento tuve acceso a grandes cosas pero las perdí. Tuve grandes cosas, pero ahora lo que tengo es gente persiguiéndome y que quiere matarme por lo que tengo y cómo lo obtuve".

Pero Dios dice: "Espera un momento. Olvida el pasado. Ponte cara a cara conmigo y miremos hacia el futuro. Sigamos adelante hacia la meta, al premio del supremo llamamiento en mi hijo Cristo Jesús".

121

"Y Jacob le puso a aquel lugar el nombre de Peniel, porque dijo: 'He visto a Dios cara a cara, y ha sido preservada mi vida'.

La pelea ha terminado. Jacob ya no existe. Su nombre ha sido cambiado. Ya no es un engañador, suplantador, un estafador. Él apoya su cabeza sobre una roca y tiene un sueño. Ahora es Israel, y sale de este encuentro diciendo: "He visto a Dios cara a cara, pero mi vida ha sido preservada".

Esta palabra *preservada* significa "despojarse, entregarse, entregarse a, ser entregado, ser arrebatado, rescatado".

Entonces, puedes estar pensando: lo logré. Soy el campeón. He hecho esto. ¡Guau! ¡Alabado sea el Señor! He sido felicitado por Dios. He sido reconocido por Dios. Pero al terminar de luchar con Dios te das cuenta que has sido despojado y saqueado. Pensaste que habías ganado porque Dios te cambió el nombre, ¿Verdad? Pero lo que Dios realmente hizo fue arrancarte todo lo viejo que había en ti y reemplazarlo con tu nuevo yo. Allí es entonces cuando te das cuenta de que el cambio de nombre implica mucho más que un cambio de remitente en tu buzón de correo.

Jacob recuperó la promesa de su abuelo y de su padre. El fue rescatado Dios luchó con él para salvarlo, para rescatarlo de sí mismo, para separarlo del pasado, para ser perdonado, despojado y liberado... justo a tiempo para enfrentar su mayor desafío: un hermano enojado.

Y alzando Jacob los ojos miró, y he aquí, Esaú venía y cuatrocientos hombres con él..

Génesis 33:1

Sí, Jacob, ahora Israel, se alejó cojeando de su encuentro con Dios, pero cojeaba con gran fuerza hacia la victoria.

Entonces Esaú corrió a su encuentro y lo abrazó, y echándose sobre su cuello lo besó, y lloraron.

Génesis 33:4

En 1 Reyes 18:21, Elías preguntó a los hijos de Israel: *"¿Hasta cuándo vacilaréis entre dos opiniones?"*

La misma palabra, *vacilar*, se usa para *cojear*. La raíz es idéntica y significa: "¿Por qué estás cojeando aquí?" Aún así, la cojera de los hijos de Israel fue de un tipo diferente, no fue por un encuentro con Dios sino por alejarse de Dios.

Una herida, en sí misma, no es necesariamente buena o mala. Depende de quién te la hizo y por qué te la hizo. Por ejemplo, la circuncisión, que Dios le ordenó a Abraham, es una herida, la circuncisión del corazón es una herida también, así como lo es la cruz de Jesús. Las heridas de Dios nos abren, hacen una separación entre el Viejo yo y el Nuevo yo, nos alinean con su corazón que también experimenta el dolor. En última instancia, la herida de Dios trae tierra viva recién plantada.

> *Fieles son las heridas del amigo,*
> *Pero engañosos los besos del enemigo.*
>
> Proverbios 27:6

Dios está listo para dislocar tu muslo. Él está listo para llevarte a ese lugar donde tú mismo, Neftalí, lucharás con él. Sí, somos parte del Cuerpo de Cristo, pero no puedes contribuir al Cuerpo de Cristo hasta que no hayas luchado con Dios personalmente.

¿Quieres tener una buena vida? Necesitas luchar con Dios. Tienes que pasar por un proceso. Sal de Betel y ve a Peniel a tener un encuentro cara a cara con Dios. Un encuentro cercano con el Padre te dará esa experiencia que te llevará a cambiar no solo tu nombre, sino que también tu vida y tus generaciones para siempre.

Nunca volverás a ser el mismo. ¡Así que preparémonos para luchar!

La Piedra de Gad

La Rastra

ELÍAS ERA DE LA TRIBU DE GAD. Sabemos esto por lo que leemos en 1 Reyes 17:1.

> *Entonces Elías tisbita, que era de los moradores de Galaad, dijo a Acab: Vive el SEÑOR, Dios de Israel, delante de quien estoy, que ciertamente no habrá rocío ni lluvia en estos años, sino por la palabra de mi boca.*
>
> 1 Reyes 17:1

Los habitantes de Galaad eran de la tribu de Gad.

El nombre *Gad* significa "Vino la ventura o viene una tropa". Significa "fortuna, cortar, invadir, exponer, mala fortuna". Una *rastra* es un arado. Que significa, "atacar". Describe el "hacer un surco invasivo ", principalmente para exponer algo que es valioso.

Se puede ver un modelo aquí: "invasor, invade, perseguir, una rastra, cavar para poder exponer cosas, abrir surcos en la tierra para poder exponer cosas que son tesoros valiosos".

Vea esta escritura a través de dos traducciones diferentes.

> *Y Zilpa, sierva de Lea, dio a luz un hijo a Jacob. Y Lea dijo, <u>"Cuan afortunada!"</u> Y le puso por nombre Gad.*
>
> Génesis 30:10-11 LBLA

> *Y Zilpa, sierva de Lea, parió a Jacob un hijo. Y dijo Lea, <u>Vino la ventura</u>. Y llamó su nombre Gad.*
>
> Génesis 30:10-11 RVA

Note que se usan dos frases diferentes para describir el nombre *Gad*. Una es: "cuan afortunada" y la otra es: "Vino la ventura". Estas dos descripciones son realmente la misma frase y serán importantes a la hora de comprender lo que significa tener la piedra de Gad en su lugar.

La palabra hebrea, *begad*, que es la palabra *gad*, significa "fortuna". Entonces, ¿De donde es que sale de la versión Reina Valera "Vino la ventura" de la "fortuna"?.

En primer lugar, los traductores de la versión Reina Valera crearon esta versión hace casi 400 años, y desde entonces tenemos mucho más entendimiento del idioma hebreo a través de la lingüística y la etimología.

En segundo lugar, muchos traductores creen que la palabra *begad* (no solo gad sino *begad*) es tanto una palabra aramea como una palabra hebrea. Originalmente eran dos palabras, *bo* y *gad*, combinadas para formar *bogad*, que significa "la fortuna viene". Lea escogió esta palabra, *gad*, para su hijo por la buena fortuna de haber tenido otro hijo. Ahora, la palabra fortuna no solo hace referencia al dinero o a la riqueza. En este caso Lea quiso decir algo diferente cuando dijo que "su fortuna había llegado".

Gad es también el nombre de un dios babilónico de la fortuna. El idioma de los babilonios era el arameo, un idioma hermano del hebreo. Una de las pronunciaciones de la vocal "a" en hebreo es parecida a la pronunciación de la vocal "o" como en la palabra en ingles *"God"* (dios en español). Por lo tanto, la palabra hebrea y aramea *gad* se pronuncia como nuestra palabra en ingles *God* (dios en español). Es muy probable que la palabra en ingles *god* (*dio*s en español) provenga del hebreo y del arameo *gad*.

LOS ASALTANTES DE GAD

Veamos Génesis 49:19.

A Gad salteadores, lo asaltarán,
Mas él asaltará en sus talones.
(Traducido literalmente del idioma ingles)

126

En este pasaje, Israel está dando una palabra profética sobre Gad. Está diciendo que vendrán asaltantes y tomarán cosas de Gad, pero que Gad perseguirá a los asaltantes y los asaltará en sus talones. Durante mi estudio de esta tribu, descubrí, que la palabra talón es importante en este nombre profético. Esta palabra nos da una imagen mas profunda de la reacción de Gad ante la invasión de otros a su tierra con la intención de querer robar su herencia y sus bienes.

Esta palabra *talón* la encontramos en varios pasajes a lo largo del Antiguo Testamento, y todas tienen el mismo significado.

> *Y pondré enemistad*
> *Entre tú y la mujer,*
> *Y entre tu simiente y su simiente;*
> *Él te herirá en la cabeza*
> *Y tu lo herirás en el talón.*

Génesis 3:15

La palabra *talón* aquí es la misma palabra que encontramos en Génesis 49 (en su traducción al idioma ingles) al referirse a la tribu de Gad. Esta palabra viene de la cultura hebrea. Cuando un bebé nacía, la partera lo sostenía boca abajo por el tobillo y le golpeaba el talón del pie para que respirara por primera vez.

Ahora, en la mayoría de las culturas modernas alrededor del mundo, no le damos golpecitos a un bebé; ya que por lo general ellos comienzan a respirar por sí solos. Pero en la antigüedad, creían que el golpe en el talón llamaba al aliento de vida, para que este entrara en el bebé. Esto lo vemos en Génesis cuando Dios sopló aliento de vida en la nariz de Adán. Es a partir de ese momento, que creyeron que dando una palmadita o un pequeño golpe en el talón, el aliento de Dios entraba en el bebé y, por lo tanto, tomaba su primer aliento de vida.

Dios le estaba diciendo a la serpiente en Génesis 3: "Cuando el Hijo del Hombre (o Hijo de Dios) venga al mundo, lo herirás hasta el punto de quitarle la vida, pero Dios, que es la resurrección y la vida, lo levantará de entre los muertos y él destruirá tu autoridad en la tierra".

Dios expresa lo mismo en Génesis 49:19. "Los asaltantes vendrán tras Gad, pero Gad los perseguirá hasta el punto de quitarles la vida. Los perseguirá en sus talones y los pondrá en su sitio hasta que no quede más vida en ellos. Él te aplastará la cabeza".

INVASORES

En lo natural, Gad tendía a dejar que otros vivieran con él en su tierra. A simple vista, no pareciera que hubiera nada de malo con eso. Se supone que debemos compartir, ¿Verdad? Pero ese no es siempre el caso. Algunas cosas son sagradas. A veces compartir conduce a una invasión.

Una de las desventajas de tener la piedra de Gad fuera de lugar es que intentamos coexistir con todos los que nos rodean, no solo en lo natural sino también en lo espiritual. A menudo, terminamos permitiendo que la oscuridad nos envuelva. Permitimos cosas en nuestras comunidades y culturas que son contrarias al Reino de Dios. Cuando hay cosas a nuestro alrededor que son contrarias al Reino de Dios, necesitamos sacarlas y no permitirlas en nuestra tierra.

Puedes decir: "Bueno, ¿No se supone que todos deberíamos de llevarnos bien?" No, Jesús nunca nos dijo que nos lleváramos bien. Él nos dijo, -a la Ekklesia-, que nos hiciéramos cargo. Ahora, eso no significa que no debamos amar a las personas, lo que significa es que nosotros somos los que debemos establecer los estándares en la cultura. Eso es lo que somos. Pero en cambio, en las últimas décadas hemos permitido simpatizantes impíos de nuestra cultura que han creado una cultura completamente nueva, una que está en oposición directa a Dios en muchos frentes.

Como Gad, hemos sido invadidos y nuestra herencia está siendo robada. Nuestras tierras han sido tomadas. Nuestro gobierno ha sido ocupado. Nuestras posiciones de influencia se han visto comprometidas. Nuestras voces están siendo silenciadas. Dios nos está diciendo que debemos volver a poner la piedra de Gad en su lugar. Debemos perseguir a nuestros enemigos y cortarlos de raíz. Debemos golpearlos en el talón de manera que pierdan su voz, su influencia y su control sobre nuestra herencia.

Esto es lo que se necesitará para lograr el despertar y el avivamiento en las naciones de nuestro mundo. Si no actuamos, es mas, si permanecemos pasivos mientras continuamos coexistiendo con estilos de vida y elecciones impías; si tratamos de ser parte de una religión en lugar de ser parte del reino, nunca lograremos que la voluntad del corazón del Padre en la tierra se cumpla. Debemos dejar de coexistir y posicionarnos en el reino.

COMPLACENCIA

Ahora, la tribu de Gad podría parecer ser un grupo brusco, pero también eran vulnerables y complacientes al permitir que sus hogares fueran invadidos. Pensaron que no había peligro en el simplemente compartir. Las personas de otras culturas cruzaban sus fronteras a su antojo y se mezclaban con sus familias sin presentar esto ningún peligro visible... hasta que huían con las posesiones de Gad.

Ahí es donde estamos hoy como iglesia. Permitimos mucha mezcla y de repente nos damos cuenta de que hemos perdido nuestra nación. Hemos perdido nuestras regiones. Hemos perdido nuestras ciudades. Hemos perdido nuestra esperanza. Un gran número de nuestras iglesias en América, aunque no todas, son solo reuniones donde se juntan algunos para cantar unas cuantas canciones y escuchar a algún gallo pavoneándose por la plataforma predicando trivialidades morales y validación personal. Y creemos que estamos bien.

Hay un camino que al hombre le parece derecho,
Pero al final es camino de muerte.

Proverbios 16:25

No estaremos bien hasta que volvamos a ser guiados por el Espíritu Santo, sirviendo a Dios con todo nuestro ser. Puede que prediquemos algunas cosas que ofenden a las personas pero si es la verdad y la justicia de Dios, vale la pena. Tenemos que pasar de entretener a la gente a empoderar, comisionar, liberar y lanzar a la gente a sus lugares de influencia para el Reino de Dios.

La tribu de Gad no hizo esta distinción. Eran complacientes, y eso los hizo vulnerables a los efectos destructivos de mezclarse con culturas impías. En consecuencia, los asaltantes de Génesis 49 robaron su fuente de vida. La convivencia con el enemigo nos robará la vida. Puedes decir: "Bueno, necesitamos ser una influencia para ellos. Necesitamos convertirlos para el Reino de Dios". En cierto sentido, esto en verdad. La clave, sin embargo, es estar entre ellos sin volverse parte de ellos, en su mundo pero no de su mundo.

No te ruego que los saques del mundo, sino que los guardes del maligno. Ellos no son del mundo, como tampoco yo soy del mundo. Santifícalos en la verdad; tu palabra es verdad.

Juan 17:15-17

Hay un movimiento en la iglesia moderna que dice que para ganar a la gente, debemos ser como ellos. Entonces, tenemos máquinas de humo, jeans rotos y predicaciones comprometedoras. Tenemos espectáculos de luces, drama, teatro, conciertos de música rock... cualquier cosa para atraer a la gente a la iglesia durante sesenta minutos y hacer que se entretengan lo suficiente como para que regresen la semana siguiente.

Pero eso no es lo que Dios nos dijo que usáramos. Jesús nos dijo en Juan 17. "Tu palabra es verdad". La palabra de Dios tiene el poder que atraerá a la gente. También los hará nacer de nuevo.

Tenemos algo en nosotros, una parte de nosotros que es mayor que cualquiera de esas atracciones superficiales. Tenemos al Espíritu Santo. Él es el poder de Dios. La Biblia nos dice que las señales, prodigios y milagros son lo que los incrédulos necesitan, no espectáculos de luces ni pantalones ajustados. (Aunque en mi caso ponerme un par de jeans ajustados sería suficiente milagro. ¡JAJA!) Dios nos ha dado señales, prodigios y milagros para atraer a los perdidos al Reino de Dios, no para llenar nuestras iglesias sino para activarlas al llevar a la gente a convirtiéndose en quienes Dios los creó, para ser hijos e hijas.

RÍOS EN EL DESIERTO

Como dijimos anteriormente, el nombre de Gad también significa "fortuna". Esta es una palabra interesante. A primera vista, significa enriquecerse o descubrir un tesoro. Pero en el nombre *Gad*, el significado de la palabra *fortuna* es el siguiente: "una rastra de disco". Ahora, una rastra es un arado, y ese arado está conectado a otras rastras, y ellas cavan en la tierra. Su propósito es remover el suelo, sacando las rocas y exponiendo los nutrientes del suelo que están escondidos justo debajo de la superficie. Para que, cuando plantes tus semillas en suelo recién arado, esas semillas puedan tener acceso a un suelo nutritivo.

La palabra *fortuna* también significa "surcar como lo hace un río a través de un desierto o a través de la tierra en el sentido de perturbar la topografía de este". La imagen profética aquí es la de un gran río que se vierte con fuerza y violencia en un desierto. ¿Y de dónde viene? Del trono de Dios. La Biblia nos dice:

> Y [el ángel] me mostró un río de agua de vida, resplandeciente como cristal, que salía del trono de Dios y del Cordero...

> Apocalipsis 22:1

Ese río viene en camino, viene con fuerza y violencia, golpeando este lugar desértico como un arado que remueve la tierra y expone tesoros. Este río abre su propio canal en medio del desierto.

Hay personas en la iglesia hoy que no quieren ir a los lugares desiertos. Prefieren ir a un edificio con aire acondicionado y un asiento acolchado, para allí escuchar cómo pueden mejorar sus vidas, por lo menos hasta que llegue el próximo domingo, cuando regresan de nuevo con sus vidas destrozadas. Esto no es lo que Dios está buscando.

Dios está buscando una Ekklesia: hijos e hijas con el manto de Gad sobre ellos, para que puedan ir a lugares secos con el río de Dios saliendo de ellos, trayendo vida a esos lugares secos y polvorientos donde no crece vida alguna. Dios nos está llamando a esto. ¡Aleluya!

He aquí, hago algo nuevo,
Ahora acontece;
¿No lo percibís?
Aun en los desiertos haré camino
Y ríos en el desierto.

Isaías 43:19

En Ezequiel, Dios llevó al profeta a un valle lleno de huesos secos y le hizo una pregunta.

Y Él me dijo: Hijo de hombre, ¿Vivirán estos huesos? Y yo respondí: Señor DIOS, tú lo sabes.
Entonces me dijo: Profetiza sobre estos huesos.

Ezequiel 37:3-4

Ezequiel respondió sabiamente, ¿Verdad? En retorno, Dios le dio una lista de cosas para que profetizara. Ezequiel tuvo que participar con Dios, para lograr que ese ejército extremadamente grande se pusiera de pie y estuviera listo para la batalla. Dios tenía una pasión y un propósito en su corazón, pero tomó al hombre de Dios y lo envió a un valle lleno de huesos muertos y secos para llamarlos a la vida.

Dios nos recogerá y nos pondrá en algunos lugares que están secos y muertos para que la vida pueda llegar y los ejércitos puedan comenzar a levantarse. Pero aquí está la clave. ¡Debemos vencer la muerte y la sequedad en vez de que ellos nos venzan a nosotros! Para ello, debemos estar preparados. Debemos ser llamados y estar listos para los desafíos.

Nos vamos a dirigir a todas las esferas de la sociedad. Esto no es solo para la iglesia, así como el avivamiento no es solo para un grupo de cristianos serios. Esto es para hacer despertar a las naciones a Dios, para que sus corazones se vuelvan a él. Dios nos está desafiando. Dios nos está trasladando a lugares desiertos.

Una voz clama:
Preparad en el desierto
Camino al SEÑOR;
Allanad en la soledad
Calzada para nuestro Dios."

Isaías 40:3

Este pasaje realmente se trae abajo la teoría de que Dios va a hacer todo soberanamente, ¿Les parece? Dios no está haciendo todo en la tierra soberanamente. Si Dios va a hacer algo en la tierra, él necesita un hombre o una mujer para hacerlo. Por eso Jesús vino como hombre, no como Dios, para poner orden en el desorden. A medida que Dios trae avivamiento y despertar, está promulgando transformación y reforma. Sin embargo, va a necesitar un remanente para llevarlo a cabo, un grupo de personas que se levanten y digan como dijo el profeta: "Heme aquí. Envíame a mi."

"Preparad el camino..." ¿Para quién? Para el Señor, el dueño. ¿Dónde? En el desierto, fuera de nuestras zonas de confort, más allá de nuestros lugares seguros donde siempre sopla la brisa suave. Estamos haciendo un camino derecho en el desierto, una calzada para nuestro Dios. ¿Por qué Dios necesita un camino? Él necesita un camino por donde pueda moverse libremente por esos lugares y pueda traer vida a sus habitantes.

Así dice el SEÑOR,
Que abre camino en el mar
Y sendero en las aguas impetuosas,
El que hace salir carro y caballo,
Ejercito y fuerza
(a una se echarán y no se levantarán;
Como pabilo han sido apagados y extinguidos):
"No recordéis las cosas anteriores,
Ni consideréis las cosas del pasado.
He aquí, hago algo nuevo,
ahora acontece;
¿No lo percibís?

Aún en los desiertos haré camino
Y río en el desierto.
Me glorificarán las bestias del campo,
Los chacales y los avestruces,
Porque he puesto aguas en los desiertos
Y ríos en el desierto,
Para dar de beber a mi pueblo escogido.

Isaías 43:16-20

Dios nos está trayendo a un lugar nuevo, pero no es algo que está por venir. Es algo que está aquí y ahora, y no se parece a nada de lo que haya venido antes. Tenemos que aprender a administrar el avivamiento y la reforma que se está encendiendo con este nuevo mover de Dios. Los encuentros casuales con el poder de Dios no lo lograrán. Dios nos está moviendo de los encuentros a la mayordomía de lo que él está trayendo.

Escuchadme, vosotros que seguís la justicia,
Los que buscarías al SEÑOR.
Mirad la roca de donde fuisteis tallados,
Y la cantera de donde fuisteis excavados.
Mirad a Abraham, vuestro padre,
Y a Sara, que os dio a luz;
Cuando él era uno solo lo llamé,
Y lo bendije y lo multipliqué.
Ciertamente el SEÑOR consolará a Sion,
Consolará todos sus lugares desolados,
Convertirá su desierto en Edén,
Y su desierto en el huerto del SEÑOR;
Gozo y alegría se encontrarán en ella,
Acciones de gracias y voces de alabanza.

Isaías 51:1-3

Refiriéndonos al reino, estamos cortados con las mismas tijeras. Somos tallados de la roca del reino: Jesucristo mismo, es nuestro hermano mayor.

CORONAS FALSAS

La humanidad fue creada para prosperar en la presencia de Dios, y Dios nos está trayendo de regreso a ese lugar donde ya no solo visitamos su presencia de vez en cuando, sino que vivimos y trabajamos desde su presencia: su Edén.

Mientras hacemos esto, aquí mismo en la tierra, reinaremos en vida. Veremos naciones cambiadas. Los individuos y los grupos de personas se rendirán al Rey de Reyes y Señor de Señores, no para ir a un viaje al cielo sino para la activación de su propósito en el plan y la voluntad de Dios para la tierra. Esto no siempre será fácil o bonito. A veces, será duro. Mira lo que Moisés dijo proféticamente acerca de Gad:

Y de Gad, dijo:,
Bendito el que ensancha a Gad;
Se echa como león,
Y desgarra el brazo y también la coronilla.
Entonces reservó para sí la primera parte,
Pues allí la porción del gobernante le estaba reservada.
Y él vino con los jefes del pueblo;
Ejecutó la justicia del SEÑOR,
Y sus ordenanzas con Israel.

Deuteronomio 33:20-21

Dios está agitando una unción en nosotros hoy que hará que se ponga la piedra de Gad de regreso en su lugar, para arrancar las coronas falsas de las cosas que han establecido sus tronos en nuestra nación, comunidades, familias e iglesias.

Hay coronas falsas de enfermedades, padecimientos y pandemias que intentan apoderarse de la sociedad. Aún así, no se trata sólo de las enfermedades en sí. La amenaza de esto, está siendo utilizada por personas malvadas para promover una agenda malvada. Ellos cierran negocios, escuelas, iglesias, incluso economías enteras para sus fines políticos. Hay una falsa corona de aborto disfrazada de derecho a elegir. Hay coronas falsas en todas partes que la gente tiene demasiado miedo o está demasiado ciega para quitársela.

En este pasaje que leímos, hay una porción que estaba reservada para el Rey. Esto representa la Ekklesia en esa cultura. Ellos ejecutaron la justicia del Señor y sus ordenanzas con Israel. Ayudaron a responsabilizar a Israel por los estatutos, los caminos y las normas de Dios.

Necesitamos eso en la iglesia hoy. Hay cosas que corren desenfrenadas y que nos están estorbando, haciéndonos débiles e ineficaces entre las naciones.

Dios nunca tuvo la intención de que la iglesia fuera un grupo aislado de individuos. Dios nos ha llamado a ser un remanente que se pone de pie y se responsabiliza unos a otros. Hay una responsabilidad que se está liberando en la casa de Dios. La Biblia dice que el juicio comienza en la casa de Dios, no para la condenación sino para la restauración y reactivación de lo que Dios nos ha llamado a ser, para ejecutar su voluntad en la tierra.

Cuando la piedra de Gad está fuera de lugar, nos encontramos en un lugar angosto. En lugar de llegar a ser una tropa de liberación, nos convertimos en un pueblo esclavizado. No hay fortuna, no hay excavación de tesoros. Estamos continuamente siendo invadidos y derrotados sin ninguna capacidad para perseguir a aquellos que nos han robado nuestras herencias y desviado nuestros propósitos. El lugar que habitamos es seco, muerto y religioso. No hay agua del Espíritu Santo haciendo surco en los lugares secos, no hay avivamiento, no hay despertar, no hay reforma ni transformación ocurriendo en nuestras naciones. El enemigo sigue ocupando nuestra tierra y causando estragos en nuestra cultura.

Cuando la piedra de Gad vuelve a estar en su lugar, todo comienza a cambiar. "Bienaventurado el que engrandece a Gad." Tenemos que ensanchar a Gad colocando esa piedra en su lugar. Estos atributos de esta unción de Gad traen el fuego de Dios, pero no para un evento dramático. El fuego de Dios es para volver los corazones de la gente hacia Él, para vivir continuamente delante de él.

JUSTICIA

[Gad] ejecutó la justicia del SEÑOR,,
Y sus ordenanzas con Israel.

Esta "justicia" no es la llamada justicia social de hoy, donde ciertos grupos de personas quienes sienten que han sido tratados injustamente esperan subir al poder, para destruir nuestras culturas y debilitar nuestras naciones a través de la agenda del enemigo. Digamos a eso: "¡De ninguna manera! No lo permitiremos".

Debemos ejecutar juicio. No debemos coexistir con el mal en ninguna de sus formas, sino pararnos y ser la Ekklesia en la puerta que determina lo que puede y no puede entrar a nuestra nación. Esto es acerca de la voluntad y el corazón de Dios.

Nos hemos convertido de predicadores del evangelio a políticos del pueblo. ¿Por qué no predicamos más sobre el aborto? ¿Por qué no estamos predicando contra el matrimonio entre personas del mismo sexo? ¿Por qué no denunciamos que los transexuales y los travestis adoctrinan a nuestros hijos en la escuela primaria? ¿Por qué no le estamos enseñando a la gente que ciertas cosas están mal y que están trayendo destrucción a la nación en lugar de las bendiciones de Dios? Debemos confrontar esta cultura de no-reino que está invadiendo con fuerza nuestras naciones y tratando de cambiarnos para que seamos como ellos. ¡Debemos despertar la cultura del reino!

Evitamos estos temas delicados para poder mantener los asientos de nuestras Iglesias llenos, para poder cumplir con los presupuestos y llenar los edificios. Operamos con el mismo espíritu que lo hace un político. Tenemos que salir de eso. Tenemos que ponernos de pie y majarles los talones a estas cosas, quitándoles la vida para que no tengan la capacidad de influir, cambiar e incluso perturbar nuestra cultura.

La cultura del reino trae una justicia que promueve la voluntad y la intención del corazón de Dios. Cuando la piedra de Gad está en su lugar, el cielo y la tierra se alinean y el poder regresa a sus legítimos dueños: la Ekklesia de Dios, los hijos y las hijas de Dios. Esa es la verdadera justicia.

GAD EN SU LUGAR

¿Qué sucede cuando colocamos la piedra en su lugar? Nos encontramos en un lugar grande, que se mantiene expandiendo por siempre y que hace que el territorio que Dios nos ha dado individual y colectivamente siga creciendo. Venimos a ser la verdad que persigue al enemigo cuando él vino para destruir nuestra herencia y propósito. También recuperamos nuestros bienes y activamos nuestra herencia para cumplir la voluntad de Dios. Nuestra fortuna es desenterrada y los tesoros, dones y cosas preciosas del corazón del Padre, dejan de estar escondidos para manifestarse en nuestras vidas.

Tenemos que activar estas cosas nuevamente en la iglesia. Necesitamos personas bautizadas en el Espíritu Santo, que hablen en lenguas, activas en los dones de Jesús: apóstoles, profetas, evangelistas, pastores y maestros.

Cuando la piedra vuelve a estar en su lugar, ya no somos más personas religiosas secas, polvorientas y muertas. Ocupamos una vez más los lugares en la cultura que el Padre quiso que ocupáramos desde el principio de los tiempos. Nos convertimos en un pueblo de gobierno del reino y liderazgo, distribuyendo las buenas nuevas de nuestro Rey. Nuestra paternidad se restaura y avanzamos en la vida a través de la asociación con Dios, haciendo su voluntad en la tierra, y no la nuestra.

Nuestro propósito ya no es nosotros mismos. Todo es para que el deseo del corazón de Dios se manifieste en la tierra. Ya no nos pertenecemos a nosotros mismos. Pertenecemos a Dios cuando nacemos de nuevo. Pablo dijo (Gálatas 2:20)

Con Cristo he sido crucificado, y ya no soy yo el que vive, sino que Cristo vive en mí; y la vida que ahora vivo en la carne, la vivo por fe en el Hijo de Dios, el cual me amó y se entregó a si mismo por mí.

Consideraos muertos para el pecado, pero vivos para Dios en Cristo Jesús.

Romanos 6:11

Cuando la piedra de Gad está en su lugar, experimentamos como se abre paso un nuevo río a través de los desiertos de nuestra vida y cultura: ríos poderosos del Espíritu Santo que invaden las naciones y que provocan avivamiento, despertar, reforma y transformación en las naciones de aquello que ha habido en el corazón y mente del Padre. Estamos en una poderosa invasión del río de Dios sobre la tierra.

CONCLUSIÓN

¿Cómo sucederá todo esto? Me alegra que hayas preguntado. Sucederá cuando la piedra de Gad vuelva a su lugar, y los hijos e hijas del reino den a luz una invasión del Espíritu Santo, que surca los desiertos de nuestras naciones, creando nuevos canales de río para el fluir de Dios, trayendo nueva vida a los lugares desérticos.

El que cree en mí, como ha dicho la Escritura: De lo más profundo de su ser brotarán ríos de agua viva. Pero Él decía esto del Espíritu, que los que habían creído en Él habían de recibir, porque el Espíritu no había sido dado todavía, pues Jesús aún no había sido glorificado.

Juan 7:38-39

De nuestro interior brotará un caudaloso río de agua viva. No es un pequeño arroyo pacífico. Este no es como el Movimiento de Jesús de los hippies en los años 60. Este es un río violento que brota de nosotros, cambiando el paisaje por donde pasa.

¿Estás listo? Yo estoy listo. Dios está listo. Las naciones están listas. Lo están pidiendo a gritos. La tierra gime por ello.

Porque la creación fue sometida a vanidad, no de su propia voluntad, sino por causa de aquel que la sometió.

Romanos 8:20

Respondió Jesús y le dijo: Si tú conocieras el don de Dios, y quién es el que te dice: Dame de beber, tú le habrías pedido a Él, y Él te hubiera dado agua viva.

Juan 4:10

Conocemos el don de Dios y sabemos quién nos está hablando. El León de Judá se prepara para rugir por medio de quien está en nosotros. De lo más profundo de nuestro ser, fluye este río. No por nuestros dones, talentos, unción, llamado, título o educación. Está fluyendo de Él.

El Espíritu es el que da vida; la carne para nada aprovecha; las palabras que yo os he hablado son espíritu y son vida.

Juan 6:63

Cuando la piedra de Gad está en su lugar, fluye el río del Espíritu Santo. Hay una invasión del Espíritu Santo viniendo a la tierra como nunca la hemos visto. Debemos prepararnos colocando la piedra de Gad en su lugar.

Si vamos a ver un derramamiento en las naciones, no será a través de una denominación. Va a ser el Espíritu de Dios destruyendo las obras del enemigo en nuestra tierra y convirtiendo los desiertos en lugares donde todo lo que está bajo el cielo de Dios pueda florecer.

La Piedra Aser

Justicia

Aser era el preferido entre sus hermanos, y una gran bendición de Dios estaba sobre él. Dios le dio a Aser algunas promesas increíbles. Sin embargo, a pesar de este favor, no vemos mucho escrito sobre Aser en las Escrituras.

Como con todas las tribus, hubo cosas que sucedieron cuando la piedra estaba fuera de lugar o cuando Aser no le estaba haciendo honor a su nombre. En esos tiempos no obtenían la bendición del Señor.

Por ejemplo, Aser no expulsó a algunos de los gigantes de su tierra. En cambio, les permitía morar con él. Aún con todo y esto, Dios amaba a Aser y lo quería fructífero, protegido, rico y bendecido por generaciones.

Veamos a la tribu de Aser y la bendición de Moisés en Deuteronomio, desde dos traducciones diferentes.

La Primera, de la Nueva Biblia de las Américas:

> *Más bendito que hijos es Aser;*
> *Sea favorecido por sus hermanos,*
> *Y moje su pie en aceite.*
> *De hierro y de bronce serán tus cerrojos,*
> *Y tan largo como tus días,*
> *Será tu reposo..*

> Deuteronomio 33:24-25

Y de la traducción de la Versión en Inglés Contemporáneo:

La mayor bendición del Señor
Es para ti, tribu de Aser.
Serás el favorito
De todas las otras tribus.
Serás rico con aceite de oliva
Y tendrás puertas fuertes en la ciudad
Con cerrojos de bronce y hierro.
Tu pueblo será poderoso
Mientras vivan.

Deuteronomio 33:24-25 CEV

En estos pasajes, vemos a Dios dándole una bendición a las generaciones venideras de la tribu de Aser y, al hacerlo, nos habla de él. El pueblo de Aser será poderoso. El enemigo no podrá penetrar las ciudades de Aser, y las puertas de la ciudad serán tan espectaculares como ninguna puerta de otra ciudad. Estarán construidas con materiales que otras ciudades no pueden costear. Y no habrá ruptura en las puertas. No se romperán bajo presión ni cederán cuando el enemigo intente acorralarlos.

El nombre *Aser* significa varias cosas, entre ellas: "justo (o recto), reprobar, establecer, prosperidad no debida a una curiosa coincidencia sino a una correlación obvia de justicia y eficiencia".

EFICIENCIA

Esta palabra *eficiencia* es importante. Quiere decir: "orden, planificación, logística, productivo".

Cuando la piedra de Aser está en su lugar, hay orden y resultados predecibles. Tenemos lo que necesitamos cuando lo necesitamos. No dependemos de la coincidencia en los eventos de nuestras vidas, sino en los frutos constantes de la justicia.

Con la piedra de Aser en su lugar, tenemos mucha ayuda para nuestro recorrido hacia nuestro destino. Somos bendecidos, felices, llenos de alegría. Vivimos del don de la justicia y de la correcta relación con el Padre. Se produce un cambio hacia la realeza y la unción real que nos mantiene fuera de los límites de la condenación y la frustración. Hay un fluir del poder y la bendición y hay orden en las vidas y naciones. Damos en el blanco como una flecha disparada por el arco de un tirador experimentado. Hay un propósito por descubrir y una voluntad por obedecer, y un destino por recorrer.

Cuando la piedra de Aser está fuera de lugar, esta escritura no se cumple:

> *El que comenzó en vosotros la buena obra, la perfeccionará hasta el día de Cristo Jesús..*

Filipenses 1:6

Nuestros caminos se obstruyen con cosas que impiden nuestro caminar con el Padre. Perdemos el destino que Dios ha ordenado para nosotros.

Cuando la piedra de Aser está fuera de lugar, no hay ayuda para nuestro recorrido hacia nuestro destino. Sólo hay tristeza, miseria, quebrantamiento; nos sentimos fracasados y disgustados. Dependemos de la coincidencia o la casualidad para obtener bendiciones en nuestras vidas. Hay condena, no hay orden en la vida, nada se mueve logísticamente. El caos está en todas partes como lo vemos hoy en las naciones. No hay realización, no hay cumplimiento de la voluntad del Padre. Hay injusticia y motivos perversos, y la vida que Dios pretendía para nosotros nunca se materializa.

JUSTICIA

La tribu de Aser está mayormente más asociada con la justicia. La palabra *justo* es la palabra griega *dikaios*, que significa "justicia, justicia correcta, inocente, correcto o correcta relación".

Es por esta razón que estamos interesados en la tribu de Aser hoy. Ya que estas características son las que debemos traer a nuestras vidas y naciones, a medida que Dios nos trae de regreso a este lugar donde vivimos con justicia. Cuando miramos a nuestra nación, vemos cosas similares de las que nos hablan las escrituras desde hace miles de años: (Proverbios 30:12)

> *Gente que se tiene por pura,*
> *Pero no está limpia de su inmundicia.*

En esos días no había rey en Israel; cada uno hacía lo que le parecía bien ante sus ojos.

Jueces 21:25

Hoy en día, vemos a la gente cada quien haciendo lo suyo. Para ser aceptado en la Sociedad de los Estados Unidos, Australia y el resto del mundo se debe abrazar la corrección política. Las turbas de movimientos sociales requieren que aprobemos la impiedad en el mundo. Si no lo hacemos, no somos considerados cristianos porque el cristianismo moderno dice que debemos amar a todos, y no solo amarlos sino amar su forma de vida y aprobarla públicamente.

Sin embargo, la Biblia dice que no amamos el pecado; sino que amamos al pecador. Para amar a las personas, no tenemos que estar de acuerdo con sus iniquidades y evidente profanación de Dios. Los amamos creyendo que Dios quiere redimirlos, y salvarlos de su pecado.

La piedra de Aser está fuera de lugar en la nación hoy. La injusticia está prevaleciendo; y se ha afianzado en nuestra nación. Como resultado, Dios quiere que su Ekklesia, como su brazo legislativo del cielo, lleve a la nación a su posición de justicia con el cielo y el Padre. La importancia de esto no puede ser subestimada.

Bienaventurados los que tienen hambre y sed de justicia, pues ellos serán saciados.

Mateo 5:6

La palabra *justicia* de la que tenemos hambre y sed, significa "rectitud, corrección, justo, inocencia, relación correcta con Dios".

Note como esta frase se describe con pasión "hambre y sed". Seremos llenos de la pasión de nuestros corazones, y no de la condenación de los injustos. Esto indica un ardiente deseo de tener una relación correcta con Dios debido a quién es él: misericordioso, amoroso, lento para la ira, deseoso de bendecir. El es un buen padre. Él nos ha posicionado para clamar "¡Abba Padre!" No por desesperación o mérito propio sino por amor, pasión, acción de gracias y agradecimiento de corazón por lo que ha hecho por nosotros. ¡Solo por su gracia!

Sublime gracia
Del Señor
Que a un infeliz salvó
Fui ciego mas
Hoy veo yo
Perdido y él me halló.

John Newton, 1772

Dios nos ha sacado de las tinieblas a la luz. Nos colocó en la relación correcta con él como se describe en las cualidades de Aser, todo porque lo anhelábamos aunque no teníamos ni idea de cómo obtenerla.

Respondiendo a nuestros corazones, Dios nos lleva al Espíritu Santo de forma más profunda, y nos lleva más cerca de él. Él nos enseña sus caminos. Queremos vivir para él por el amor que él derrama sobre nosotros. Esto es lo que hace la justicia en nuestras vidas. Esto es lo que sucede cuando la piedra de Aser está en su lugar. Trae justicia.

La justicia es algo poderoso y tiene consecuencias, algunas agradables y otras no tan agradables. Jesús predijo esto en Mateo.

Bienaventurados aquellos que han sido <u>perseguidos</u>
por causa de la justicia, pues de ellos es el reino de
los cielos.

Mateo 5:10 [énfasis añadido]

Verdadera justicia podría resultar en persecución. Por supuesto, muchas personas son perseguidas a causa de sus formas de vivir religiosas. También lo vemos cuando diferentes sectas religiosas pelean, allí hay persecución de un grupo u otro. Sin embargo, esta escritura se refiere al ser perseguido por tener una relación correcta con Dios.

¿Cómo manejamos la persecución? Tomamos una posición y nos mantenemos firmes. La verdadera justicia dice:

- Hemos recibido este don de la justicia.
- Tenemos una relación correcta con Dios.
- No comprometeremos con Dios.
- No lo rechazaremos por las cosas que otros están haciendo.
- No comprometeremos nuestra justicia para ser políticamente correctos.
- No comprometeremos la justicia para que la gente del mundo nos acepte.
- Nos mantenemos firmes en nuestra correcta relación con Dios.

Fue por la gracia y el amor de Dios que fuimos introducidos en esta relación justa. No fue por nuestras obras o hechos sino por la muerte, sepultura, resurrección, ascensión y entronización de Jesús a la diestra del Padre.

INJUSTICIA

Los injustos han ganado poder político en nuestra nación y están influyendo en las decisiones. La Biblia nos dice:

Cuando los justos aumentan, el pueblo se alegra,
Pero cuando el impío gobierna, el pueblo gime.

Proverbios 29:2

Hay muchos gemidos en el mundo. Esto es el resultado de la injusticia. Sin embargo, los medios de comunicación dicen que todo está bien. Ciertos políticos y grupos de personas alaban la destrucción del orden divino. Se fomentan los disturbios en las calles. Saquear tiendas y quemar edificios son solo formas para remediar la opresión del sistema. Las reuniones con una gran cantidad de personas son aceptadas siempre y cuando estén protestando y no adorando a Dios. ¿Por qué? Porque hay un grupo especifico de personas, inspiradas por el diablo, que quieren quitar a Dios de todos los aspectos de la vida.

Y no es solo porque odian a Dios. Es porque el diablo nos tiene miedo. Tiene miedo de los creyentes nacidos de nuevo que tienen una relación correcta con Dios. Esto se debe a que él sabe que la muerte y resurrección de Jesús nos llevan a un lugar de autoridad, empoderamiento y avance del reino. (Es divertido cómo el diablo a menudo tiene más revelación sobre los cristianos que los cristianos mismos. Bueno... tal vez no es tan divertido).

La autoridad en nuestras vidas nos capacita para derribar todo lugar alto que el diablo ha construido en las naciones. Por lo tanto, debemos derribar todo ídolo y dios falso. Debemos poner nuestro pie en el cuello de serpientes y escorpiones y de todo enemigo que ha venido contra el Reino de Dios. Debemos traer luz a la oscuridad.

PERDIENDO NUESTRA RELIGIÓN

El enemigo quiere impedir que seamos hijos semejantes a Cristo, que fue como Dios nos hizo a través del don de la justicia. Curiosamente, al diablo no le importa que seamos religiosos, pero odia la Ekklesia.

Jesús entendió la distinción entre la religión y la relación correcta con Dios cuando le dijo a la gente:

Porque os digo que si vuestra justicia no supera la de los escribas y fariseos, no entraréis en el reino de los cielos.

Mateo 5:20

Los líderes religiosos del judaísmo le dieron a Jesús un tiempo difícil ese día. De hecho, lo crucificaron no porque fuera un criminal, pecador o blasfema, sino porque estaba destruyendo su establecimiento religioso. Y de hecho, eso era lo que estaba haciendo.

Jesús usó una parábola para explicarlo claramente.

Y nadie pone un remiendo de tela nueva en un vestido viejo; porque el remiendo al encogerse tira del vestido y se produce una rotura peor. Y nadie echa vino nuevo en odres viejos, porque entonces los odres se revientan, el vino se derrama y los odres se pierden; sino que se echa vino nuevo en odres nuevos, y ambos se conservan.

Mateo 9:16-17

Jesús les estaba diciendo a los líderes religiosos: "No he venido a arreglar su religión vieja y muerta. He venido a derribar ese templo de posturas religiosas y levantar uno nuevo, uno vivo, uno basado en relación con el Padre basada en la justicia que Yo proveeré".

Jesús respondió y les dijo: Destruid este templo, y en tres días lo levantaré. Entonces los judíos dijeron: ¿En cuarenta y seis años fue edificado este templo, y tú lo levantarás en tres días?

Juan 2:19-20

Por supuesto, él estaba hablando de su resurrección, una bendición que todos, incluyendo los líderes religiosos, podrían haber tenido a través de él. Sin embargo, lo rechazaron a él y todo lo que él les ofreció. Los fariseos y los escribas querían ganarse la justicia a través de sus obras, la oración pública, el ayuno y las tradiciones religiosas. Les importaba más agradar a los hombres que agradar a Dios.

Hoy podemos tener todas las tradiciones religiosas que queramos, pero estas nunca producirán una relación correcta con Dios. ¿Por qué? Porque esto no es algo que podamos ganar. Solo podemos recibirlo, y hacer de esto nuestra prioridad.

Pero buscad primero su reino y su justicia, y todas estas cosas os serán añadidas.

Mateo 6:33

Ahora bien, buscar no significa buscar el reino como si estuviera escondido, sino explorar las profundidades, sumergirse en el reino. Describe una búsqueda de por vida como nuestra prioridad.

EL REINO DE LA RELACIÓN CORRECTA

En Mateo 6, Jesús nos dice que busquemos dos cosas: el reino de Dios y su justicia.

La palabra *reino* en inglés es *kingdom* y está palabra en inglés está compuesta de dos palabras, *King (rey)* y *domain (dominio)*. Entonces, de esta palabra reino en inglés entendemos que el reino

148

es el dominio del Rey. Sin embargo, Jesús también nos está diciendo que no podemos ver el reino sin una relación correcta con Dios.

Por eso Jesús le dijo a Nicodemo (un sacerdote judío que vino a Jesús en medio de la noche) que "el que no naciere de nuevo, no puede ver el Reino de Dios".

Note lo que Jesús no dijo. No dijo: "El que no naciere de nuevo, no puede ir al cielo". Pero eso es lo que enseña la religión: Jesús como boleto al cielo. En cambio, Jesús estaba diciendo: "A menos que nazcas de nuevo, no puedes ver ni participar en el dominio del Rey".

Tener la piedra de Aser en su lugar nos posiciona para el dominio real a través del Espíritu Santo. Veamos aquí como es esto:

Y [Espíritu Santo], cuando Él venga, convencerá al mundo de pecado, de justicia y de juicio; de pecado, porque no creen en mi; de justicia, porque yo voy al Padre y no me veréis más, y de juicio, porque el príncipe de este mundo ha sido juzgado.

Juan 16:8-11

La palabra *convencer* que se usa en este pasaje es la palabra reprobar, uno de los significados del nombre de Aser. *Reprobar* significa "establecer", otra cualidad de tener la piedra de Aser en su lugar. Jesús estaba diciendo que cuando venga el Espíritu Santo, él nos establecerá.

Ahora, el *mundo* en este pasaje no es la tierra. Ni siquiera son los humanos. Son los sistemas de este mundo. Jesús está alcanzando los sistemas del mundo a través de la Ekklesia enviándonos a ellos con su agenda para convencer al mundo de pecado y establecernos en justicia y juicio.

Este entendimiento conmociona a las personas religiosas. La religión nos dice que la tierra le pertenece al diablo, que él es el príncipe del mundo. Bueno, ya no más. Jesús es la autoridad en la tierra. Mateo 28:18 dice:

Y acercándose Jesús, les habló, diciendo: Toda autoridad me ha sido dada en el cielo y en la tierra.

Con su autoridad, Jesús nos está enviando. ¡Estamos tomando territorio! Jesús nos establece en la justicia porque va al Padre. El Espíritu Santo establece, convence, reprende y nos establece en la relación correcta porque Jesús ha restaurado el orden.

Otro significado de *Aser* es "orden". Él pone las cosas en orden. El orden del cielo es que el Espíritu Santo more en nosotros.

La religión nos ha llevado a un lugar tan disfuncional que a pesar de que tenemos el Espíritu Santo dentro de nosotros, todavía pensamos que podemos abrirnos camino hacia la justicia. Sin embargo, las Escrituras son claras:

Como también David habla de la bendición que viene sobre el hombre a quien Dios atribuye justicia aparte de las obras.

Romanos 4:6 [énfasis añadido]

Las obras no tienen nada que ver con la justicia. No puedes trabajar para obtener el don de la justicia; este es un regalo gratuito para todos los que lo reciben.

Porque si por la transgresión de uno, por éste reinó la muerte, mucho más reinarán en vida por medio de uno, Jesucristo, los que reciben la abundancia de la gracia y del don de la justicia.

Romanos 5:17

Esto habla de Adán como el transgresor, y nos muestra cómo fluir en la realeza de nuestras vidas. A través de Adán, la muerte reinó, y la muerte estaba a cargo. Pero a través de la muerte y resurrección de Jesús, la vida reina. ¿Cuándo? Ahora. No en el futuro. Ahora. No después de que algún éxtasis nos arrebate de la tierra. Ahora. Está disponible para nosotros a través de la justicia... Ahora.

Sin embargo, debemos recibir este don de la justicia. Debemos agarrarlo, casarnos con él, ocuparlo, dejar que se haga cargo y aprovechar esta abundancia de gracia. Esto nos transformará en la realeza y nos convertirá en los reyes que Dios nos ha llamado a ser.

La gracia es un favor inmerecido, pero ¿Qué significa eso? *Favor* significa que Dios nos abre puertas que nadie más puede abrir y cierra puertas que nadie más puede cerrar. Él nos alinea y nos ordena, esto es lo que hace el orden de la piedra de Aser. La gracia es la capacidad de Dios para hacer en nosotros lo que nosotros mismos no podemos hacer.

La Justicia como la Guerra

Dios tiene sueños, visión y propósito para su Ekklesia, y quiere que funcione como originalmente él pretendía. Así que Jesús vino a restaurar esa función.

Fuimos creados para habitar el Edén. *Edén* significa "la presencia de Dios, la atmósfera de la presencia de Dios". Adán y Eva cayeron, pero Dios, a través de Jesús, restauró nuestra relación con él para que podamos habitar en su presencia y hacer las cosas que hizo Jesús.

Ahora, eso suena extraño para algunas personas. El mundo y la religión dicen: "Tú no obrar como lo hizo Jesús". Sin embargo, Jesús dice:

> *En verdad, en verdad os digo: el que cree en mí, las obras que yo hago, él las hará también; y aun mayores que éstas hará, porque yo voy al Padre..*
>
> Juan 14:12
>
> *Mirad, os he dado autoridad para hollar sobre serpientes y escorpiones, y sobre todo el poder del enemigo, y nada os hará daño..*
>
> Lucas 10:19

Entonces, ¿Tenemos autoridad para hacer obras mayores que Jesús? ¡Por supuesto que la tenemos! ¡Él lo dijo! Todo ha sido restaurado a la intención original de Dios de reinar a través de Jesucristo. La palabra griega para *reinar* es *Basileou*, que significa "ser rey y reinar como rey".

Cuando la piedra de Aser está fuera de lugar, perdemos esa unción real y operamos con una mentalidad de plebeyo o sirviente. Pero cuando la piedra de Aser está en su lugar, caminamos como reyes bajo el Rey y Señor.

A medida que la piedra de Aser sea reparada, limpiada, sanada, lavada y puesta de nuevo en su lugar, vamos a ver caer el fuego de Dios. Entendemos cómo reinamos en la vida. No en el más allá, sino en la vida del ahora. Y en este reinado peleamos con el arma de la justicia, el poder de Dios y su verdad.

> *En la palabra de verdad, en el poder de Dios; por armas de justicia para la derecha y para la izquierda.*
>
> 2 Corintios 6:7
>
> *Mayor es el que está en vosotros que el que está en el mundo.*
>
> 1 Juan 4:4

La justicia no es impecabilidad en el sentido de que somos perfectos. Es impecabilidad en el sentido de que Dios nos ha redimido de los pecados y nos ha dado poder para caminar como él caminó sobre la tierra como reyes y sacerdotes. La justicia es un arma, y los que la reciben nacen de nuevo.

> *Si sabéis que Él es justo, sabéis también que todo el que hace justicia es nacido del Él..*
>
> 1 Juan 2:29

Jesús, en correcta relación con el Padre, juzga y hace la guerra. Él es nuestro ejemplo.

> *Y vi el cielo abierto, y he aquí, un caballo blanco; el que lo montaba se llama Fiel y Verdadero, y con justicia juzga y hace la guerra.*
>
> Apocalipsis 19:11

La justicia nos empodera para lanzar juicios justos y pelear guerras justas. Sin embargo, hay una trampa. Cuando peleamos en el espíritu, no vamos como soldados rasos. Luchamos como reyes con la ayuda de ejércitos de ángeles para cumplir las tareas de Dios.

Nuestra relación correcta con Dios es el empoderamiento en nuestras vidas. Eso es lo que significa volver a poner la piedra de Aser en su lugar.

> *Y Pagiel hijo de Ocrán, al frente del ejército de la tribu de los hijos de Aser;*

Números 10:26

HUMILDE Y FELIZ

Aser tenía un ejército tribal conocido por luchar duro. Sin embargo curiosamente, otro significado para el nombre de Aser es "feliz".

> *Lea dijo: ¡Estoy feliz! Ahora las mujeres me llamarán feliz. Entonces lo llamó Aser.*

Génesis 30:13 (PDT)

Entonces, la tribu de Aser con sonrisas en sus rostros iba arrasando a su paso. ¡Aleluya! ¡Ellos podrían unirse con otras tribus para derrotar a sus enemigos y luego celebrar con un festín!

> *En cuanto a Aser, su alimento será sustancioso,*
> *Y él dará manjares de rey.*

Génesis 49:20

A pesar de su destreza en el campo de batalla, cuando la piedra de Aser está en su lugar, no hay lugar para el orgullo, la arrogancia o la necedad. Sólo hay humildad para venir delante del Señor.

> *No obstante, algunos hombres de Aser, de Manasés y de Zabulón se humillaron y vinieron a Jerusalén.*

2 Crónicas 30:11

En este pasaje en particular, fueron invitados a Jerusalén para la Pascua y se humillaron. Algunas de las tribus no harían eso, pero Aser lo hizo y Dios los bendijo. Como nos dice Santiago:

> *Dios resiste a los soberbios pero da gracia a los humildes.*

Santiago 4:6

La humildad es saber que no puedes hacer lo que haces sin Dios y que todo lo que haces es porque Dios lo está haciendo contigo a través de una relación correcta.

Conclusión

Anímese. La piedra de Aser está siendo sistemáticamente sanada y colocada en nuestras vidas y en las naciones. La justicia se está estableciendo para que el fuego de Dios pueda caer y traer el despertar que hemos estado buscando. Está viniendo. Está aquí. Hemos cruzado el umbral.

> *"Porque yo sé los planes que tengo par vosotros- declara el SEÑOR-," "planes de bienestar y no de calamidad, para daros un futuro y una esperanza.."*

Jeremías 29:11

Dios nos ha colocado en un lugar desde donde fluye toda bendición espiritual en los lugares celestiales en Cristo Jesús.

> *Bendito sea el Dios y Padre de nuestro Señor Jesucristo, que nos ha bendecido con toda bendición espiritual en los lugares celestiales en Cristo,*

Efesios 1:3

A medida que avanzamos en nuestra identidad y llamado y caminamos en la tarea que Dios nos dio, estaremos alineando a las naciones con el plan de Dios. Hoy, las naciones se están alineando con Dios. Hemos entrado en el despertar, el avivamiento y el derramamiento del fuego de Dios. Los reinos de este mundo se están convirtiendo en los reinos de nuestro Dios en cada una de las puertas de la sociedad.

Veremos el poder y la gloria de Dios viniendo a la tierra.

La Piedra de Isacar

Conocimiento

LA ESCRITURA A CONTINUACIÓN NOS DA UNA PERSPECTIVA sobre las características de la tribu de Isacar, el papel que desempeñaron y cómo contribuyeron a la salud general, el progreso y la seguridad de la nación de Israel. La tribu de Isacar entendían los tiempos y sabían lo que la nación debía hacer. Ellos eran personas que tenían respuestas.

> *De los hijos de Isacar, expertos en discernir los tiempos, con conocimiento de lo que Israel debía hacer, sus jefes eran doscientos; y todos sus parientes estaban bajo sus ordenes.*

> 1 Crónicas 12:32

En hebreo, *Isacar* significa: "una recompensa, devolver en especie, dar a cambio de algo, pagar, recibir algo para dar y recibir, comprender los tiempos con conocimiento, sabiduría, visión profética". Ellos eran una tribu profética.

Cuando la piedra de Isacar es sanada y puesta de nuevo en su lugar, veremos sanidad llegar a las naciones.

Nunca ha habido un tiempo como el de hoy, uno en el que la iglesia, en su mayor parte, no sepa qué hacer. La gente en los Estados Unidos y en el extranjero me pregunta con frecuencia: "¿Qué está diciendo Dios? ¿Qué deberíamos estar haciendo? ¿Qué debemos creer? ¿Qué deberíamos estar orando?

Sí, aquellos que nos precedieron lucharon con algunas de las mismas cosas, pero hoy nos enfrentamos a problemas que la iglesia nunca había enfrentado antes en este nivel y magnitud Si podemos volver a poner la piedra de Isacar en su lugar, si podemos traer sanidad y reparar el altar de Dios para que caiga su fuego, veremos la sanidad venir al mundo porque entonces sabremos qué hacer.

Avanzar

Cuando no sabes qué hacer, surge el miedo, la gente se queda quieta, estalla el caos, el enemigo invade y su agenda hecha raíces. Estamos viendo a la mayoría de la iglesia haciendo eso hoy.

Sin embargo, Dios quiere que su iglesia se mueva. No estamos llamados a quedarnos estancados. No estamos retrocediendo. Estamos avanzando. Seguimos adelante hacia la meta, al premio del supremo llamamiento que es en Cristo Jesús.

Hermanos, yo mismo no considero haberlo ya alcanzado; pero una cosa hago: olvidando lo que queda atrás y extendiéndome a lo que está delante, prosigo hacia la meta para obtener el premio del supremo llamamiento de Dios en Cristo Jesús.. Así que todos los que somos perfectos, tengamos esta misma actitud; y si en algo tenéis una actitud distinta, eso también os lo revelará Dios; sin embargo, continuemos viviendo según la misma norma que hemos alcanzado.

Filipenses 3:13-16

Necesitamos que la unción de Isacar fluya en la iglesia hoy. Esto es vital para ver y recibir el fuego de Dios en nuestras vidas y naciones. No se trata de las relaciones de cada uno de los individuos con Dios, sino de la Ekklesia, como el cuerpo de Cristo que se une para traer el despertar y el avivamiento que necesitamos y por el que hemos estado clamando.

El hecho es que Dios nos está esperando a nosotros, la iglesia; pero nosotros no estamos esperando en Dios. Necesitamos levantarnos en la función profética y la unción apostólica que Dios le ha dado a su Ekklesia. Necesitamos la piedra de Isacar en su lugar para saber qué hacer. No necesitamos más buenas ideas. Necesitamos ideas de Dios. No necesitamos escuchar del hombre. Necesitamos escuchar a Dios. Necesitamos escuchar a Dios a través de sus hijos e hijas. Entonces tendremos respuestas como nunca antes.

Los Tiempos En Que Vivimos

Si alguna vez hubo un día en el que necesitamos caminar en el Espíritu, es hoy, para que nuestra nación pueda navegar a través de estos tiempos turbulentos.

¿Por qué se sublevan las naciones, y los pueblos traman cosas vanas?

Salmos 2:1

Este versículo nos hace preguntas hoy, preguntas que exigen respuestas.

- ¿Por qué se sublevan las naciones del mundo?
- ¿Por qué estamos viendo cosas hoy en una escala sin precedentes que nunca antes habíamos visto?

En tiempos pasados, vimos protestas que eran en gran parte pacíficas. Hoy estamos viendo disturbios y saqueos organizados. Estos grupos en realidad están trayendo muerte y anarquía a nuestra nación, desafiando las leyes de la nación y desafiando a Dios. Nunca antes en la historia de América, esta gran nación que Dios dio a luz para llevar el evangelio del reino alrededor del mundo, habíamos visto tal hostilidad del enemigo.

La nación de los Estados Unidos no es perfecta. Tiene sus problemas. Hemos tenido tiempos de corrupción, desesperación y oscuridad cuando nos alejamos de Dios como sucede con el caminar espiritual de cualquier ser humano. Sin embargo, a diferencia de muchas naciones, la corrupción de los Estados Unidos se ha ocultado y, cuando se expuso, se intentó lidiar con ella. Hoy, la luz de Dios está brillando en nuestra nación para un despertar. La salvación comienza en casa. ¡Dios está limpiando la casa!

Nunca ha habido un tiempo de mayor exposición de la maldad en nuestra nación. El enemigo quiere corromper a los Estados Unidos. Quiere hacer un asidero en Estados Unidos para el mal y la oscuridad. Sin embargo, esto solo expone sus planes. Estamos viendo la oscuridad siendo expuesta por la luz y los elementos del mal están huyendo. Estamos viendo todo tipo de maldad manifestándose para mantener su asidero en la nación, tratando de aferrarse a su autoridad en la nación más grande del mundo. Sin embargo, gracias a Dios, están perdiendo el control sobre esta nación a medida que la Ekklesia se posiciona en un lugar de gran despertar y avivamiento.

Debemos mirar más allá de la superficie de los acontecimientos actuales para ver como Dios ve, para reaccionar como Dios reacciona, para recibir la manifestación del cielo que Dios desea en la tierra.

¿Por qué se sublevan las naciones? Porque el cambio está aquí. Les declaro que veremos paz en esta nación y en las naciones del mundo. Los tiempos caóticos no pueden quedarse. Dios Todopoderoso no se inmuta por lo que ve en las noticias. Él se preocupa por lo que ve en nuestros corazones.

Entender los tiempos en que vivimos y tener el conocimiento para instruir a la nación es de lo que se trata Isacar; traer entendimiento, conocimiento, sabiduría, revelación y discernimiento.

Ahora, entendemos que Dios es un Dios de juicio. Él juzga a los impíos y los impíos van al infierno. Entendemos que las naciones van a ser naciones de cabras o naciones de ovejas.

Los impíos volverán al Seol,
Todas las naciones que se olvidan de Dios.

Salmos 9:17

Los impíos volverán al Seol como los justos vuelven a Dios. Las naciones están evolucionando. Dios está trayendo su justo juicio sobre la tierra.

El mal cesará. La justicia prevalecerá. Jesús gana. El Rey Jesús ha vencido al mundo y está levantando una Ekklesia, una iglesia que no retrocederá hasta que veamos que los reinos de este mundo se convierten en el Reino de nuestro Dios. A medida que avanzamos hacia "la meta, al premio del supremo llamamiento de Dios en Cristo Jesús", estamos haciendo que los reinos de este mundo se conviertan en los reinos de nuestro Dios.

ENTENDER

Considere nuevamente la descripción de Isacar en 1 Crónicas 12:32

> *De los hijos de Isacar, expertos en discernir los tiempos con conocimiento de lo que Israel debía hacer, sus jefes eran doscientos; y todos sus parientes estaban bajo sus ordenes.*

Toda la tribu estaba lista para la acción.

Dejemos atrás nuestra interpretación cultural y lingüística de esta palabra. Vamos a analizarla para poder volver a poner la piedra en su lugar.

Considere, la palabra *entender*. Significa "un entendimiento", por supuesto, pero también significa: "discernimiento, verdad, discernir, actuar sabiamente, inteligente, interpretar, ser investigador, un maestro hábil, entendimiento para ganar".

Entendimiento para ganar.

Con esta definición, el conocimiento es más que un simplemente "Oh, lo sé". Más bien, es buscar entendimiento para ser capaces de poder ganar, avanzar y progresar la agenda del corazón del Padre en toda la tierra.

El significado más claro de *entender* es "verdad". Hoy se detesta más la verdad que la mentira.

> *Ay de los que llaman al mal bien y al bien mal, que tienen las tinieblas por luz y la luz por las tinieblas, que tienen lo amargo por dulce y lo dulce por amargo.*

> Isaías 5:20

Estamos en ese día ahora mismo. Tenemos noticias todo el día, las 24 horas del día, los 7 días de la semana, pero pocas de ellas dicen la verdad. Lo que estamos viendo, en cambio son reportajes que buscan cambiar nuestra cultura, nuestros tiempos y las asignaciones que Dios nos ha dado.

Los Estados Unidos está en una guerra cultural por la historia revisionista. El hecho es que no se puede borrar su historia y corregirla al mismo tiempo. La historia debe ser aprendida antes de que podamos aprender sus lecciones. Borrarla es ignorancia. Abrazamos nuestra historia por lo que es, un registro histórico de lo bueno y lo malo y todo lo que eso conlleva, para que podamos seguir adelante con salud y sabiduría de Dios y no repetir nuestros errores. No repetir la historia es conocer la historia, no borrarla.

Los Estados Unidos, y el mundo en general, enfrentan una marea creciente de grupos activistas que operan detrás de títulos y agendas que suenan nobles. Y algunos son nobles, pero si hay muchos de ellos que están hábilmente disfrazados para dividir y desmantelar el plan y el propósito de Dios para América.

Necesitamos vivir en la verdad. Jesús es la verdad.

Jesús le dijo: Yo soy el camino, y la verdad, y la vida; nadie viene al Padre sino por mí.

Juan 14:6

Yo les he dado tu palabra y el mundo los ha odiado, porque no son del mundo, como tampoco yo soy del mundo. No te ruego que los saques del mundo, sino que los guardes del maligno. Ellos no son del mundo, como tampoco yo soy del mundo. Santifícalos en la verdad; tu palabra es verdad.

Juan 17:14-17

Mientras navegamos por estos tiempos, no podemos sucumbir a operar en modo de supervivencia. De nada nos sirve andar apenas flote hasta que Jesús regrese y nos saque de aquí. Somos un ejército en un campo de batalla: reyes llamados al frente para vencer y superar estratégicamente al enemigo para que el Reino de Dios pueda expandirse por todo el mundo. Alabado sea el Señor.

De nuevo, en 1 Crónicas leemos, "entendidos en los tiempos" esto es una descripción poderosa. Literalmente significa "tener siempre entendimiento". Mi entendimiento como campesino sureño lo diría de esta forma: "estar en sintonía con Dios o estar al día con él en los eventos actuales".

Dios está hablando hoy. Él no está en silencio hoy ni ningún día. Hay un cielo abierto hoy. Puede que no siempre lo escuchemos, pero Dios siempre está hablando.

Cuando la escritura se refiere a "los tiempos", significa "tiempos señalados, circunstancias, intervalos, tiempo señalado en el año". Entonces, no es solo el tiempo o una temporada, sino un tiempo señalado. Estamos en un momento señalado, un momento de nuestras vidas en el que debemos dar un paso al frente como nunca antes. La oposición es grande. La oscuridad es real. El enemigo está en nuestra cara. Pero hoy es el día, y decimos: "Retrocede Satanás, has cruzado la raya".

Hijos míos, vosotros sois de Dios y los habéis vencido, porque mayor es el que está en vosotros que el que está en el mundo.

1 Juan 4:4

Es hora de que la Ekklesia aproveche este momento oportuno en el que Dios nos tiene. ¡Nacimos para esto! Levántese por sus propios medios, póngase firme y declare: "Estoy listo. Aquí estoy, Dios. Envíame. seré una voz. seré la luz. Seré lo que necesites que sea para convertir esta nación en un lugar de avivamiento y despertar".

CONOCIMIENTO

La tribu de Isacar eran personas que "entendían los tiempos con el conocimiento de lo que Israel debía hacer". La palabra *conocimiento* aquí es "saber, ser consciente, decir, hablar, iluminar".

Había una conciencia dentro de ellos; estaba en su ADN. Claramente entendieron, comprendieron y se dieron a conocer.

Entonces, cuando Isacar era llamada por la nación, se trataba de una batalla. Ellos tenían sabiduría y entendían los tiempos, los tiempos señalados y las circunstancias en las que se encontraban. En consecuencia, podían comprenderlo claramente y podían comunicarlo correctamente.

Estamos buscando respuestas hoy. Buscamos revelación para saber qué hacer. Estamos buscando Isacares.

Vivimos en un mundo donde todos te dicen que ames a todos. Después de todo, Jesús también ama a todos, ¿Verdad? Pero seamos claros. Cuando amamos a las personas, no significa que siempre estemos de acuerdo con ellas y nos conformemos con su ideología o sistema de creencias. Las relaciones incluyen desacuerdos, conflictos y tensión saludable. En lugar de conformarnos, nos mantenemos fieles a quienes somos y los amamos como Dios los ama sin comprometer. Amamos a los que se vuelven locos, se alborotan, gritan y saquean. Amamos a aquellos con quienes no estamos de acuerdo. Amamos a los que no son como nosotros.

Necesitamos respuestas. Tenemos que ser capaces de comprender.

Hay varios grupos y organizaciones que están hundidos en sus ideologías, filosofías y agendas, ellos están causando estragos en nuestras comunidades hoy. Podrías decir, "Greg, ¿No te preocupas por ellos? ¿No los ama Dios también a ellos?" Tienes razón, yo no los odio, y si, Dios también los ama. Pero con estas organizaciones y grupos cuya agenda entera es pervertir la verdad con acciones que terminan en crimen y violencia, no puedo caminar de la mano o hombro a hombro con ellos. Debe haber una línea divisoria para que la verdad ilumine sus agendas pervertidas.

Juan 8:32 dice:

Y conoceréis la verdad y la verdad os hará libres..

La gente debe saber la verdad. Esta nos hará libres. Por eso me apasiona el conocimiento y ayudar a la gente a educarse en las cosas, especialmente en la historia y la Biblia.

HACER

La siguiente palabra en este pasaje es *hacer*, que significa "realizar". La tribu de Isacar entendió las circunstancias presentes y fue capaz a través del conocimiento (es decir, la luz), dar dirección y capacidad, para lograr lo que Dios quería que se lograra.

Isacar no era una tribu donde escuchabas: "Tengamos un concilio. Reunámonos. Intercambiemos algunas ideas aquí. ¿Qué dices? ¿Qué es lo que te hace feliz? Tratemos de mezclar esto".

No. Ellos dijeron: "Estos son los tiempos que estamos viviendo, estas son las circunstancias actuales. Esto es lo que Dios está diciendo y esto es lo que debemos hacer según la voluntad y la intención del corazón de Dios, para que venga su reino. Aleluya".

Esta palabra *hacer* no solo significa "realizar una tarea o asignación", sino que también es: "una conciencia y un discernimiento para saber lo que debemos mantener y lo que debemos dejar ir".

En la iglesia de hoy, hay algunas cosas que debemos mantener y desempolvar, y también hay algunas cosas de las que debemos deshacernos. Hay cosas en la iglesia de las que debemos desprendernos y arrepentirnos porque han sido parte de una cultura que no es necesariamente la cultura del reino. La cultura de la iglesia/cultura religiosa no es necesariamente la cultura del reino. Debemos ser un pueblo dispuesto a sacrificarse, a rendirse, a liberarse y despojarse de nuestra cultura cuando no se alinee con la cultura del Reino de Dios.

Hace unos años, volamos a Hilo en la Gran Isla de Hawái y tomamos un taxi para llegar a nuestra habitación de hotel. Mi esposa y yo comenzamos a conversar con el taxista que decía ser un creyente nacido de nuevo. Hablamos de muchas cosas hasta que mencionamos la erupción diaria del volcán. Nosotros llegamos a sentir los temblores en Oahu, donde vivimos durante diez años.

Desde nuestro punto de vista, lo mencionamos con el fin de declarar un alto a la erupción que estaba afectando a cientos de familias en la isla. Pero, sorprendentemente, el taxista nos detuvo y afirmó rotundamente que la razón por la que el volcán arroja lava es porque "la tía Pele estaba limpiando la tierra". Mi esposa y yo nos miramos incrédulos. Qué triste que un supuesto cristiano tenga una mezcla de fe, mezclando la creencia en Dios con una diosa falsa como Pele. (Se cree que Pele es la diosa hawaiana del fuego. Dicen que su cuerpo es la lava y el vapor que sale del volcán).

En otra ocasión, durante nuestra primera graduación de la escuela bíblica en Kailua, Hawái, había un esposo y una esposa en la clase, y la esposa estaba embarazada en ese momento. Como es costumbre en la cultura de Hawái, todos los que se gradúan reciben un lei (guirnalda). Cuando se le colocó uno alrededor del cuello de la esposa, el esposo inmediatamente cortó el lei con unas tijeras. Yo me quedé mudo desconcertado por tal acción, y luego lo desafié preguntándole por qué había hecho tal cosa. Fue entonces cuando me di cuenta que debí haberme esperado para hacer la pregunta, porque su respuesta me perturbó aún más. El esposo me dijo que cuando una mujer está embarazada, no se le debe poner un lei alrededor del cuello sin cortarlo primero. En la cultura hawaiana, creen que de no hacerlo así, podría hacer que el cordón umbilical se enrolle alrededor del cuello del bebé y lo mate.

¡Amigos, no podemos mezclar la cultura pagana con la cultura del reino! ¡Debemos ser discernidores y aprendices de la verdad! La tribu de Isacar entendió lo que debían mantener y lo que debían dejar ir. Hoy estamos en ese lugar.

Algunas iglesias hoy abrazan la justicia social, pero al hacerlo, sin saberlo, admiten submensajes que están en marcado contraste con el Espíritu de Dios. Para ser claros: levantamos nuestras manos al Señor y nos arrodillamos solo ante Dios.

Sí, cuando Dios se mueve, la cultura cambia. No siempre entendemos el cambio. Sin embargo, lo que debemos discernir es cuándo las fuerzas culturales están usurpando la cultura del Reino de Dios. Las agendas externas sin raíces reales en el Espíritu Santo nos debilitarán y destruirán. Convenios con la cultura nos llevan a un lugar donde no podemos impactar al mundo como Dios nos ha ordenado que lo hagamos. Esto sólo puede traer inercia.

La palabra *hacer* también significa "prepararte". Las palabras que vinieron de Isacar prepararon a Israel para lo que tendrían que enfrentar. Necesitamos voces proféticas hoy que se levanten y traigan la Palabra del Señor, para que prepare a la Ekklesia para lo que Dios nos ha llamado a hacer.

> *En hombre se alegra con la respuesta adecuada,*
> *Y una palabra a tiempo, ¡Cuán agradable es!*

> Proverbios 15:23

Esconderse en los edificios de nuestras iglesias hasta que Jesús regrese no cambiará el mundo. La vieja excusa de: "Bueno, ellos simplemente están llenos de demonios y no necesitamos tratar de salvarlos o ministrarlos o defender la justicia ante ellos" tampoco nos está funcionando. Estamos llamados a ser confrontadores audaces y confiados con mentalidad del reino y respuestas del reino que traen avivamiento y despertar y el corazón de Dios a la tierra.

Necesitamos profetas que no nos cosquilleen los oídos sino que profeticen la Palabra del Señor. Necesitamos verdaderos apóstoles que se levanten, salgan y decreten: "Esto es lo que Dios está diciendo y esta es la dirección en la que vamos". Entonces nos moveremos en esa dirección, tomaremos terreno y poseeremos territorio para el Señor. Así es como obtenemos el conocimiento para saber qué hacer en esta tierra.

TIEMPO PARA EL BIENESTAR DEL REINO

El tiempo es muy importante. La cultura está siendo atacada y desgarrada. ¿Cómo cambiamos la cultura para que regrese a la del Reino? Dios no lo va a hacer solo. Dios no va a agitar su cetro y crear soberanamente una nueva cultura. Una orden ejecutiva no puede hacerlo. La legislación no puede hacerlo. Una corte no puede hacerlo... a menos que venga de las cortes del cielo y de la Ekklesia levantándose y liberando el Reino de Dios aquí en la tierra.

Estamos viviendo, en un tiempo perfecto para establecer el Reino de Dios. La cosecha está madura. Dios está trayendo las cosas a un lugar que puedan ser estructuradas en el orden del reino y una cosecha que tiene que ser cosechada. Considere la diferencia entre religión y reino.

La religión ve confusión.

El Reino ve una cosecha.

La religión dice "Estamos perdiendo".

El Reino dice "Estamos avanzando".

La religión dice: "Hemos perdido".

El Reino dice: "La batalla no ha terminado. Dios está luchando por nosotros. Es su batalla después de todo (2 Crónicas 20:15). Tenemos avanzar con él".

La religión dice: "La oscuridad se está apoderando".

El Reino dice: "Aférrate."

¡La luz disipa la oscuridad! La oscuridad no puede soportar la luz. Y cuando la Ekklesia se levanta y brilla, la oscuridad no puede evitar huir. ¡La oscuridad y la luz no coexisten, no pueden y no coexistirán! Hay una gran luz que está apareciendo ahora. ¡Aleluya!

Si no puedes percibir la temporada en la que estamos, amigo mío, puede ser porque lo estás haciendo mal. La vida se mide por el tiempo. Una vida mal utilizada es tiempo perdido. Personal y corporativamente, es importante entender el tiempo en el que se encuentra esta nación. El tiempo perdido es una vida perdida y una nación perdida.

El tiempo es una interrupción del infinito. Dios está haciendo que nos concentremos en este momento particular de la eternidad y traigamos soluciones para que la eternidad aumente en el corazón de Dios. El tiempo es un momento breve en la eternidad con medida. Cuando escucho la palabra *medida,* pienso en la palabra *graduado.* Sabemos que la Palabra de Dios dice que él nos lleva de fe en fe y de gloria en gloria. Simbólicamente, *graduado* significa que hay crecimiento, un logro, una medida de aumento que se está

166

alcanzando. Los costados de un barco tienen una fila vertical de números para mostrar su profundidad en el agua. Estamos en aguas profundas hoy y necesitamos entender qué tan profundo estamos.

Dios es capaz de ver el final desde el principio, incluso cuando estamos en el medio. Aún así, nuestra participación es crucial. Cuando Dios quiere hacer algo en la tierra, usa a un hombre para hacerlo. (Del mismo modo, cuando Satanás quiere hacer algo en la tierra, también usa a un hombre para hacerlo). Dios nos ve donde estamos. Él sabe dónde quiere que estemos, pero tiene que haber una comprensión del tiempo y un conocimiento de cómo navegar a través del tiempo como nación.

Eclesiastés 3:1 dice:

Hay un tiempo señalado para todo,.
Y hay un tiempo para cada suceso bajo el cielo.

Estamos en un tiempo señalado. Ahora, algunos dicen que Dios designó este como un tiempo destructivo en la tierra. Yo no creo eso. Dios toma las cosas que el enemigo había designado para mal y las convierte en buenas. Debemos entender este tiempo y administrarlo de acuerdo con el mandato del reino que Dios nos ha dado para traerlo a la tierra.

El tiempo fue creado para que se cumplieran los propósitos. Todos nosotros fuimos creados para este tiempo. Aquí es donde la unción y el propósito de Dios para romper el yugo estaban destinados a levantarse y brillar.

¡No retrocedas!

Avanza con la palabra de Dios.

Avanza con un plan de Dios.

Avanza con la sabiduría de Dios.

El tiempo se manifiesta en temporadas. Isacar entendió cómo la temporada estaba relacionada con el tiempo. Todos nacen a tiempo, pero todos deben captar su temporada. Nací en 1968, otra época turbulenta en la nación, pero tenemos que captar nuestra temporada. La unción de Isacar puede hacer esto en nuestras vidas.

La vida no se mide por la duración del tiempo, sino por la donación en el tiempo. La gente dice: "Bueno, quiero vivir hasta los cien años, tal vez ciento veinte años. Sé que a lo mejor no podré para entonces conservar todo mi cabello, pero si pudiera conservar todo mi ingenio, no me molestaría la idea".

Lo que importa no es tu permanencia en la tierra sino tu donación en medio del tiempo que Dios te creó para funcionar. Levántate, entra en tu propósito, destino y unción y lleva las respuestas del Señor a las naciones. ¡En el nombre de Jesús!

> *Y él [el enemigo] profetizará palabras contra el Altísimo y afligirá a los santos del Altísimo, e intentará cambiar los tiempos y la ley; y le serán entregados en sus manos por un tiempo, por tiempos y por medio tiempo. Pero el tribunal se sentará para juzgar, y su dominio le será quitado, aniquilado y destruido para siempre. Y la soberanía, el dominio y la grandeza de todos los reinos debajo de todo el cielo serán entregados al pueblo de los santos del Altísimo. Su reino será un reino eterno, y todos los dominios le servirán y le obedecerán.*

> Daniel 7:25-27

Note lo que el enemigo, en Daniel 7, intenta hacer: *alteración*. Esto literalmente significa "cambiar, dañar, palidecer, violar, reestructurar, pervertir". Esta escritura está cobrando vida ahora mismo en nuestra nación. El enemigo quiere pervertir nuestras leyes y el tiempo.

La palabra *tiempo* en este pasaje: significa: "período señalado, epopeyas, tiempo definido, tiempo y propósito ordenados".

El enemigo quiere cambiar los tiempos y las leyes para borrar nuestra historia. Hay quienes han sido elegidos en nuestro gobierno a nivel estatal y federal cuya agenda entera es cambiar nuestra cultura. Hubo un tiempo en que los inmigrantes venían a esta nación y aprendían a hablar inglés. Se injertaban en la cultura de los Estados Unidos y se convertían en estadounidenses todo esto mientras conservaban su herencia original. Hoy, la gente viene de todas partes del mundo y quiere que los Estados Unidos sea como el lugar que dejaron. Están intentando cambiar la cultura.

Nuestra nación no sobrevivirá a menos que la iglesia abrace la unción de Isacar para que entendamos los tiempos y sepamos cómo traer una respuesta justa a nuestra nación.

El enemigo ha tenido una agenda en nuestro país desde los años 20 y 30. Margaret Sanger fundó Planned Parenthood con la agenda de aniquilar a la raza negra. Estableció clínicas de aborto en las principales áreas metropolitanas negras. Millones y millones han sido asesinados a través de abortos a lo largo de los años, asesinados gracias a la visión de esta mujer.

Ella también trabajó para destruir la unidad familiar, sacando al hombre del hogar, llevando así a la unidad familiar a un lugar que viola el estándar de Dios, de un esposo, una esposa y los hijos que se unen como una unidad familiar. El Ku Klux Klan era parte de eso. Los hombres negros fueron sacados de la familia al ser encarcelados con sentencias desproporcionadamente largas, todo para destruir nuestra nación.

En la década de 1960, la atea Madeline Murray O'Hair decidió sacar la oración de la escuela. Y tuvo éxito, desde entonces las escuelas nunca han sido las mismas.

Nuestro sistema educativo está lleno de personas que odian a nuestra nación. Los niños no están orando en la escuela. No están orando en casa. Estamos viendo valores bíblicos descuidados en su educación. El propósito divino ya no está allí.

En la década de 1970, se legalizó el aborto, que es otro ejemplo de cambiar y alterar nuestros tiempos, cultura y estructura, pervirtiendo estas cosas y los planes que Dios ordenó.

El tiempo de guerra del que se habla en Daniel 7 significa literalmente "un momento, una situación, un testimonio a favor o en contra". Cómo manejemos los tiempos, determina si será un testimonio *a favor o en contra de nosotros*. La Biblia dice:

Ellos le vencieron por medio de la sangre del Cordero y por la palabra del testimonio de ellos, y no amaron sus vidas, llegando hasta sufrir la muerte..

Apocalipsis 12:11

CONCLUSIÓN

Tomemos ánimo con las palabras que Dios le dio a Josué cuando asumió el liderazgo de la nación de Israel, un pueblo dividido y contencioso que luchaba con agendas contrapuestas y una fe fugaz en el Dios Todopoderoso.

Mi siervo Moisés ha muerto; ahora levántate, cruza este Jordán, tú y todo este pueblo, a la tierra que yo les doy a los hijos de Israel. Todo lugar que pise la planta de vuestro pie os he dado, tal como lo dije a Moisés. Desde el desierto y este Líbano hasta el río, el río Éufrates, toda la tierra de los hititas hasta el mar Grande que está hacia la puesta del sol, será vuestro territorio. Nadie te podrá hacer frente en todos los días de tu vida. Así como estuve con Moisés, estaré contigo; no te dejaré ni te abandonaré. Sé fuerte y valiente, porque tú darás a este pueblo la posesión de la tierra que juré a sus padres que les daría. Solamente sé fuerte y muy valiente; cuídate de cumplir toda la ley que Moisés mi siervo te mandó; no te desvíes de ella ni a la derecha ni a la izquierda, para que tengas éxito dondequiera que vayas.

Josué 1:2-7

El mensaje es claro: no tengas miedo. Tengan valor. Estén de buen ánimo. Van a cruzar este Jordán. Dios nos está llamando a un lugar de valentía, pero es difícil tener valentía si no entiendes los tiempos y sabes qué hacer en medio de ellos.

Alégrense los cielos y regocíjese la tierra;
Y digan entre las naciones: EL SEÑOR reina.

1 Crónicas 16:31

Decretemos sobre América que decimos con gozo y alegría en nuestros corazones que el Señor reina en medio de la nación.

> *Porque, ¿Qué nación grande hay que tenga un dios tan cerca de ella como está el SEÑOR nuestro Dios siempre que le invocamos?*

Deuteronomio 4:7

Dios se acerca a nosotros cuando nosotros nos acercamos a Dios.

> *Acercaos a Dios, y Él se acercará a vosotros. Limpiad vuestras manos, pecadores; y vosotros de doble ánimo, purificad vuestros corazones..*

Santiago 4:8

Cuando Dios vea un destello en tu corazón que se inclina en su dirección, correrá hacia ti.

> *Bienaventurada la nación cuyo Dios es el SEÑOR,*
> *El pueblo que Él ha escogido como herencia para sí.*

Salmos 33:12

Una nación cuyo Dios es el Señor es bendita. Todavía creo que los Estados Unidos es una nación cristiana, no una nación religiosa sino una nación cristiana, una que tiene un propósito de reino a través del Señor Dios de América. ¡Aleluya!

El Señor vendrá a nosotros y nos escuchará cuando lo llamemos, porque somos su herencia. Cuando la piedra de Isacar está fuera de lugar, significa que no obtenemos ninguna ganancia por nuestro trabajo. Y esto significa que habrá más personas en asistencia social, empleos que se van a ir a otros países y que la economía sufrirá.

La destrucción de una nación ocurre desde dentro de ella, cuando la piedra de Isacar está fuera de lugar. Estamos viviendo en oscuridad e ignorancia, creyendo que todo lo que será será. Esto desafía el propósito de Dios. Una persona con un espíritu indiferente dice que todo lo que sucede está soberanamente ordenado, que lo que estamos viendo es la voluntad de Dios. Esto no es verdad; así no es como Dios trabaja. Tales mentiras hacen que la gente se retire y se esconda, debilitando a la iglesia para que viva por debajo del propósito dado por Dios. Esto es la expansión de la religión, no del reino.

Necesitamos la piedra de Isacar en su lugar para que el fuego de Dios caiga sobre nuestra nación y todas las naciones del mundo, para que podamos saber qué hacer en cualquier situación dada, y en cualquier momento dado. Dios está hablando; ¡Debemos poner atención!

La Piedra de Zabulón

Comercio

CUANDO ELÍAS LLAMÓ AL PUEBLO DE ISRAEL, comenzó a reconstruir el altar con las doce piedras del altar roto. La Palabra dice que sanó y limpió las piedras antes de colocarlas para que cayera el fuego de Dios.

Dios no derrama su Espíritu en cualquier lugar. Si esto pasa por casualidad en algún lugar. Eso es fuego extraño. Dios derrama su Espíritu, su fuego, avivamiento y despertar en lugares que estén preparados para recibirlo.

A Zabulón no se le menciona mucho en las predicaciones de hoy, pero hay más de 43 referencias en 11 libros diferentes de la Biblia sobre Zabulón. Él representa algunos factores muy importantes que debemos comprender para volver a colocarlo en su lugar.

LA PALABRA

Para empezar, veamos esta escritura bajo una nueva luz.

> *Porque de tal manera amó Dios al mundo, que dio a su Hijo unigénito, para que todo aquel que cree en Él, no se pierda, mas tenga vida eterna.*

> Juan 3:16

Este verso nos dice que Dios está interesado en la totalidad del mundo. La religión ve este versículo adjudicándole a la humanidad una posición en el cielo, pero el reino lo que ve es el envió de Jesús a ocupar el mundo y sus sistemas, para el Reino de Dios.

¿El mundo? Sí, el mundo que Dios amó tanto.

La palabra *mundo* en Juan 3:16 es la palabra *kosmos*, con "*k*", no con "*c*". Esta palabra kosmos significa literalmente: "sistema, orden, estructura gubernamental, estructura gobernante".

La palabra *mundo* no es la palabra *tierra*. La Biblia no dice: "Porque de tal manera amó Dios a la tierra…" Sino que dice: "*Porque de tal manera amó Dios al mundo…*" esto quiere decir: "sistemas, estructuras, modo de operación, estructura gubernamental".

Note que tampoco dice: "*De tal manera amó Dios a los humanos…*" Más bien, se refiere específicamente a los sistemas que Dios instauró.

Juan 3:16 nos está diciendo literalmente: "Porque tanto amó Dios *el orden* que cuando las cosas estaban desordenadas, envió a Jesús, su hijo unigénito, al desorden para poner orden, y aquellos que creyeran en su misión y asignación no se perderían, sino que tendrían vida eterna."

En el siguiente versículo, vemos el deseo de Dios para este mundo que él ama.

> *Porque Dios no envió a su Hijo al mundo para juzgar el mundo, sino para que el mundo sea salvo por Él.*
>
> Juan 3:17

Jesús no fue enviado al desorden para condenarlo, sino para que el sistema del mundo, el desorden, pudiera salvarse a través de él.

Dios ama el reino, la estructura gubernamental. Cuando ordena nuestros pasos, las cosas se alinean con los propósitos de Dios. Pablo reflexiona sobre esto aquí:

> *Pero que todo se haga decentemente y con orden.*
>
> 1 Corintios 14:40

Cuando el diablo tentó a Cristo en Lucas 4, en un momento dado, él le mostró todos los reinos del mundo. El enemigo sabía que la meta de Jesús era el reino. Pero Jesús frustró al diablo, al no poder lograr que Jesús mordiera el anzuelo para permanecer en el desorden.

El Zabulón original era una persona única, él no operaba dentro del templo. Él estaba en el mundo; operó en los sistemas del mundo, pero construyó el reino de Israel.

DEFINICIÓN DE ZABULÓN

El nombre de Zabulón significa: "morada, morar, exaltado, honor, valor, hábil en la guerra, hábil en el mobiliario, dones de investidura, capaz de dar, una gran herencia para otorgar". Proviene de la raíz del nombre *Zebul* y significa "morar".

Lea era la madre de Zabulón. Ella le puso ese nombre para celebrar la llegada de su nuevo hijo. Para Lea esto significaba que Jacob viviría con ella en lugar de estar en la tienda de su hermana Raquel.

> *Y dijo Lea: Dios me ha dado una buena dote; ahora morará conmigo mi marido, porque le he dado a luz seis hijos: y llamó su nombre Zabulón..*

Génesis 30:20

La tribu de Zabulón estaba en el Mediterráneo y el Mar de Galilea. El enfoque de la tribu de Zabulón eran los negocios y el emprendimiento empresarial, y prosperaron hasta llegar a ser uno de los principales financiadores del reino de Israel. Sus finanzas procedían de barcos que atracaban en ambos puertos. También se beneficiaban de las caravanas que entraban y cruzaban por su territorio. Su símbolo era un barco. Los zabulones no eran gente amargada, enojada o injusta. Ellos simplemente tomaron lo que Dios les había asignado y con ello traían fondos al reino de Israel.

Hoy, Dios está redimiendo a la gente de negocios para los propósitos del reino. Esto es revolucionario en el pensamiento de algunas personas, pero comenzó con la tribu de Zabulón hace muchos siglos. Aún así, hay muchos que se resisten a esta forma de pensar, les parece "demasiado mundana".

La religión dice que puedes hacer negocios y dar a la iglesia para misiones o un proyecto de construcción o para comprar un instrumento nuevo. Pero el reino dice que Dios está edificando su iglesia con un mandato de reino que está fuera de los muros de la mentalidad de ladrillo y cemento. Dios está redimiendo la montaña que llamamos negocio. Dios está redimiendo al mundo.

Por supuesto, no todos los empresarios del reino son miembros de una iglesia. Y está bien con eso. De todos modos, Dios está tomando a personas de negocios y les está cambiando su mentalidad hacia una mentalidad de reino. Eventualmente, yo creo que ellos nacerán de nuevo. Porque es difícil pasar un rato con el Rey y no enamorarse de él.

FINANCIEROS DEL REINO

Dios me habló a los 17 años y me dijo que iría a Australia y a Filipinas y que tendría un gran impacto en esas naciones. Hoy, estamos haciendo eso. Pero mi primer viaje a Australia no fue para predicar un avivamiento o seminario o enseñar en iglesias o una escuela bíblica. No, nuestro primer viaje a Australia fue para hacer una conferencia para gente de negocios. Esa conferencia se llamó "Emprendedores del Reino". Fue dirigida por Jeremy y Emily Bell, grandes emprendedores y empresarios del reino que están marcando una gran diferencia financiera en la nación de Australia.

Jeremy y Emily, junto con otros, usan su dinero para traer oradores de renombre internacional que se mueven en señales, prodigios y milagros y así ven a miles de personas nacer de nuevo. Usan su dinero para alquilar grandes estadios que atraen a miles de personas a participar en estos alcances ministeriales.

Eso es lo que hace una persona de negocios del reino. Ellos entienden que es Dios quien les ha dado mayordomía para que puedan hacer avanzar su reino en la tierra.

Otros, como Jeff Sparkes, un amigo mío de Northlakes en Queensland, Australia, tiene un tremendo impacto en los negocios, ayudando a los propietarios a poner sus asuntos en orden legalmente para que sus empresas puedan dar al ministerio sin restricciones. Terry Tyson es otro gran hombre de negocios de Colorado. Le interesan las inversiones petroleras y bursátiles, entre otras cosas. Él también es un gran financiador del Reino de Dios.

Otra pareja en Australia, Kevin y Tracy Philippa, operan con el único deseo de financiar el reino. Solían ser pastores, pero se cansaron de la rutina tradicional semana a semana de las minucias de la iglesia que les parecían muy religiosas. Dios los movió a los negocios y hoy, mientras cuidan a las personas que no pueden cuidar de sí mismos (ancianos y discapacitados), financian el reino. Su negocio se ha expandido principalmente como resultado de sembrar en otros ministerios.

La prosperidad es cuando tienes suficiente para hacer lo que Dios te ha llamado a hacer y tienes de sobra para ayudar a otros a hacer lo que Dios les ha llamado a hacer. Eso es prosperidad en el Reino de Dios.

Dios está levantando hombres y mujeres como estos, derramando su Espíritu en sus corazones y alineándolos para los propósitos del reino.

Negocio del Reino

Zabulón fue uno de los principales financiadores del Reino de Israel, pero usaremos su ejemplo para entender dónde estamos nosotros hoy en la construcción del Reino de Dios.

En la definición de Zabulón, las palabras *moradas* y *morar* significan algo diferente de lo que significan hoy. Literalmente significan "ocupar". La definición ampliada es "tomar, mantener o controlar las tropas o la tierra del enemigo". También significa "sentir o desempeñar la función de un oficio o cargo, realizar negocios en nombre del rey". Zabulón avanzó y se hizo cargo del enemigo.

Considere la parábola de Lucas 19. Esta es la historia de un noble (un rey) que se va a tomar un reino, pero antes de irse, les da dinero a sus siervos para que lo inviertan mientras él no está.

Dijo pues: Un hombre noble partió a una provincia lejos, para tomar para sí un reino, y volver. Y llamando a diez siervos suyos, les dio diez minas, y les dijo: Negociad entre tanto que vengo.

Lucas 19:12-13

El hombre noble de esta historia fue a tomar un reino. La palabra griega para *reino* es *basilia*, de la raíz *basilio*. Significa "poder real, soberanía, ser rey". Obviamente, Jesús está hablando de sí mismo.

La palabra *negociad* en este pasaje significa "ocuparse uno mismo de un acto, un asunto o una causa, atender o cobrar para recibir, realizar".

Este pasaje es ligeramente diferente en la KJV.

Entonces dijo: Cierto hombre noble se fue a un país lejano para recibir para sí un reino, y volver.
Y llamó a sus diez siervos, y les entregó diez minas, y les dijo: Ocúpense hasta que yo venga.

Lucas 19:12-13 KJV (traducido literalmente del Ingles)

Note cuando dice: *"Ocupar hasta que yo venga"*. En la versión KJV, la palabra que se usa en vez de *negociad*, es *ocupar*. En la versión NBLA, se traduce como *"negocien con esto hasta que yo regrese"*.

Esta palabra *negocio* significa literalmente: "ocupación, trabajo, negocio, ganado, artesanía, deberes a realizar o realizados, un mensajero, un embajador o un enviado". (¿Por qué el *ganado* es parte de esta definición? Porque el ganado era el principal motor económico en esos días. Hoy podríamos decir "acciones y bonos").

Así que *ocuparse* y *negociar* son intercambiables en las Escrituras. Son términos legales en el Reino de Dios. Considere Salmos 107:23

Los que descienden al mar en naves,
Y hacen negocio sobre las grandes aguas.

Esto habla de negocios. Suena como si fuera Zabulón, ¿No les parece? Estamos haciendo los negocios del rey hoy. ¿Cuál es el negocio del rey? El negocio del rey es el Reino.

El negocio de Dios es el reino, el gobierno, las naciones y los países. Para que su negocio opere como tal, debe haber motores económicos construidos y funcionando para que el reino prospere. Esto requiere gente de la tribu de Zabulón.

Dios está levantando personas que puedan crear invenciones, que tienen un entendimiento del reino y un espíritu emprendedor. Dios los está usando para crear y distribuir riqueza, no con una mentalidad de socialismo, sino con una mentalidad de dar, sembrar y cosechar. Esto es el reino.

Negocio es un término legal, y lo encontramos en algunos escenarios inesperados. Como cuando Jesús se acercó a un hombre lleno de demonios, y los demonios gritaron:

> *Y gritaron, diciendo: ¿Qué negocio tenemos entre tu y nosotros, Hijo de Dios? ¿Has venido aquí para atormentarnos antes de tiempo?*
>
> Mateo 8:29 (traducido literalmente del Ingles)

Estos demonios estaban preguntando: "¿Qué *negocio* tenemos contigo ahora? No es nuestro momento para hacer negocios. ¿Has venido a atormentarnos antes de tiempo?."

El negocio es una transacción legal con responsabilidad. Cuando se da dinero por bienes y servicios, debe haber una garantía. Se debe garantizar algunas cosas siempre y cuando ese trato sea una transacción legal.

RESPONSABILIDAD

La parábola de Lucas 19 también nos da una mayor comprensión de la responsabilidad que Dios espera de nosotros. El rey fue generoso con los dos primeros sirvientes pero rudo con el tercero.

> *Y sucedió que al regresar él, después de haber recibido el reino, mandó llamar a su presencia a aquellos siervos*

a los cuales había dado dinero, para saber lo que habían ganado <u>negociando</u>. Y se presentó el primero, diciendo:, 'Señor, tu mina ha producido diez minas más.' Y él le dijo: "Bien hecho. Buen siervo, puesto que has sido fiel en lo muy podo, ten autoridad sobre diez ciudades." Entonces vino el segundo, diciendo: "Tu mina, señor, ha producido cinco minas" Y dijo también a ése: "Y tú vas a estar sobre cinco ciudades."

Lucas 19:15-19 [énfasis añadido]

En el versículo 15, la palabra *negociando* significa literalmente "examinar a fondo, realizar operaciones con la intención de obtener una ganancia."

Note también en este pasaje que el rey no estaba repartiendo iglesias, ministerios o dinero a cambio de la fidelidad de ellos. Él les estaba dando autoridad sobre las ciudades, diez de ellas al primer siervo y cinco al segundo. Jesús aquí nos estaba dando una imagen de lo que es el gobierno y los negocios siendo delegados a personas que son fieles.

Una vez más, esto no se trataba de ministerio. Esto no era acerca de predicar o profetizar; ni nada de lo que llamaríamos iglesia en el sentido convencional. Esto fue una transacción comercial que le cambió la vida a estas personas por su fidelidad, dándoles una posición gubernamental que les permitía supervisar negocios en varias ciudades.

Al tercer siervo de la parábola no le fue tan bien.

Y vino otro, diciendo: Señor, aquí está tu mina, que he tenido guardada en un pañuelo, pues te tenía miedo, porque eres un hombre exigente, que recoges lo que no depositaste y siegas lo que no sembraste. El le contestó: "Siervo inútil, por tus propias palabras te voy a juzgar." ¿Sabías que yo soy un hombre exigente, que recojo lo que no deposité y siego lo que no sembré? "Entonces, ¿Por qué no pusiste mi dinero en el banco, y al volver yo, lo hubiera recibido con los intereses? Y dijo a los que estaban presentes: "Quitadle la mina y dádsela al que tiene las diez minas."

Lucas 19:20-24

Este desafortunado siervo escondió el dinero del rey con el pretexto de custodiarlo. Él no estaba progresando, ni invirtiendo, no estaba corriendo riesgos. Él se mantuvo "seguro" hasta que el maestro regresara. (Probablemente esperando el rapto que lo salvara). Eso no es reino; eso es una mentalidad religiosa. "Vas a tener que dar cuenta del talento que Dios te dio, ¡Así que protégelo!"

La religión enseña que se trata de tu don, talento y vocación, que debes ser fiel con esto, para poder llevar contigo a algunas personas al cielo, para luego, algún día, escuchar a Dios decir: "Bien hecho, mi buen y fiel siervo." Pero la religión está equivocada.

El asunto es que, no es unción, don o talento. No es la habilidad de cantar, predicar, tocar o dar una lección de escuela dominical. Esto se trata de dinero, negocios, y responsabilidad legal. Esto es Dios queriendo expandir sus intereses financieros en la tierra y gobernar sobre las ciudades.

Esto es lo que significa hacer negocios en el reino. Dios da semilla al sembrador y él espera un incremento. Si nos detenemos con miedo, no avanzaremos en nada. Pero si nos acercamos con fe, asociándonos con Dios (que desea asociarse con nosotros), prosperaremos. La Biblia nos dice que es Dios quien nos prospera. ¿Para qué? Para que podamos expandir su pacto en la tierra. La prosperidad es una bendición.

La bendición del SEÑOR es la que enriquece,
Y Él no añade tristeza con ella.

Proverbios 10:22

Por favor, comprenda, sin embargo, que los recursos que Dios nos da no son para comprar nuestro pan de cada día, ayudarnos a pasar la semana o permitirnos tener unas vacaciones anuales. Eso también está bien, pero vivir es más que tener una vida mediocre.

Dios da los recursos, en la medida que los administremos adecuadamente, para expandir su reino aquí en la tierra.

Este rey en Lucas 19 dio dinero y dijo: "Vayan y ocúpense mientras restablezco el orden en mi Reino, y mientras se ocupan de mis asuntos, atiendan y recolecten de las cosas que hicieron. Cuando regrese, examinaré a fondo esto y esperaré una ganancia como resultado de que se hubieron ocupado en sus negociaciones."

Cuando eres fiel en lo poco, Dios hará que seas rey sobre lo mucho (ref. Mateo 25:23

Un Entorno Creado

Dios ama la administración. Esto comenzó en el jardín.

> *Estos son los orígenes de los cielos y de la tierra cuando fueron creados, el día en que el SEÑOR Dios hizo la tierra y los cielos. Y aún no había ningún arbusto del campo en la tierra, ni había aún brotado ninguna planta del campo, porque el SEÑOR Dios no había enviado lluvia sobre la tierra, ni había hombre para labrar la tierra.*
>
> Génesis 2:4-5

Dios creó las plantas, pero impidió que crecieran reteniendo la lluvia. ¿Por qué hizo esto? Porque no tenía hombre para administrar la tierra.

> *Entonces el SEÑOR Dios formó al hombre del polvo de la tierra, y sopló en su nariz el aliento de vida; y fue el hombre un ser viviente. Y plantó el SEÑOR Dios un huerto hacia el oriente, en Edén; y puso allí al hombre que había formado. Y el SEÑOR Dios hizo brotar de la tierra todo árbol agradable a la vista y bueno para comer; asimismo, en medio del huerto, el árbol de la vida y el árbol del conocimiento del bien y del mal.*
>
> Génesis 2:7-9

Dios creó al hombre al soplarle aliento de vida, luego lo colocó en el jardín. Allí, Adán administró lo que Dios le había dado, pero esto era más que un trabajo; era un reino.

Y dijo Dios: Hagamos al hombre a nuestra imagen, conforme a nuestra semejanza; y señoree sobre los peces del mar, sobre las aves del cielo, sobre los ganados, sobre toda la tierra, y sobre todo reptil que se arrastra sobre la tierra.

Génesis 1:26

Algunas traducciones usan *dominio* en lugar de *señorear*. Esta es la palabra *Radha*. Que en hebreo significa "reino, soberanía sobre la tierra". A Adán se le había encomendado un reino y Dios le dijo: "Quiero que hagas negocios por mí. Quiero que te multipliques. Quiero que seas fructífero. Quiero multiplicar lo que te he dado. No quiero que se quede en este pequeño entorno, este jardín que les he dado. Quiero que tomes lo que te he dado en este entorno y que lo extiendas por toda la tierra". (ref. Génesis 1:26-30)

Esta es la clave: la palabra *Edén* significa "presencia". Dios no creó un lugar, él creó un entorno para que Adán prosperara. (Es por eso que hoy no podemos encontrar un Edén físico. Ya que este no es un lugar; es un entorno que transmite una presencia).

Dios quiere que el hombre prospere, sea fructífero y se multiplique en el entorno de *radha,* del *reino.* Sin embargo, si sacas al hombre de ese entorno se volverá corrupto, amargado, enojado y codicioso. Mata, roba y destruye como el dios de este mundo. En la atmósfera de la presencia de Dios, el hombre prospera. Fuera de la presencia de Dios, el hombre muere... lenta, e imperceptiblemente.

El entorno es fundamental. Note que Dios siempre crea el entorno antes de crear el sujeto que va a gobernar ese entorno. Considere esto en el orden de la creación de Dios. Antes de que Dios hiciera los peces, hizo el agua. Antes de hacer pájaros, hizo el cielo. Dios hizo la tierra y luego las plantas. Dios crea el entorno antes de crear lo que ocupará ese entorno.

Si sacas un árbol o una planta del suelo, sus raíces quedan expuestas. No tiene suelo y muere. Si sacas un pez del agua, morirá porque está fuera de su entorno dado por Dios. Si sacas un pájaro del cielo, es vulnerable a la presa que está en el suelo. El cielo es la protección del pájaro. Ese es el entorno donde el pájaro prospera.

Dios creó el entorno para que el hombre prospere. Zabulón prosperó en este entorno. Era un hombre de negocios hecho para el suelo del emprendimiento.

Fuera de Lugar

Cuando la piedra de Zabulón está fuera de lugar, significa: "sin habitación, sin morada, sin honor para ti o los tuyos, sin habilidad para la guerra, sin deseo de pelear por ti o por el rey, sin herencia o dotes para completar tu tarea."

Esto describe la mentalidad de un pobre en lugar de la mentalidad de un rey. Es comerciar para su propio beneficio y cosechar un futuro afuera en la oscuridad. No oirás: "Bien hecho, buen y fiel siervo". La codicia gobierna tu vida. Estás herido. No tienes cetro, ni registros que demuestren que exististe. Desaparecerás de la tierra. Tu nombre no será recordado en la tierra y tu historia será borrada.

Eso es lo que está sucediendo en las naciones hoy, especialmente en los Estados Unidos. La piedra de Zabulón está fuera de lugar y ciertas personas están tratando de borrar nuestra historia. Las guerras ya no se libran por pasión o por principios. Las guerras se pelean por las finanzas.

Tenemos que entender que las personas no van a entrar al Reino de Dios solo porque oramos. Sí, la oración es importante, pero hay un momento para poner mano a nuestras oraciones y hacer lo que Dios nos ha llamado a hacer. Comienza con ser enviado. La Biblia nos dice en Romanos 10:14:

> *¿Cómo, pues, invocarán a aquel en quien no han creído? ¿Y cómo creerán en aquel de quien no han oído? ¿Y cómo oirán sin haber quien les predique?*

Algunas personas consideran este pasaje de Juan 2 como un contraargumento a la idea de que debemos tener mentalidad para los negocios.

La Pascua de los judíos estaba cerca, y Jesús subió a Jerusalén y encontró en el templo a los que vendían bueyes, ovejas y palomas, y a los que cambiaban dinero allí sentados. Y haciendo un azote de cuerdas, echó a todos fuera del templo, con las ovejas y los bueyes; desparramó las monedas de los cambistas y volcó las mesas; y dijo a los que vendían palomas: Quitad esto de aquí; no hagáis de la casa de mi Padre una casa de comercio.

Juan 2:13-16 [énfasis añadido]

Y sin embargo, este pasaje usa una palabra totalmente diferente para negocios (Comercio). En griego significa "emporio" o "su lugar de comercio o piso de comercio para comercializar una casa". Jesús estaba diciendo: "Habéis comercializado la casa de Dios. Han creado su propio departamento de operaciones. Has creado tu propio lugar de comercio.

Jesús no dijo que Dios no estaba interesado en los negocios o que los negocios y la casa de Dios no deberían estar conectados. Dijo que a las personas no se les permitía reemplazar los negocios de Dios con sus propios negocios. Dios quiere estar en el negocio con nosotros.

CONCLUSIÓN

¿Qué se necesita para poner en su lugar la piedra Zabulón? Se necesita negocios de reino, se necesita que se levanten los empresarios del reino. Dios está avivando estas llamas. Dios está llamando a los creyentes a la montaña de los negocios.

De Efraín descendieron los radicados en Amalec,
en pos de ti, Benjamín, con tus pueblos;
de Maquir, descendieron jefes,
y de Zabulón los que manejan vara de mando,

Jueces 5:14 [énfasis añadido]

"Aquellos que manejan vara de mando" esta frase hace referencia al hecho de que la tribu de Zabulón también eran

gobernantes. La palabra *manejar* aquí en hebreo es la palabra *portar*. No se refiere a manejar una espada. Zabulón portaba un cetro de oficio.

La palabra *oficio* aquí significa: "escribir, escritor, administrar un documento masivo o de historia, escritos, libros, escrituras, escrituras de tierras, cartas, literatura, pergaminos, escritos".

Un escrito es un documento legal que describe una sentencia a favor o en contra de alguien. Lleva la acción de la corte a buen término.

La tribu de Zabulón, entonces, era gente de guerra, de negocios, literatura y administración gubernamental. No solo eran hombres de negocios, empresarios y gobernantes, sino que también eran escribas. Portaban el cetro. Guardaban las escrituras, libros, cartas, literatura, pergaminos y escritos ejecutados.

También eran feroces en la batalla.

De Zabulón habían 50,000 que salieron con el ejército, que podían ponerse en orden de batalla con toda clase de armas de guerra y le ayudaron a David sin doblez de corazón.

1 Crónicas 12:33

La Biblia dice que ellos poseen todo tipo de armas. Eso es importante para nosotros hoy.

Porque las armas de nuestra milicia no son carnales, sino poderosas en Dios para la destrucción de fortalezas; destruyendo especulaciones y todo razonamiento altivo que se levanta contra el conocimiento de Dios, y poniendo todo pensamiento en cautiverio a la obediencia de Cristo y estando preparados para castigar toda desobediencia cuando vuestra obediencia sea completa.

2 Corintios 10:4-6

Las armas de nuestra milicia no son carnales, ni de carne, ni de hueso, sino espirituales. ¿Para qué tenemos estas armas? Para establecer el reino. Dios nos ha dado negocios. Dios nos ha dado la capacidad para la guerra. Las personas de negocios, los escribas, los escritores, los administradores de documentos y los albaceas también deben ser capaces de poder hacer guerra, no unos contra otros, sino contra las fuerzas del mal que están construyendo fortalezas.

Necesitamos estas cualidades para saber esto hoy. Vienen cosas más grandes contra la humanidad. Todavía no hemos visto la última de las plagas. También veremos una gran crisis económica venir a la tierra. Esto cambiará la forma en que comerciamos, compramos y operamos en la economía. Pero no será algo necesariamente malo. Dios está derribando un sistema para que podamos construir otro: el cual es un reino. Nos está cambiando a una posición económica de reino donde el rey tiene ventaja sobre aquellos que no pertenecen a su reino.

Dios está trayendo la mayor transferencia de riqueza que el mundo jamás haya visto. Creo que esto sucederá en nuestros días y pronto. Dios está trayendo un equilibrio y un cambio en las monedas, incluso en el oro y la plata, y en la forma en que ejercemos los derechos sobre la tierra y los minerales. Todo esto resultará en un gran cambio económico de riqueza para el Reino de Dios.

Cuando la piedra de Zabulón está en su lugar, el manto emprendedor y empresarial está en funcionamiento. Nos convertimos en personas de negocios que no tienen miedo de luchar. Adquirimos un manto de mayordomía para expandir los negocios del rey. Somos reformados como personas de honor y valor. El pueblo de Dios está llamado a levantarse y ser exaltado por sus logros. La piedra de Zabulón en su lugar nos habla de una dotación, una herencia dada para la expansión del reino, para crear negocios de lo que cruce por nuestra tierra y desembarque en nuestras costas.

Dios está restaurando negocios para el reino. Esto sin embargo, no va a ser solo una parte de nuestras vidas. Para muchos de nosotros, vendrá a ser lo que envuelva toda nuestra vida.

Para aquellos que tienen una unción empresarial y una mente empresarial, ustedes son llamados de la tribu de Zabulón para construir el reino de Dios. Mira, Dios no te dijo que fueras a trabajar solo para ganarte la vida. Él nos da recursos para que podamos traer vida, no solo vida a nuestras familias sino vida al reino y a nuestro entorno, que hagamos que los reinos de este mundo se conviertan en los reinos de nuestro Dios.

Ahora ha venido la salvación, el poder y el reino de nuestro Dios y la autoridad de su Cristo.

Apocalipsis 12:10

La Piedra de la Casa de

José

Monarquía

José ERA HIJO DE JACOB, patriarca de una de las 12 tribus de Israel, quien tuvo dos hijos, Efraín y Manasés, cada uno de los cuales heredó la mitad de la tribu.

José era el hijo favorito de Jacob.

> *Y amaba Israel a José más que a todos sus hijos, porque era para él el hijo de su vejez; y le hizo una túnica de muchos colores.*

Génesis 37:3

Por lo general, el primogénito es el hijo predilecto. Pero Rubén pecó al acostarse con la esposa de su padre, por lo que fue despojado de su primogenitura y José se convirtió en el primogénito según el orden de la primogenitura.

Esta es la bendición que Moisés pronunció sobre la tribu de José. Esta incluía también a los hijos de José, Manasés y Efraín, por estar conectados con su padre.

> *Y de José, dijo:*
> *Bendita del SEÑOR sea su tierra,*
> *Con lo mejor de los cielos, con el rocío*
> *Y con las profundidades que están debajo;*
> *Con lo mejor de los frutos del sol*

Y con los mejores productos de los meses;
Con lo mejor de los montes antiguos
Y con lo escogido de los collados eternos;
Con lo mejor de la tierra y cuanto contiene
Y el favor del que habitaba en la zarza.
Descienda la bendición sobre la cabeza de José,
Y sobre la coronilla del consagrado entres sus
Hermanos.
Su majestad es como la del primogénito del toro,
Y sus cuernos son los cuernos del búfalo;
Con ellos empujará a los pueblos,
Todos juntos, hasta los confines de la tierra.
Tales son los diez millares de Efraín,
Y tales los millares de Manasés.

Deuteronomio 33:13-17

El nombre *José* significa "déjalo añadir, Jehová ha añadido, aumentar, repetir, él es bendito y luego es bendecido nuevamente, y luego es bendecido nuevamente, y luego es bendecido nuevamente".

Entiendes el punto. Esto se puede resumir como "duplicador". Vamos a ver cómo José vivió este nombre "duplicador".

José recibió una doble porción de la herencia de Jacob. Jacob también bendijo a los dos hijos de José: Manasés y Efraín (ref. Génesis 48 y Hebreos 11). Esto resultó en las dos tribus que salieron de José, encabezadas por sus hijos.

Jacob amaba a José más que a sus otros hijos porque era el hijo de su vejez. Le dio a José una túnica multicolor, haciéndolo destacar entre sus hermanos, quienes llegaron a despreciarlo. (El resto de la historia de la crianza turbulenta de José es bien conocida).

Jacob profetizó que Efraín se convertiría en una tribu más grande que la de Manasés, aunque Manasés era el mayor. Por lo tanto, Dios cambió el protocolo al bendecir a Efraín más de lo que bendijo a Manasés.

Y José tomó a los dos, a Efraín con la derecha, hacia la izquierda de Israel, y a Manasés con la izquierda, hacia la derecha de Israel, y se los acercó. Pero Israel extendió su derecha y la puso sobre la cabeza de Efraín, que era el menor, y su izquierda sobre la cabeza de Manasés, cruzando adrede sus manos, aunque Manasés era el primogénito.

Génesis 48:13-14

Este acto fue seguido por la declaración profética de Jacob sobre José y sus hijos.

Rama fecunda es José,
Rama fecunda junto a un manantial;
Sus vástagos se extienden sobre el muro.
Los arqueros lo atacaron con furor,
Lo asaetearon y lo hostigaron;
Pero su arco permaneció firme
Y sus brazos fueron ágiles
Por las manos del Poderoso de Jacob
(de allí es el Pastor, la Roca de of Israel),
Por el Dios de tu padre que te ayuda,
Y por el Todopoderoso que te bendice
Con bendiciones de los cielos de arriba,
Bendiciones del abismo que está abajo,
Bendiciones de los pechos y del seno materno.
Las bendiciones de tu padre
Han sobrepasado las bendiciones de mis antepasados
Hasta el límite de los collados eternos;
Sean ellos sobre la cabeza de José,
Consagrado de entre tus hermanos.

Génesis 49:22-26

A este punto, los dos muchachos ya no eran solo los hijos de José. Efraín y Manasés eran ahora los hijos de Jacob, quien los había reclamado como suyos. Hay un propósito para esto. Al final, Jacob se remontó para sacar de las profecías y utilizó algunas de las bendiciones de Moisés para traer una palabra profética sobre José y su destino.

La palabra *rama* en "José es una rama fructífera" significa "un hijo como edificador del nombre de la familia en el sentido más amplio de la palabra". También significa "edificar una nación o levantar un pueblo de una nación".

> *Las bendiciones de tu padre*
> *Han sobrepasado las bendiciones de mis antepasados*
> *Hasta el límite de los collados eternos;*
> *Sean ellos sobre la cabeza de José,*
> *Consagrado de entre tus hermanos.*

Aquí, Jacob está diciendo: "José, lo que Dios va a hacer aquí. va a sobrepasar hasta donde hemos llegado ahora. Vas a tener más de lo que todos nosotros hemos tenido juntos. Vas a ser distinguido entre tus hermanos y tu cabeza es una pieza muy importante en esta palabra profética".

La palabra *cabeza* en hebreo significa "rango, capitán o jefe". Es el mismo significado que tiene la raíz de la palabra del nombre de Manasés. Se refiere al jefe de una ciudad o nación, alguien consagrado como príncipe entre sus hermanos.

Esto es muy interesante porque José era un soñador y sus sueños a menudo lo metían en problemas. Sin embargo, todo salió bien al final. Como prisionero en Egipto, interpretó el sueño de Faraón cuando todos los demás intérpretes fallaron. Faraón respondió haciéndolo el segundo en mando sobre toda la nación de Egipto (ref. Génesis 41:38-44). Literalmente él fue hecho para ser rey en la tierra a la que fue vendido como esclavo.

MANASÉS

Veamos los significados de las raíces de los nombres de Manasés y Efraín. *Manasés* significa "olvidar, hacer que un recuerdo doloroso o el interés de una deuda se evapore, sacar a alguien de la tristeza o del dolor y levantarlo como jefe o capitán".

192

Antes de que José obtuviera su túnica de colores, antes de que fuera un soñador o vendido como esclavo o fuera a la casa de Potifar o sirviera a Faraón, su padre Jacob lo nombró "jefe o capitán". En consecuencia, José nombró también a su hijo Manasés, su primogénito, "jefe o capitán".

José sabía que algo se estaba cumpliendo en su vida a través de su hijo. La implicación es que Dios le dio a José un hijo para que pudiera olvidar su dolor. Gradualmente, el dolor por cómo lo trataron sus hermanos se evaporó. La deuda que tenía en su corazón contra ellos por la falta de perdón cedió y el jefe dentro de él, como lo profetizó su nombre, se levantó en su lugar.

Aquí hay una lección para todos. Si mantenemos la falta de perdón y la amargura en nuestras vidas, no podremos elevarnos al estado que Dios tiene para nosotros en su reino. Por cierto, sólo hay un rango en el Reino de Dios, el de los hijos e hijas que son reyes.

EFRAÍN

El nombre de *Efraín* significa "Dios me ha hecho fructífero". La palabra *fructífero* significa "fértil". No en el sentido de "prosperar en la obra de mis manos", sino "Dios me ha permitido ser fructífero y multiplicarme".

El nombre *Efraín* también significa "extenderse" o "declarar". El sentido aquí es un territorio más grande. Sorprendentemente, el nombre Efraín es también otro nombre para "Belén", la ciudad que da nacimiento a los reyes.

Entonces, tenemos que el nombre de *José*, significa "capitán" o "jefe". Él fue enviado a un lugar, antes que Israel llegara allí, y aunque Faraón era Faraón, nada sucedía en Egipto sin la aprobación de José. José era un rey en Egipto.

El nombre de Manasés también significa "jefe" o "capitán".

Finalmente, el nombre de *Efraín* también significa "fructífero" al igual que el nombre de José significa "fructífero o doblemente fructífero o duplicador". Y vemos aquí que Efraín también era otro nombre para *Belén*, que fue el lugar de nacimiento del Rey de reyes.

> *Y tu Belén, tierra de Judá,*
> *De ningún modo eres la mas pequeña entre los*
> *Príncipes de Judá;*
> *Porque de ti saldrá un gobernante*
> *Que pastoreara a mi pueblo Israel.*
>
> Mateo 2:6

UNCIÓN REAL

Hay un fluir en los nombres de la Casa de José: uno de realeza, un manto y unción real.

Esto es lo que debemos volver a poner en su lugar para ver caer el fuego de Dios, para ver venir el avivamiento y el despertar, para ver venir la transformación y la reforma en la tierra. Debemos volver a poner esta piedra en su lugar y entrar en nuestra realeza, este manto y unción real que Dios nos dio a ti ya mí.

Los cristianos sabemos que Jesús es nuestro Rey, pero hay muchas escrituras que nos prueban, no solo lo enfatizan sino que nos lo gritan, que también nosotros somos reyes. Esta es la intención que Dios tenía a través de Cristo, el traernos de regreso a la unción real y gubernamental.

¿Para qué sirve el manto y la unción real? ¿Por qué la necesitamos? ¿Qué es para Dios? ¿Por qué Dios nos ha llamado a ser Reyes? ¿Por qué necesitamos que la piedra de José vuelva a su lugar? ¿Y cómo nos afecta en nuestras vidas hoy cuando volvamos a poner esta piedra en su lugar?

Me alegra que hayas preguntado. Comencemos aquí:

> *Por mi reinan los reyes,*
> *Y los gobernantes decretan justicia.*
> *Por mí gobiernan los príncipes y los nobles,*
> *todos los que juzgan con justicia.*
>
> Proverbios 8:15-16

> *La cual manifestará a su debido tiempo el bienaventurado y único Soberano, el Rey de reyes y Señor de señores.* 1 Timoteo 6:15

Antes de continuar, establezcamos algo. Jesús es el Rey (Con R mayúscula) de reyes (r minúscula). Nosotros somos los reyes, tú y yo. Pablo, en su carta a Timoteo, está hablando de Jesús como el hermano mayor, el Rey mayor entre la familia de reyes, el Rey sobre reyes. Las Escrituras también se refieren a él como "El Señor de los señores".

Algunas personas dicen: "Nunca seré un señor". En realidad, somos señores. La palabra *señor* es la palabra hebrea *Adonaí* que significa "dueño". Entonces, cuando decimos que Jesús es el Señor, literalmente estamos diciendo que Jesús es el dueño.

Sabemos que él es el dueño de la tierra.

> *Del SEÑOR es la tierra y todo lo que hay en ella;*
> *El mundo y los que en él habitan.*

> Salmos 24:1

El dueño de la tierra es Adonaí. Dios nunca la ha perdido. Siempre ha permanecido en sus manos.

Esta palabra *señor* también se aplica a nosotros, pero la aplicación implica un propietario con énfasis en la mayordomía, no en el título ni en la escritura. La Biblia nos dice que Dios hizo los cielos para sí mismo y la tierra para la humanidad.

Entonces, Jesús es el Rey de los hijos de Dios—los reyes, y él es el Señor sobre los hijos de Dios—los señores. Esta es la sociedad que hay entre el cielo y la tierra. Restaura lo que Adán tenía en el principio y reactiva la intención original de Dios para la tierra.

> *La revelación de Jesucristo, el testigo fiel, el primogénito de los muertos y el soberano de los reyes de la tierra. Al que nos ama y nos libertó de nuestros pecados con su sangre, e hizo de nosotros un reino y sacerdotes para su Dios y Padre, a él sea la gloria y el dominio por los siglos de los siglos. Amén.*

> Apocalipsis 1:5-6

> *Y los has hecho un reino y sacerdotes para nuestro Dios; y reinarán sobre la tierra.*

Apocalipsis 5:10

Fíjate en el tiempo verbal aquí: "Tú los has hecho", no "Tú los harás". Esto no es algo futurista. Es una declaración de un hecho presente. Somos lo que él dice que somos.

> *Estos pelearán contra el Cordero, y el Cordero los vencerá, porque Él es Señor de señores y Rey de reyes, y los que están con él son llamados, escogidos y fieles.*

Apocalipsis 17:14

Dios está llamando a los "elegidos" y "fieles". Tenemos una sociedad con Dios. Jesús no está solo arrasando, venciendo y conquistando todo en el mundo. Él está luchando a través de nosotros como socios con el cielo. Somos nosotros los que somos reyes bajo el Rey y señores bajo el Señor. Salimos en su nombre con una unción real para reformar los reinos de este mundo para que se conviertan en los reinos de nuestro Dios.

Incluso el texto que está en su túnica nos habla de nuestra sociedad como familia. Somos una familia gobernante.

> *Y en su mato y en su muslo tiene un nombre escrito: Rey de reyes y Señor de señores.*

Apocalipsis 19:16

> *Y no vi en ella templo alguno, porque su templo es el Señor, el Dios Todopoderosos, y el Cordero. La ciudad no tiene necesidad de sol ni de luna que la iluminen, porque la gloria de Dios ilumina, y el Cordero es su lumbrera. Y las naciones andarán a su luz, y los reyes de la tierra traerán a ella su gloria.*

Apocalipsis 21:22-24

Esto continuará por toda la eternidad. Isaías y Daniel nos dicen que el gobierno de Jesús o su reino no tendrán fin.

> *El aumento de su soberanía y*
> *De la paz no tendrá fin,*
> *Sobre el trono de David y sobre su reino,*
> *Para afianzarlo y sostenerlo*

Con el derecho y la justicia
Desde entonces y para siempre.
El celo del SEÑOR de los ejércitos hará esto.

Isaías 9:7

En los días de estos reyes, el Dios del cielo levantará un reino que jamás será destruido, y este reino no será entregado a otro pueblo; desmenuzará y pondrá fin a todos aquellos reinos, y él permanecerá para siempre.

Daniel 2:44

Ya estáis saciados, ya os habéis hecho ricos, ya habéis llegado a reinar sin necesidad de nosotros; y ojalá hubierais llegado a reinar, para que nosotros reinásemos también con vosotros.

1 Corintios 4:8

Dios, a través de Cristo Jesús, nos ha dado un estatus real en el reino. No somos campesinos, no somos simplemente ciudadanos o hijos de Dios. Somos hijos e hijas que somos reyes en el Reino de Dios. Como tal, tenemos autoridad, poder, gobierno, habilidad y responsabilidad.

A menudo nos referimos a nosotros mismos como el ejército de Dios, pero esto no es correcto. Sí, vamos al campo de batalla. Sí, hacemos la guerra, pero no como un ejército. La hueste angelical es el ejército de Dios. Eso es lo que quiere decir el hueste: "ejército".

Entonces... si ellos son el ejército de Dios, ¿Quiénes somos nosotros?

Somos reyes en el campo de batalla. No vamos a la guerra como soldados, coroneles, tenientes o cabos, sino como reyes. Imagina al enemigo viendo a innumerables reyes acercándose a él con mantos reales, coronas y autoridad, entrando en regiones, estados y naciones y declarando la voluntad del Señor. ¡Aleluya! Las cosas cambiarán. O como dicen en el cielo: "Cambios suceden".

Por eso es que tenemos que poner en su lugar la piedra de la Casa de José. Tenemos que darnos cuenta de la familia de la que formamos parte. Somos hijos e hijas, reyes en sumisión al Rey.

REYES Y SACERDOTES

Pero ustedes son linaje escogido, real sacerdocio, nación santa, pueblo que pertenece a Dios, para que proclamen las obras maravillosas de aquel que los llamó de las tinieblas a su luz admirable

1 Pedro 2:9 NVI

En Levi, hablamos de volver a poner la piedra del sacerdocio en su lugar. Aquí, Pedro nos está diciendo que no somos solo sacerdotes, sino reyes y sacerdotes. Somos un sacerdocio real, un reino de sacerdotes, una nación santa. No una denominación santa, sino una nación santa. No somos una secta religiosa en la tierra. Somos un gobierno. Somos una nación. Somos un reino que viene con autoridad gubernamental y poder gubernamental. Somos la Ekklesia.

No somos mendigos a las puertas del Reino de Dios suplicando: "Danos un milagro. Si te parece bien, ten piedad de nosotros, Jesús".

No, estamos entrando en la nación con la autoridad del cielo y lo estamos haciendo con coronas en la cabeza. Somos el pueblo especial de Dios, llamados "de las tinieblas a su luz admirable". La luz es conocimiento. La oscuridad es ignorancia. Caminamos en la luz.

Cuando Pedro dice que "proclamamos sus alabanzas", esto no está hablando de un cántico. Más bien, se refiere a declarar quién es el Rey. Abran paso al Rey de Gloria, al Rey de reyes, según el orden de Melquisedec.

Ahora, Melquisedec era el Rey de Salem, sacerdote del Dios Altísimo. Él era el rey y sacerdote que salió al encuentro de Abraham a quien bendijo cuando regresaba de la matanza de los reyes. En respuesta, Abraham le compartió una décima parte de todo el botín.

Melquisedec era, por la traducción de su nombre, "Rey de Justicia" y también "Rey de Salem", que es "Rey de Paz".

Melquisedec no era solo un nuevo orden de sacerdocio sino un nuevo orden de realeza. Representó una restauración del Reino de Dios en la tierra. Muchos teólogos creen que Melquisedec era literalmente Jesús.

Entonces, ¿Por qué es necesario que seamos reyes y sacerdotes? Acuérdese de nuestra enseñanza en Levi, que los sacerdotes ponen las cosas legalmente en su lugar a través de la intercesión, y los reyes operan desde un lugar de legalidad (no legalismo). Los reyes hacen decretos que el cielo respalda porque la situación legal ha sido establecida por los sacerdotes.

> *Yo te daré las llaves del reino de los cielos; y los que ates en la tierra, será atado en los cielos; y lo que desates en la tierra, será desatado en los cielos.*

Mateo 16:19 NBLA

Note que en La Biblia Amplificada se usa un lenguaje aún más fuerte, en esta dice: *"habrá sido atado"*.

> *Te daré las llaves (autoridad) del reino de los cielos; y todo lo que ates [prohíbas, declares impropio e ilícito] en la tierra, [ya] habrá sido atado en el cielo, y todo lo que desates [permitas, declares lícito] en la tierra, [ya] habrá sido desatado en el cielo.*

Mateo 16:19 AMP (Traducción literal del Ingles)

Esto es crucial. Tratar de hacer decretos antes de que las cosas estén legalmente establecidas es una tontería y es ineficaz. Peor aún, puede ser peligroso, ya que puede haber una reacción violenta.

Cuando nos enfrentamos a poderes demoníacos antes de que las cosas legales estén en su lugar, esto le da al enemigo el derecho legal de contraatacar. Podemos continuar orando y las cosas pueden empeorar.

Estar fuera de nuestra jurisdicción ordenada por Dios, es lo que significa la palabra griega *metron*, nos quita la protección que Dios nos ha asignado para nuestra tarea. Dios no nos ha llamado individualmente para conquistar toda la tierra. Él ha llamado a la Ekklesia como un todo para ir a toda la tierra y transformarla. No conozco ningún apóstol que sea llamado "apóstol del mundo entero" hoy, excepto quizás el mismo Jesús, y ni siquiera él lo hará sin nosotros.

Dios nos ha dado regiones de influencia, áreas de gobierno. Dios nos limita en estas áreas por muchas razones. Para empezar, en la medida que seamos fieles con lo poco, él nos confiará más. Dios puede darnos un barrio, una ciudad, una nación o naciones sobre las cuales tengamos autoridad apostólica. Sin embargo, cuando comenzamos a movernos fuera de nuestro ámbito de autoridad dada por Dios moviéndonos hacia otros vecindarios, ciudades o naciones, podemos recibir una reacción violenta del enemigo. ¿Por qué? Porque nos hemos salido de los límites que Dios nos ha dado de nuestro manto real.

Pablo les dijo a los corintios: "Nosotros conocemos nuestros límites".

> *Mas nosotros no nos gloriaremos desmedidamente, sino dentro de la medida de la esfera que Dios nos señaló como límite para llegar también hasta vosotros. Pues no nos excedemos a nosotros mismos, como si no os hubiéramos alcanzado, ya que nosotros fuimos los primeros en llegar hasta vosotros con el evangelio de Cristo; no gloriándonos desmedidamente, esto es, en los trabajos de otros, sino teniendo la esperanza de que conforme vuestra fe crezca, nosotros seremos, dentro de nuestra esfera, engrandecidos aún más por vosotros para anunciar el evangelio aun a las regiones que están más allá de vosotros, y para no gloriarnos en lo que ya se ha hecho en la esfera de otro.*

2 Corintios 10:13-16

Nuestra lucha no es contra carne ni sangre sino contra la oscuridad espiritual en el mundo que realmente habita, funciona y se manifiesta a través de las personas.

> *Porque nuestra lucha no es contra sangre y carne, sino contra principados, contra potestades, contra los poderes de este mundo de tinieblas, contra las huestes espirituales de maldad en las regiones celestiales.*

Efesios 6:12

Aunque tenemos autoridad sobre estas cosas, debemos saber que somos reyes y comprender nuestra autoridad apostólica y el área asignada antes de querer tomar principados y potestades.

Hay diferentes niveles de Ekklesia, cada uno con diferentes ámbitos de jurisdicción. Una vez que nosotros, como sacerdotes, establezcamos las cosas legalmente, podemos tomar nuestro lugar como reyes y emitir decretos reales.

DECRETOS REALES

Veamos algunos ejemplos de decretos reales. Al leer estas palabras, tenga en cuenta que los decretos reales no siempre se traducen bien al idioma. ¡La mayoría de los decretos RUGEN!

> *El SEÑOR como guerrero saldrá,*
> *Como hombre de guerra despertará su celo;*
> *Gritará, sí, lanzará un grito de guerra,*
> *Contra sus enemigos prevalecerá.*

Isaías 42:13

Las cartas escritas por Nehemías también eran decretos de un rey.

> *Y dije al rey: Si le agrada al rey, que se me den cartas para los gobernadores de las provincias más allá del río, para que me dejen pasar hasta que llegue a Judá. Y una carta para Asaf, guarda del bosque del rey; a fin de que me dé madera para hacer las vigas de las puertas de la fortaleza que está junto al templo, para la muralla de la ciudad y para la casa a la cual iré. Y el rey me lo*

concedió, porque la mano bondadosa de mi Dios estaba sobre mí.

Nehemías 2:7-8

Las cartas del rey a Nehemías fueron decretos que le abrieron caminos que no se abrirían de ninguna otra manera. En ellas se le proveía de materiales y recursos para reconstruir una ciudad, un muro y su propia casa. El rey escribió estos decretos en forma de carta, y debido a que el rey hizo un decreto, todas estas cosas estaban disponibles para que Nehemías hiciera lo que Dios le había asignado. Estos decretos le abrieron paso y provisión legal.

David escribió sobre decretos reales. Aquí, el rey era el Señor.

Es como el rocío de Hermón,
Que desciende sobre los montes de Sion;
Porque allí mandó el SEÑOR
La bendición—la vida para siempre.

Salmos 133:3

¿Cuál fue el mandato del Señor en este pasaje? ¿Cuál fue la bendición? ¿Cuál fue el decreto? "La vida para siempre".

Nuestra unción real y sacerdotal no son según el orden de Leví; ni siquiera según el orden de David. Es según el orden de Melquisedec. Jesús también opera desde el orden de Melquisedec, y opera desde la posición de una vida sin fin. La vida para siempre.

Atar y desatar también son decretos. Cuando estamos atando o desatando, estamos emitiendo decretos. Tales son las "llaves del reino".

Yo también te digo que tú eres Pedro, y sobre esta roca edificaré mi iglesia; y las puertas del Hades no prevalecerán contra ella. Yo te daré las llaves del reino de los cielos; y lo que ates en la tierra, será atado en los cielos; y los que desates en la tierra, será desatado en los cielos.

Mateo 16:18-19

Al conferir las llaves del reino, Jesús se estaba refiriendo a decretos reales, no meras ilusiones o incluso aspiraciones ardientes. Cuando estás en oración y Dios te indica que abordes las cosas con la autoridad del cielo, no lo estás haciendo desde el punto de vista de un intercesor. Estás parado en tu unción real con el manto real de José. Eso es lo que sucede cuando la piedra de la Casa de José vuelve a estar en su lugar. Ahí es cuando las cosas cambian, no solo para mejor sino con intencionalidad.

Miremos al apóstol Pablo decretando una bendición sobre las finanzas de los filipenses.

> *Pero lo he recibido todo y tengo abundancia; estoy bien abastecido, habiendo recibido de Epafrodito lo que habéis enviado: fragante aroma, sacrificio aceptable, agradable a Dios. Y mi Dios proveerá a todas vuestras necesidades, conforme a sus riquezas en gloria en Cristo Jesús.*

> Filipenses 4:18-19

Este fue un decreto hecho por un apóstol a los filipenses, y debido a que ellos habían dado a su ministerio apostólico con tanta abundancia, Pablo pudo hacer todo lo que necesitaba hacer en ese momento. Su don en el ministerio apostólico le permitió entrar en la realidad de un decreto para ellos. Debido a que dieron, Pablo pudo decretar que Dios supliera todas las necesidades de sus vidas de acuerdo con su riqueza.

Aquí hay principios para hacer decretos reales.

Legalidad. Asegúrese de que las cosas estén legalmente en su lugar, empezando por su unción sacerdotal.

> *Mas si andamos en la luz, como Él está en la luz, tenemos comunión los unos con los otros, y la sangre de Jesús su Hijo nos limpia de todo pecado. Si decimos que no tenemos pecado, nos engañamos a nosotros mismos y la verdad no está en nosotros. Si confesamos nuestros pecados, Él es fiel y justo para perdonarnos los pecados y para limpiarnos de toda maldad. Si decimos que no*

hemos pecado, le hacemos a Él mentiroso y su palabra no está en nosotros.

1 Juan 1:7-10

La sangre de Jesús es la respuesta para todo lo que está fuera de orden en tu vida. Pecado, amargura, falta de perdón... sea lo que sea en tu vida, la sangre de Jesús es la solución.

Sé exacto en tus decretos.

Por la mañana, cuando pasaban, vieron la higuera seca desde las raíces. Entonces Pedro, acordándose, le dijo: Rabí, mira, la higuera que maldijiste se ha secado. Y Jesús respondió, diciéndoles: Tened fe en Dios. En verdad os digo que cualquiera que diga a este monte: "Quítate y arrójate al mar, y no dude en su corazón, sino crea que lo que dice va a suceder, le será concedido.

Marcos 11:20-23

Jesús fue exacto cuando le habló al árbol y se secó. Debemos creer y tener una comprensión completa de lo que estamos diciendo. Necesitamos esa confianza, fe y seguridad de que estamos hablando como representantes del Rey como sub-reyes.

Cree que a medida que estamos decretando estas cosas, sucederán. Mira cómo lo hizo Jesús cuando reprendió al viento y al mar en Marcos 4:39:

Y levantándose, reprendió al viento, y dijo al mar: ¡Cálmate, sosiégate! Y el viento cesó, y sobrevino una gran calma.

Note que Jesús no extendió sus manos sobre el mar y dijo: "En el nombre del gran Jehová, te ordeno que ceses y desistas, que hagas silencio y te calles".

No, él no hizo eso. Jesús, el hombre, no el Dios, se enfrentó a la tormenta y dijo: "Calla, quédate quieto", y se calmo.

A menudo, los cristianos usan el nombre de Jesús como un trébol de cuatro hojas o como una pata de conejo de la suerte, esperando que lo que decimos sea lo que suceda. Sin embargo, es la unción en nuestra vida, nuestra aura, nuestra persona, la presencia de Dios con nosotros y en nosotros, lo que establecerá la atmósfera de cambio. Desde nuestra relación con Dios, podemos hablar a las cosas y se alinearán con nuestras palabras.

No debemos dejar que la duda nos saque de la realidad de la fe. Con decretos que vienen de reyes, pronunciamos juicios contra todo lo que se interpone en el camino del propósito del reino.

Así es como Pablo manejó una de esas situaciones.

> *Pero Elimas, el mago (pues así se traduce su nombre), se les oponía, tratando de desviar de la fe al procónsul. Entonces Saulo, llamado también Pablo, lleno del Espíritu Santo, fijando la mirada en él, dijo: Tú, hijo del diablo, que estas lleno de todo engaño y fraude,, enemigo de toda justicia, ¿No cesarás de torcer los caminos rectos del Señor? Ahora, he aquí, la mano del Señor está sobre ti; te quedarás ciego y no verás el sol por algún tiempo. Al instante niebla y oscuridad cayeron sobre él, e iba buscando quien lo guiara de la mano. Entonces el procónsul, cuando vio lo que había sucedido, creyó, maravillado de la doctrina del Señor.*

> Hechos 13:8-12

CONCLUSIÓN

¿Cuáles son los resultados finales cuando volvemos a colocar la piedra de la Casa de José en su lugar? El resultado es que nos encontraremos en una misión, de expandir el gobierno de Dios en la tierra como reyes.

> *El séptimo ángel tocó la trompeta, y se levantaron grandes voces en el cielo, que decían: El reino del mundo ha venido a ser el reino de nuestro Señor y de su Cristo; y Él reinará por los siglos de los siglos.*

> Apocalipsis 11:15

Entonces, cuando la piedra de la Casa de José está fuera de lugar, ¿Qué es lo que sucede?

Lo que sucede es que te conviertes en un destructor del nombre de la familia en el sentido más amplio de la palabra; te conviertes en destructor de ciudades y naciones, derribando los marcadores históricos. No hay rango ni honor entre ti y tus hermanos cuando la piedra está fuera de lugar. La tristeza llena tu vida y se acumula a tu alrededor con un interés creciente. Tu fruto se seca y tu árbol deja de producir. Pasas del lugar donde nacen los reyes al lugar donde los reyes son abortados. Empiezas a dar a luz bandidos y ladrones.

Cuando la piedra está en su lugar, significa: "Jehová te añadirá y hará que seas un multiplicador". Esto significa que hará que seas un duplicador. Él hará que seas un edificador de ciudades y naciones, un edificador del nombre de la familia en el sentido más amplio de la palabra. Serás promovido a una herencia de primogénito con el rango de un rey entre tus hermanos y hermanas. ¡Aleluya!

La tristeza y los recuerdos dolorosos se evaporarán de tu vida. Serás fructífero. Te extenderás. Comenzarás a lanzar decretos reales en tu esfera de influencia. Tú y tu familia serán conocidos por dar a luz reyes y producir sacerdocios reales.

¿Estás listo? Bien, porque te necesitamos.

La Piedra de Benjamín

Constructor

Y sucedió que a la hora de ofrecerse el sacrificio de la tarde, el profeta Elías se acercó y dijo: Oh SEÑOR, Dios de Abraham, de Isaac y de Israel, que se sepa hoy que tú eres Dios en Israel, que yo soy tu siervo y que he hecho todas estas cosas por palabra tuya. Respóndeme, oh SEÑOR, respóndeme para que este pueblo sepa que tú, oh SEÑOR, eres Dios, y que has hecho volver sus corazones.

1 Reyes 18:36-37

EL PROPÓSITO ENTERO DE RESTAURAR EL ALTAR ROTO y confrontar a los malos profetas fue para que el pueblo supiera que Dios es el Señor y volvieran su corazón a él.

Hoy, hemos cruzado el umbral de un gran despertar mientras reconstruimos el altar, al comprender lo que representa cada piedra. Dios nos está trayendo a un lugar donde lo vemos de una forma, como nunca antes lo habíamos visto.

Benjamín significa "hijo de la mano derecha". A lo largo de las Escrituras, vemos que se menciona al hijo de la mano derecha o la mano derecha de Dios (ref. Salmos 20). También, en los evangelios, cuando Jesús ascendió al cielo, se sentó a la diestra (al lado derecho) del Padre. Entonces, la mano derecha tiene significado.

Vemos incluso a la madre de Santiago y Juan tratando de asegurar un lugar para sus hijos, uno a la derecha y otro a la izquierda de Jesús. (ref. Mateo 20:20-21).

La mano derecha habla de autoridad y poder. Es por esto que una derivación del nombre de Benjamín es "bloque de construcción, el constructor de edificios" o "constructor de una casa".

Sin embargo, la mayor parte de las veces, el nombre no hace referencia al edificio en sí, sino al constructor de familia que vive en la casa. La palabra *construir* es la palabra griega *oikos*. Literalmente significa "construir una casa", entendiendo aquí casa como un hogar, no como un edificio. Significa construir una familia que habite en una casa, construir un linaje y crear descendencia. Así que con Benjamín tenemos a un "constructor de la familia".

Además, entendemos que "hijo de la mano derecha" se refiere al que tiene herencia y sale adelante y establece el nombre de la familia.

Raquel murió dando a luz a Benjamín, y ella le puso por nombre *Benoni* cuando estaba a punto de morir. Este nombre significa "hijo de dolores" o "hijo de mi dolor". Pero Jacob rápidamente le cambió el nombre a su hijo y en cambio le puso *Benjamín*, "el hijo de mi mano derecha, el bloque de construcción, el edificador de la familia". El cumplimiento de este nombre no sería tarea fácil.

La historia de Benjamín confirma esto. Benjamín fue una pequeña tribu que jugó un papel importante en la historia de Israel. Como todas las tribus, eran piadosos cuando hacían honor a su nombre y eran impíos cuando no lo hacían. De hecho, casi fueron aniquilados por la impiedad.

Esto sucedió cuando Benjamín fue a la guerra contra el resto de Israel, para defender a los hombres en una de sus ciudades que habían violado a una mujer hasta matarla.

Entonces las tribus de Israel enviaron hombres por toda la tribu de Benjamín, diciendo: ¿Qué es esta infamia que se ha cometido entre vosotros? Ahora pues, entregad a los hombres, los hombres perversos en Guibeá, para que les demos muerte y quitemos esta infamia de Israel. Pero los hijos de Benjamín no quisieron escuchar la voz de sus hermanos, los hijos de Israel. Y los hijos de Benjamín, de sus ciudades, se reunieron en Guibeá para salir a combatir contra los hijos de Israel.

Jueces 20:12-14

Los hijos de Israel sabían que había que pagar un precio para poder borrar tal iniquidad de Israel, pero la tribu de Benjamín no haría eso. En cambio, defendieron a los hombres y se encontraron en una guerra civil contra toda la nación de Israel. Al final Benjamín perdió de tal forma que casi se extingue toda la tribu.

Cuando la piedra de Benjamín está fuera de lugar, experimentamos una inversión moral. Los asesinatos son excusables, la violación es un acto pasional, se promueve la violencia, al mal se le llama bien y al bien se le llama mal. Hoy estamos en un lugar en el que tenemos que ser como los hijos de Israel y decir: "No toleraremos más esto. Defenderemos la justicia en la nación".

La buena noticia es que Dios está levantando hijos e hijas maduros y ministros del ministerio quíntuple con carácter firme que no temen estar políticamente incorrectos. No tienen miedo de perder sus trabajos, carreras o reputaciones. Ellos ya no están enfocados en construir un ministerio o edificios para iglesias. Su enfoque es hacer lo que sea necesario para establecer la justicia en la tierra.

No podemos tener ninguna parte con el espíritu de la religión. Debemos levantarnos y decir: "No seremos parte de la maldad en la tierra; no aprobamos la maldad. Seremos como los hijos de Israel. Ya es suficiente. No más."

Tenemos que pedirle a Dios, que traiga sobre la iglesia nuevamente un día de valentía Pentecostal, para que podamos levantarnos y predicar justicia inquebrantable. Debemos ser una voz no solo para cambiar la iglesia, sino también para que la nación regrese a su brújula moral. La nación de los Estados Unidos fue fundada en valores judeocristianos. Tenemos que poner esos valores de regreso a su lugar. Tenemos que retomar la lucha.

REGIMIENTO DE TÚNICA NEGRA

Durante la Guerra de Independencia de los Estados Unidos, existía este grupo de ministros llamado Regimiento de Túnica Negra. Este regimiento estaba conformado de pastores y líderes de congregaciones, que predicaban los domingos. Pero, no predicaban sobre cómo mejorarse a sí mismo, o diez pasos para mejorar, o planificación patrimonial con la iglesia en mente. No, estos hombres sacaban sus pistolas de debajo de sus túnicas, las pondrían en el púlpito y predicarían un mensaje ardiente del Reino de los Cielos (no del infierno). Predicarían sobre los acontecimientos actuales, la guerra, la opresión de Gran Bretaña, el nacimiento de esta nación y lo que significaría para las generaciones venideras.

Esto fue especialmente importante porque, contrariamente al pensamiento popular, las colonias estaban divididas por el tema de la independencia de Gran Bretaña. Muchos colonos fueron leales a la Corona incluso cuando sus compatriotas morían por la libertad.

Cuando el Regimiento de Túnica Negra terminaba sus sermones, estos poderosos predicadores volvían a poner sus pistolas en sus fundas y conducían a los hombres de sus congregaciones a la batalla. El Regimiento de Túnica Negra era tan temido que el Rey Jorge III reclutó asesinos para tratar de matarlos.

Dios está levantando hombres y mujeres hoy que no tienen miedo de ser como aquellos del Regimiento de Túnica Negra. Estos hombres y mujeres están llevando al pueblo de Dios en una dirección en la que estamos viendo la reforma, el despertar y a Dios moviéndose con poder como nunca antes.

Esto no se limita a los Estados Unidos. Podría ser Australia, Filipinas, Hong Kong o cualquier otra nación del mundo. Dios está levantando hombres y mujeres con convicción, personas que "no aman su vida aun cuando se encuentren ante la muerte" (Apocalipsis 12:11).

DE VUELTA A SU LUGAR

¿Cómo colocamos la piedra de Benjamín en su lugar? Empecemos por construir la familia. Esto es lo que Dios hizo en el jardín, lo que Jesús vino a hacer y lo que el Padre ha querido desde el primer día. Dios quería hijos e hijas.

> *Según nos escogió en Él antes de la fundación del mundo, para que fuéramos santos y sin mancha delante de él. En amor nos predestinó para adopción como hijos para sí mediante Jesucristo, conforme al beneplácito de su voluntad.*

Efesios 1:4-5

Veamos cómo se desarrolla esto a medida que nos esforzamos por volver a poner la piedra de Benjamín en su lugar para que caiga el fuego de Dios y llegue el despertar. Nos vamos a centrar en lo que la raíz del nombre Benjamín significa, que es construir o reconstruir la familia.

> *Y los bendijo Dios y les dijo: Sed fecundos y multiplicaos, y llenad la tierra y sojuzgadla; ejerced dominio sobre los peces del mar, sobres las aves del cielo y sobre todo ser viviente que se mueve sobre la tierra.*

Génesis 1:28

Dios quería una familia, entonces creó una colonia, una extensión del Reino de los Cielos, para que esta familia gobernara. Él llamó a esa colonia tierra. Y allí Dios le dio a la humanidad (Adán en Eva) dos mandatos:

1. Dame más familia.

2. Gobierna, se mayordomo y administra bien tu colonia.

Por supuesto, fallaron en gobernar y debido a esto, la familia de la humanidad ha seguido aumentando pero sin piedad. Hoy, tanto los humanos como la tierra necesitan ser reavivados, restaurados y reformados. Ellos continuaron teniendo hijos pero perdieron la capacidad de gobernar cuando perdieron su relación con el Padre.

.

REAVIVAR REFORMA RESTAURACIÓN

Reavivar

La palabra *reavivar* significa "restaurar la vida, respirar, traer a la conciencia". Cuando Dios creó a Adán, sopló espíritu en él y Adán se convirtió en un ser viviente. Asimismo, en Juan 20:22, cuando Jesús visitó a sus discípulos después de haber resucitado, *"Él sopló sobre ellos y les dijo: Recibid el Espíritu Santo"*. La redacción griega en Juan 20 es la misma que la redacción hebrea en Génesis 1 cuando Dios puso su nariz sobre la nariz de Adán y le sopló vida.

Jesús vino a reavivar a la familia, (*viviendo*, "dador de vida") para soplar de nuevo aliento de Dios en la familia. Cuando él sopla sobre nosotros, no es solo para hacer que los pulmones y el corazón funcionen, sino para devolver el Espíritu Santo a la morada que Dios originalmente pretendía: la humanidad.

Reforma

La palabra *reforma* significa "cambiar para mejorar, corregir, cambiar la forma o condición existente de las instrucciones y prácticas, volver a su intención original".

Reformación proviene de la palabra *diortosis*, y de su raíz *orthos* que es de donde obtenemos la palabra *ortopedia*. Literalmente significa "enderezar el hueso, o volver a alinear el hueso, nivelar algo". Entonces, cada vez que vemos una reforma, vemos que se implementa la *orthos*.

Adán fue formado y bendecido. Luego él cayó. Por eso es que Dios quiere re-formarlo, traer una reforma, a la tierra para volver a reunir a su familia.

Restauración

La palabra *restauración* significa "reconstituir, una restauración o reestructuración a una condición anterior". No se trata sólo de cambiar a la condición anterior; sino que la reconstituye a la antigua posición o forma en que operaba.

El Padre quería una familia y la familia fracasó la primera vez. Jesús vino para traernos de vuelta al lugar que Dios tenía originalmente en su corazón.

EL PLAN DE BENJAMÍN

Jesús anunció su plan para restaurar la familia:

> *Yo también te digo que tú eres Pedro, y sobre esta roca edificaré mi iglesia; y las puertas del Hades no prevalecerán contra ella. Yo te daré las llaves del reino de los cielos; y lo que ates en la tierra, será atado en los cielos; y lo que desates en la tierra, será desatado en los cielos.*

Mateo 16:18-19

Ahora, estamos viendo aquí algunas palabras muy poderosas que Jesús está hablando. El Rey del reino ha venido... pero ¿Para hacer qué?

Ha venido a edificar/construir: la familia, el apellido, el patrimonio.

"Edificaré mi Iglesia". Esta palabra, *oikodomeno*, significa "construir una casa". No se refiere necesariamente a la estructura del edificio sino a la familia que vive en el edificio. Esto es lo que sucede cuando se coloca en su lugar la piedra de Benjamín.

Por el contrario, cada vez que la piedra de Benjamín está fuera de lugar, hay destrucción de la familia. Eso lo vemos hoy.

En estos tiempos modernos, aproximadamente la mitad de los matrimonios terminan en divorcio, cristianos o no cristianos. Muchos niños están siendo criados por madres solteras, especialmente en vecindarios minoritarios. De hecho, nuestro sistema de bienestar premia la maternidad soltera con pagos crecientes por cada hijo que tiene, y penaliza a las personas por casarse, eximiendo así a los padres de sus responsabilidades. El ciclo de crimen y castigo mantiene a mujeres y niños atados a la pobreza mientras los hombres cumplen largas sentencias de cárcel. Fuerzas como la pornografía alejan a las personas de sus matrimonios con la promesa de un placer rápido y fácil fuera de los votos matrimoniales.

Y esto es solo una muestra de lo que sucede cuando la piedra de Benjamín está fuera de lugar.

Cuando Jesús dijo que edificaría su iglesia, estaba diciendo: "He venido a recuperar a la familia, y a Pedro le dijo, por cuanto tu entiendes que yo soy el Cristo, el hijo del Dios viviente, sobre esta roca de revelación del Padre, voy a reconstruir. Voy *a Benjamín* mi familia."

En Efesios 4, leemos acerca de los dones de Dios:

"Para capacitar a los santos para la obra del ministerio, para la edificación (construcción) del cuerpo de Cristo".

En otras palabras, para la *Benjamín* del cuerpo de Cristo.

"Hasta que todos lleguemos a la unidad de la fe y del conocimiento pleno del Hijo de Dios. A la condición de un hombre maduro.

No bebés, malcriados o terriblemente mimados que piensan que Dios es su Papá Noel, sino como hijos e hijas maduros asociados con el Padre, no solo para reconstruir la familia sino también para reconstruir el nombre de la familia.

"A la medida de la estatura de la plenitud de Cristo".

Estos dones del ministerio quíntuple de Jesús son para llevar al cuerpo de Cristo a la medida completa de la estatura de Jesucristo. Note aquí que dice: a la medida completa, no parcial. No un cuarto. Ni tres cuartos. No nueve décimos, sino a la medida completa de Cristo. Esto es lo que estamos construyendo. ¡Esta es nuestra familia!

Es por esto que Jesús pudo decir: *"Obras mayores que estas hará, porque yo voy al Padre"* (ref. Juan 14:12). Debemos tener la unción quíntuple operando en plena medida para que pueda mover y cambiar al Cuerpo de Cristo a la estatura completa del Hijo de Dios.

LA EKKLESIA

Jesús llamó a la iglesia *Ekklesia*. Esta no es una palabra religiosa sino una palabra gubernamental. Su significado se encuentra en dos culturas diferentes: la griega y la romana.

Esta palabra *Ekklesia* en la cultura griega significaba "aquellos que se reúnen como ancianos en la puerta". En la antigüedad, los ancianos que se reunían a las puertas de la ciudad formaban parte de una Ekklesia que gobernaba la ciudad. Ellos determinaban lo que podía entrar en la ciudad y lo que necesitaba salir de la ciudad.

Los romanos agregaron al papel de la Ekklesia el concepto de discipular a las naciones que conquistaban. Ellos llevaban su cultura, gobierno y arquitectura, incluyendo su moneda, a las tierras que poseían, convirtiéndolas a las costumbres del Imperio Romano. Esto lo hicieron a través de la Ekklesia, realmente lo hicieron trasplantando funcionarios gobernantes y ciudadanos de Roma a estas tierras para que las gobernarán.

Esto es lo que Jesús tenía en mente cuando vino a restablecer el gobierno de su reino, reformar sus prácticas y restaurar su forma original a los principios de su reino.

> *Id, pues y haced discípulos de todas las naciones, bautizándolos en el nombre del Padre y del Hijo y del Espíritu Santo, enseñándoles a guardar todo lo que os he mandado; y he aquí yo estoy con vosotros todos los días, hasta el fin del mundo.*

Mateo 28: 19-20

¿Necesitamos la Ekklesia hoy? Tenemos ciudades en crisis, y la legislación por sí sola no es la respuesta. Incluso los líderes piadosos del gobierno no son la respuesta completa. Necesitamos que la Ekklesia se levante y aborde problemas como crimen, engaño, pobreza y opresión generalizadas en nuestras comunidades hoy. Más que simples guardianes, la Ekklesia debe cambiar la cultura y determinar cómo funcionan nuestras ciudades y naciones.

Dios nos ha llamado a cambiar la cultura en nuestras ciudades. No estamos llamados a convivir. No estamos llamados a llevarnos bien. No estamos llamados a entrar y simplemente decir: "Oye, estamos aquí. Si nos necesitan, vengan y oraremos por usted".

No, el llamado de los hijos e hijas como la Ekklesia de Dios en la tierra es ir a las ciudades, regiones y naciones y literalmente alterar la cultura para que ésta sea como la del Reino de Dios. Es por eso que Jesús nos dijo que cuando oramos, deberíamos orar así: *"Venga tu reino. Hágase tu voluntad, así en la tierra como en el cielo"*. (ref. Mateo 6:10)

Jesús nos está diciendo que traigamos el Reino de Dios a la tierra y cambiemos la cultura. Sin embargo, una cosa es saber que él dijo que lo hiciéramos. Y otra cosa completamente diferente saber cómo hacerlo.

¿Cómo nos dijo que lo hiciéramos?

Para esto él nos dejo la instrucción en dos lugares diferentes: las dos grandes comisiones.

Dos Comisiones

> *Y les dijo: Id por todo el mundo y predicad el evangelio a toda criatura. El que crea y sea bautizado será salvo; pero el que no crea será condenado. Y estas señales acompañarán a los que han creído: en mi nombre echarán fuera demonios, hablarán en nuevas lenguas; tomarán serpientes en las manos, y aunque beban algo mortífero, no les hará daño; sobre los enfermos pondrán las manos, y se pondrán bien.*
>
> Marcos 16:15-18

En Marcos 16, Jesús encargó a sus discípulos, y nos está comisionando hoy, nuestra primera comisión es restaurar la familia, recuperarla.

¿Cómo hacemos eso?

"Id y predicad el evangelio del reino". Note que nunca nos dijo que fuéramos a predicar un evangelio de salvación o prosperidad o liberación. Ni siquiera dijo que predicáramos un evangelio de sanidad. Él dijo: "Id, predicad el evangelio del reino", del Rey y su dominio.

Cuando Juan estaba bautizando en el Jordán, estaba bautizando a los judíos, diciéndoles: *"Arrepentíos, porque el reino de los cielos se ha acercado"* (ref. Mateo 4:17). Al ser bautizados, ellos estaban literalmente cambiando la forma en que se relacionaban con Dios.

Después de eso vino Jesús.

> *Entonces Jesús llegó de Galilea al Jordán, a donde estaba Juan, para ser bautizado por él. Pero Juan trató de impedírselo, diciendo: Yo necesito ser bautizado por ti, y ¿tú vienes a mí? Y respondiendo Jesús, le dijo: Permítelo ahora; porque es conveniente que cumplamos así toda justicia. Entonces Juan se lo permitió. Después de ser bautizado, Jesús salió del agua inmediatamente; y he aquí, los cielos se abrieron, y él vio al Espíritu de Dios que descendía como una paloma y venía sobre Él. Y he aquí, se oyó una voz de los cielos que decía: Este es mi Hijo amado en quien me he complacido.*

Mateo 3:13-17

Cuando Jesús fue bautizado, él reforzó el mensaje del Reino. Por eso él dijo en Marcos 16, que cuando la gente crea en ese mensaje y sea bautizada (el bautismo de Jesús por Juan al mensaje del Reino), ciertas señales acompañarán a los que creen.

Jesús no dijo, que las señales vendrían mucho tiempo después de haber nacido de nuevo o por ir a la universidad bíblica y obtener un título de seminario. No. Simplemente nace de nuevo y te seguirán señales, prodigios y milagros.

Mateo 28 fue una comisión diferente.

> *Y acercándose Jesús, les habló diciendo: Toda autoridad me ha sido dada en el cielo y en la tierra. Id, pues, y*

*haced discípulos de todas las naciones, bautizándolos
en el nombre del Padre y del Hijo y del Espíritu Santo,
enseñándoles a guardar todo lo que os he mandado;*

Mateo 28:18-20

Note que en Marcos 16, Jesús nos comisionó a reavivar a las personas infundiendo vida a través de una relación personal con Jesucristo—a través de nacer de nuevo. Sin embargo, en Mateo 28, Jesús nos comisionó a discipular naciones. Dios formó lo que quería que fuera su reino en la tierra y nos dijo, a través de Jesús, que fuéramos a reformar la tierra.

La amplitud y profundidad de las comisiones de Jesús no pueden ser subestimadas. No estamos para asustar a la gente para que se arrepientan y puedan ir al cielo. Tampoco estamos para curar heridas ni cuidar a enfermos. Nuestro trabajo es reavivar a los perdidos y discipular a las naciones, no solo llevarlos a la cruz sino llevarlos a la resurrección. Nuestro evangelismo es hablarle a la gente sobre el Rey y su reino para que cambien su ciudadanía, para que nazcan de nuevo. Se trata de que ellos alcancen el propósito de Dios para sus vidas y luego lanzarlos a la tierra.

En Mateo 28, Jesús nos dio autoridad para gobernar y reformar, y la necesitamos. Los Estados Unidos necesita reformarse; Australia necesita reforma, Filipinas necesita reforma; cualquier lugar donde veas que la religión está al mando necesita reformarse.

Para llevar a cabo con eficacia nuestro llamado de Dios, tenemos que hacer bien ambas comisiones: Marcos 16 y Mateo 28. Podemos predicar a la gente y bautizarlos, pero también debemos discipular a las naciones.

Dios está levantando personas hoy para reformar las montañas de influencia: los medios de comunicación, el gobierno, la educación, la economía, la religión, la familia y las artes. Los estudios nos dicen que el seis por ciento de las personas en cualquier industria o esfera de la Sociedad son las que lo lideran. Así que sé uno de ese seis por ciento y cambia la cultura.

AVIVAMIENTO Y REFORMA

Necesitamos tiempos de refrigerio, como leemos en Hechos 3:

> *Por tanto, arrepentíos y convertíos, para que vuestros pecados sean borrados, a fin de que tiempos de refrigerio vengan de la presencia del Señor, y Él envíe a Jesús, el Cristo designado de antemano para vosotros, a quien el cielo debe recibir hasta el día de la restauración de todas las cosas, acerca de lo cual Dios habló por boca de sus santos profetas desde tiempos antiguos.*
>
> Hechos 3:19-21

Note lo que esto no dice. No dice "Espérese. Jesús va a venir para raptarte y sacarte de este lío". No. Lo que dice es que el cielo debe recibir a Jesús hasta el tiempo de la restauración de todas las cosas.

Anapsuxis es la palabra griega *aliento*, que significa "tiempos de refrigerio", como cuando la presencia de Dios nos reaviva.

Apokatastasis es la palabra *reconstituir, "reformar".* Cuando vemos refrescamiento y reforma, llamamos a esto avivamiento, "un despertar, un derramamiento, una reforma y una transformación". Entonces, en el corazón de Dios no solo está el ver avivamiento y despertar, sino también reforma y transformación.

El avivamiento agita a la gente; es un despertar. Pero la reforma es un discipulado que en realidad cambia la esencia. El cambio duradero viene de la reforma, pero la reforma no viene sin un avivamiento. ¿Por qué? Porque no se pueden reformar grupos de personas y sistemas cuando estas están muertas.

Los Estados Unidos en los años 60 fue una época de gran agitación. La cultura cambió en muchos niveles y en muchas montañas de influencia. El cambio fue muy radical, pero no siempre para bien.

En la iglesia, tuvimos un avivamiento llamado "el Movimiento de Jesús". Compuesto principalmente por hippies, este fue un despertar no religioso que incorporó muchos elementos de la cultura hippie: música popular, baile, alabanza y adoración de forma fluida, y un énfasis menor en las normas sociales como los códigos de vestimenta y el respeto por la tradición. De repente, Jesús era el amigo de todos y todos los creyentes eran hermanos y hermanas. Mucha gente llegó a conocer al Señor en aquellos días, incluyendo varios ministros prominentes en la actualidad. Esto fue avivamiento en su mejor momento.

Desafortunadamente, estas personas no se parecían a la gente de la iglesia del domingo por la mañana. Tenían el pelo largo, carecían de higiene básica y tenían problemas con la autoridad. No es sorprendente que la iglesia prevaleciente los rechazara, así que estos hippies crearon sus propias y nuevas iglesias de donde salió el Movimiento de Jesús, y el resultado fue un cambio fundamental en la forma en que hacemos las reuniones de la iglesia hoy. Cambiaron por completo la cultura de la iglesia para adaptarla a sus necesidades y experiencias espirituales. Los movimientos de nuevas iglesias como el movimiento de la Viña y las iglesias carismáticas representan algunos de los movimientos más grandes de Dios en los últimos tiempos. Su impacto se ha sentido en toda la cristiandad.

El suyo fue un verdadero cambio de cultura... sin embargo, solo cambió la cultura dentro de las cuatro paredes de la iglesia. Perdimos por completo el poder cambiar a la cultura más allá de la iglesia, al impactar los sistemas del mundo. La vida dentro de la iglesia era buena. La vida fuera de la iglesia era horrible. Fuimos excelentes en la ejecución de Marcos 16 (avivamiento); fallamos miserablemente al implementar Mateo 28 (reformar). Como resultado, solo hicimos la mitad de lo que se suponía que debíamos hacer. Se suponía que debíamos discipular al mundo; pero solo nos discipulados a nosotros mismos.

En un frente separado, líderes como el Dr. Martin Luther King Jr. y Malcolm X, y políticos como Hubert Humphrey y Lyndon Johnson, estaban cambiando la cultura estadounidense al avivar a la población negra de la nación a través de una campaña por los derechos civiles, a menudo enfrentando una hostilidad feroz.

Si bien la reivindicación de los derechos civiles trajo un cambio muy necesario en la cultura, el cambio también tuvo un impacto desafortunado en las comunidades minoritarias. Los mismos grupos de personas que fueron librados de la opresión y que recibieron importantes derechos pronto se encontraron en mayor esclavitud con los programas de bienestar del gobierno. Básicamente, el gobierno les pagaba para tener hijos y, además, los penalizaba si el padre de los niños (o cualquier hombre adulto) estaba presente en el hogar. Esto destruyó familias, reemplazando la esclavitud del racismo sistémico y la pobreza con la dependencia del bienestar que el gobierno les proporcionaba. Se fomentaron los estereotipos raciales y la pobreza generacional y las consiguientes oleadas delictivas se arraigaron en esta nueva mentalidad cultural.

Además, los grupos sociales exigieron que ciertas razas votaran por sus partidos políticos o fueran condenados a ser marginados. Esos mismos partidos también exigieron el derecho a matar a sus bebés que ni siquiera habían nacido.

Margaret Sanger, quien estableció clínicas de aborto en todo el país, es celebrada como una libertadora. Sin embargo, ella era racista, decidida a aniquilar a la población negra en los Estados Unidos mediante el aborto de bebés negros.

Ateos como Madalyn Murray O'Hair lucharon con éxito para eliminar la oración y la lectura de la Biblia de las escuelas públicas, y desde entonces las escuelas nunca han vuelto a ser las mismas.

Hoy, en gran parte de nuestra cultura, el llamado "derecho de la mujer a elegir" se anuncia como un acto escandaloso de libertad sobre la opresión dominada por los hombres. Asimismo, el ateísmo está en boga entre los intelectuales y los jóvenes. En el verdadero sentido del cambio cultural, las personas que defienden el aborto o el ateísmo ya no cuestionan los conceptos subyacentes detrás de los eslóganes que transmiten estas posiciones populares. Simplemente los aceptan como parte de la vida moderna junto con el aire que respiran, el internet que absorben, la insignificancia de la iglesia y el asesinato de los no nacidos como una forma de control de natalidad.

Sí, los grupos de personas obtuvieron derechos y libertades que nunca antes habían tenido, pero están siendo discipulados por el mundo, no por la iglesia, no por la Ekklesia. Y así, a través de estos derechos y libertades iniciales vino más esclavitud.

Tanto Dios como el enemigo saben que el cambio permanente comienza con un avivamiento pero termina con reforma, un cambio de cultura. Nuestra batalla, entonces, es resistir el cambio de cultura del enemigo y establecer el Reino de Dios—un cambio de cultura que traerá el gobierno del cielo.

Despertamos y reanimamos según Marcos 16, pero discipulados y reformamos según Mateo 28. No podemos hacer lo uno sin lo otro. Tenemos que hacer ambas cosas si queremos ver el poder de Dios manifestado al nivel que leemos en la oración de Jesús en Mateo 6:10.

Así es como se ve cuando la piedra de Benjamín está puesta de nuevo en su lugar: se recupera a la familia y se restablece la cultura del Reino de los Cielos en el mundo.

> *[Siendo] edificados sobre el fundamento de los apóstoles y profetas, siendo Cristo Jesús mismo la piedra angular*
>
> Efesios 2:20

La familia se está uniendo, creciendo para convertirse en un templo santo en el Señor. Somos el templo del Espíritu Santo. Estamos siendo *Benjamín*, siendo juntamente edificados para ser morada de Dios.

CONCLUSIÓN

¿Cómo se ve cuando la familia es restaurada a un lugar de gobierno?

> *Y a los extranjeros que se alleguen al SEÑOR para servirle, y para amar el nombre del SEÑOR, para ser sus siervos, a todos los que guardan el día de reposo sin*

profanarlo, y se mantienen firmes en mi pacto, yo los traeré a mi santo monte, y los alegraré en mi casa de oración. Sus holocaustos y sus sacrificios serán aceptos sobre mi altar, porque mi casa será llamada casa de oración para todos los pueblos.

Isaías 56:6-7

Cuando la piedra de Benjamín está en su lugar, tenemos tanto la comisión de Marcos 16 como la comisión de Mateo 28. El aspecto familiar y el aspecto de gobernar se combinan para crear un avivamiento y un despertar, para que luego se dé una reforma y una transformación.

Cuando estamos reconstruyendo la familia, estamos centrados en la familia y en las personas. Cuando estamos operando como Ekklesia, estamos centrados en el gobierno y en el Reino.

Recuerde que la palabra *construir* es la palabra griega *oikos* "constructor de una familia". Podemos contrastar esto con Ekklesia, el cuerpo legislativo de Dios, y cómo cada uno lleva a cabo las comisiones de Jesús.

El Oikos salva a las personas como individuos.

La Ekklesia salva naciones.

El Oikos sana a la gente.

La Ekklesia sana naciones.

El Oikos libera los demonios.

La Ekklesia ofrece desde filosofía, leyes, estructuras, paradigmas y sistemas.

El Oikos lleva el amor de Cristo a un individuo.

La Ekklesia lleva los principios y mandamientos de Dios a las sociedades y naciones.

El Oikos es un hogar.

La Ekklesia es un Congreso.

El Oikos es un rebaño de ovejas.

La Ekklesia es una convención de Águilas.

El Oikos es una novia.

La Ekklesia es un gobierno.

El Oikos es su cuerpo, su familia.

La Ekklesia es su voz.

El Oikos son los hijos de Dios.

La Ekklesia, son hijos e hijas de Dios.

El Oikos son herederos de Dios.

La Ekklesia son socios de Dios.

El Oikos son agricultores.

La Ekklesia son jueces.

El Oikos son sacerdotes.

La Ekklesia son reyes.

El Oikos son administradores.

La Ekklesia son legisladores.

El Oikos está ungido para el trabajo.

La Ekklesia está autorizada para el trabajo.

El Oikos predica Marcos 16.

La Ekklesia discípula según Mateo 28.

El Oikos realiza obras.

La Ekklesia ordena leyes y principios y caminos.

El Oikos enfatiza la efusión del Espíritu Santo.

La Ekklesia enfatiza los mandatos del Rey Jesús.

El Oikos, derrama su espíritu.

La Ekklesia, enseña y enfatiza su verdad.

El Oikos es señales, milagros y prodigios.

La Ekklesia son sistemas y procedimientos.

El Oikos es el poder que se necesita.

La Ekklesia es la autoridad ejercida.

El Oikos es derramamiento.

La Ekklesia está fuera trabajando.

El Oikos es a corto plazo.

La Ekklesia es a largo plazo.

El Oikos está centrado en lo pastoral y la evangelización.

La Ekklesia tiene un centro apostólico y profético.

Tanto el Oikos como la Ekklesia necesitan la función del maestro.

El Oikos da a luz niños y niñas.

La Ekklesia comisiona reyes y legislaturas.

El Oikos protege a la familia y al rebaño.

La Ekklesia te exige riesgos.

El Oikos se trata de la oración.

La Ekklesia se trata de decretos.

El Oikos trata de reunir personas al redil de ovejas.

La Ekklesia trata de enviar personas al mundo.

El objetivo de Oikos es la totalidad de los individuos.

El objetivo de la Ekklesia es la misión y la voluntad del Rey.

El Oikos son los dones del Espíritu Santo.

Las Ekklesia es una llave para el reino.

El Oikos libera misericordia.

La Ekklesia libera justicia.

El Oikos extiende gracia.

La Ekklesia funciona en verdad.

El Oikos está impulsado por la pasión.

La Ekklesia es impulsada por el celo.

El Oikos impone manos en las personas para sanarlas.

La Ekklesia impone manos en la gente para comisionarla.

El Oikos es donde ocurre el avivamiento. Aquí es donde Jesús es el pastor, el novio, el anciano, el primogénito de muchos hermanos, el sumo sacerdote, el salvador, el cordero, el redentor, el abogado, el mediador, el amigo, el pastor, el proveedor, el sanador, el hijo del hombre.

La Ekklesia es donde ocurre la reforma. Aquí es donde Jesús es Rey, Señor, Maestro, Comandante en Jefe, Cabeza de la Iglesia, Apóstol, Obispo, Juez, Legislador, Vencedor, Salvador, Señor Sabaoth, Capitán de las huestes celestiales, el Verbo de Dios, Creador, Hijo de Dios.

Estas son cosas que suceden cuando la piedra de Benjamín está en su lugar.

Familia, tenemos que salir de esta mentalidad religiosa de que nuestro trabajo como iglesia es llevar a la gente al cielo. Ese es un enfoque equivocado. Tenemos que hacer que la familia vuelva a gobernar. Ciertamente, si alguien de la familia muere antes de que el Señor regrese, irá al cielo, pero Jesús nunca nos dijo que el cielo es nuestro enfoque. Dijo que la tierra es nuestro enfoque. Aquí es donde se necesitan nuestros dones. Aquí es donde la familia necesita ser revisada y reformada. Aquí es donde se lleva a cabo el gobierno. Debemos volver a estas dos comisiones de Dios: Marcos 16 y Mateo 28. Vamos a volver a colocar la piedra de Benjamín en su lugar para que pueda empezar a producir un despertar del fuego de Dios, cayendo como Dios quiere que lo hagamos.

¿Estás listo? ¡Hagámoslo!

Conclusión

COMENZÓ CON AGUA, O CON LA FALTA DE ELLA. Y con dos hombres, Acab y Abdías, buscaban al hombre que pensaban que podría acabar con la sequía que había asolado a Israel durante tres años y medio. Era el mismo hombre que la había instigado. Ese hombre era Elías el profeta, y fue difícil de encontrar.

Así que, se repartieron el reino entre ellos y buscaron en cada ciudad, cada campo y montaña. Cuando Abdías finalmente encontró a Elías, estaba desesperado por verse como uno de los buenos. Ser un profeta de Dios en aquellos días significaba que tu cabeza tenía un precio. La esposa de Acab, Jezabel, mató a todos lo que pudo encontrar. Sin embargo, Abdías temía a Dios y se apresuró a apartarse de la bruja asesina.

> *¿No le han contado a mi señor lo que hice cuando Jezabel mató a los profetas del SEÑOR, que escondí a cien de los profetas del SEÑOR de cincuenta en cincuenta en una cueva, y los sustenté con pan y agua?*

> 1 Reyes 18:13

Abdías necesitaba el favor de Elías. Tenía miedo de que Acab lo matara si después de que le informará a Acab y Elías no se presentará a la reunión acordada. Sin embargo, fiel a su palabra, Elías apareció y se produjo la siguiente conversación:

> *Y sucedió que cuando Acab vio a Elías, Acab le dijo: ¿Eres tú el perturbador de Israel?*
> *Y él respondió: Yo no he perturbado a Israel, sino tú y la casa de tu padre, porque habéis abandonado los mandamientos del SEÑOR y habéis seguido a los baales. Ahora pues, envía a reunir conmigo a todo Israel en el monte Carmelo, junto con cuatrocientos cincuenta*

> *profetas de Baal y cuatrocientos profetas de la Asera*
> *que comen a la mesa de Jezabel.*

1 Reyes 18:17-19

Entonces, serían 850 profetas sedientos de sangre del mal contra un hombre de Dios. La nación de Israel, estaba en juego.

La elección de Elías del Monte Carmelo para esta competencia revelaba mucho. La palabra *Carmelo* significa viña. Con esto Elías estaba diciendo: "Veámonos en la viña". Pero no cualquier viña. En el Nuevo Testamento, aprendemos quién es el labrador de la viña: Dios Padre. Así que este enfrentamiento iba a ocurrir en el lugar fructífero de Dios. Y Dios estaba preparando una cosecha.

Elías eligió un lugar donde Dios había demostrado ser fructífero en el pasado. En esencia, estaba diciendo: "Acompáñame allí y mira cuál dios responde con fuego. Si su dios puede invalidar lo que mi dios (Yahweh/Jehová) está haciendo, entonces serviremos a Baal. Pero si Baal no puede venir a la montaña de la fertilidad de Dios, un lugar donde Dios tiene historia, un presente y un futuro, entonces ustedes están acabados y los mataremos".

Suena justo, ¿Verdad?

Estudiando las 12 piedras del altar que representaban las 12 tribus de Israel, me di cuenta que los nombres de varias de ellas incluían el significado de "fructífero". Las tribus de José, Gad, Judá, Leví e incluso Manasés y Efraín todas estas significan "fructíferos".

¿Qué significa fructífero? Tenemos frutos al plantar una semilla. Al hacer esto, lo hacemos con fe, creyendo en Dios, que la tierra, la lluvia y la luz del sol harán lo que se supone que deben hacer, y que dentro de la semilla, no solo hay un árbol, sino huertos. Esta es la clase de fe que tenía Elías. Dios se había probado a sí mismo ante Elías muchas veces en el Monte Carmelo. Entonces, cuando Elías lanza su desafío, él se basó en la historia que tenía con Dios: la voz de Dios que le había hablado en el pasado, la fidelidad de Dios que lo había librado y sostenido muchas veces. Al hacer esto, él sabía que Dios volvería a hacer estas mismas cosas.

228

Era la misma fe que tenía David cuando tomó su vara en la mano y llevó a Goliat a su muerte. Su vara era una especie de diario; en ella fueron esculpidas recuerdos del poder de Dios de liberación y sanidad, la historia de las generaciones.

Elías estaba declarando: "Veámonos en ese lugar donde yo tengo una historia con Dios".

Hoy, cuando oramos por avivamiento, despertar, transformación y reforma en nuestras naciones, no le estamos pidiendo a Dios que haga algo nuevo. Le estamos pidiendo a Dios que lo haga de nuevo. Mira, ha habido grandes despertares en los Estados Unidos desde el siglo XVII. También hubo uno en el siglo XIX. Nos estamos preparando para ver otro gran despertar como nunca antes. ¿Cómo lo puedo saber? Porque esta nación tiene una historia con Dios.

Ciertamente, no toda nuestra historia es buena, pero Dios está en nuestra historia, perdonando nuestros fracasos, faltas y fallas a medida que nos arrepentimos. Entonces Dios sana nuestra tierra y nos lleva a un lugar de avivamiento. La verdad es que tenemos una gran historia con Dios. Ha habido movimientos de Dios con señales, prodigios y milagros en toda nuestra nación. Las oraciones han sido contestadas. Se han hecho pactos. Y vidas han sido cambiado.

Nuestra historia con Dios nos dice que él es fiel para darnos un avivamiento, un despertar y para derramarse a sí mismo en una forma más grande de lo que nunca antes hemos visto. Estamos en ese lugar de la historia, extrayendo de lo que Dios ha hecho por nosotros en el pasado y creyendo que Él nos llevará a otro avivamiento.

"Veámonos en la viña donde me he encontrado con Dios y él ha probado ser fiel". Elías estaba listo; Dios estaba listo; pero ¿Estaba la gente lista? (1 Reyes 18:21)

> *Elías se acercó a todo el pueblo y dijo: ¿Hasta cuándo vacilaréis entre dos opiniones? Si el SEÑOR es Dios seguidle; y si Baal, seguidle a él. Pero el pueblo no le respondió ni una palabra.*

La gente en la escena estaba en silencio. Conocían su historia con Dios, cómo los sacó de Egipto y los llevó a la tierra prometida, pero también entendieron que había algo en este momento que podía cambiarlo todo. Por eso dieron su agua, ese bien preciado, en medio de una larga sequía.

Elías atrajo al pueblo y reparó el altar del Señor que había sido derribado por los profetas de Baal. Elías tomó 12 piedras y reconstruyó el altar en el nombre del Señor. Luego hizo una zanja alrededor del altar lo suficientemente grande como para contener dos medidas de semilla. Arregló la leña y cortó el buey en pedazos y lo puso sobre la leña. Finalmente, mandó al pueblo que empapara el altar con agua, no una sino tres veces, hasta que el agua se derramara en la zanja.

Y llegó el momento de la verdad:

> *Y sucedió que a la hora de ofrecerse el sacrificio de la tarde, el profeta Elías se acercó y dijo: Oh SEÑOR, Dios de Abraham, de Isaac y de Israel, que se sepa hoy que tú eres Dios en Israel, que yo soy tu siervo y que he hecho todas estas cosas por palabra tuya. Respóndeme, oh SEÑOR, respóndeme, para que este pueblo sepa que tú, oh SEÑOR, eres Dios, y que has hecho volver sus corazones.*
>
> *Entonces cayó el fuego del SEÑOR, y consumió el holocausto, la leña, las piedras y el polvo, y lamió el agua de la zanja.*
>
> *Cuando todo el pueblo lo vio, se postraron sobre su rostro y dijeron: EL SEÑOR, Él es Dios; el SEÑOR, Él es Dios.*
>
> I Reyes 18:36-39

Cuando cayó el fuego, el corazón de la gente se volvió y comenzaron a adorar. Sin embargo, a pesar de lo espectacular que fue esto, no fue suficiente. Sí, la gente se reavivó, incluso se convirtió. Pero Elías sabía que el cambio debía pasar de la cima de la montaña a lo más profundo de los corazones de la gente. Algo más tenía que suceder para asegurar lo que Dios estaba haciendo en la tierra de Israel y su pueblo. Las cosas estaban a punto de ponerse serias.

> *Entonces Elías les dijo: Prended a los profetas de Baal, que no se escape ninguno de ellos. Los prendieron, y Elías los hizo bajar al torrente Cisón y allí los degolló.*

> 1 Reyes 18:40

Ahora, el *torrente Cisón* significa: "poner carnada o anzuelo." Fue en este punto que Dios, a través de Elías, reveló su juego final. Había atraído a los profetas de Baal a su destrucción. El objetivo del altar no era solo que la gente dijera: ¡*"El Señor El es Dios!"* La meta era vaciar la tierra de los profetas de Baal y de los profetas que comían en la mesa de Jezabel. Esa sigue siendo la estrategia de Dios hoy.

Si vamos a ver un avivamiento, un avivamiento sostenible, no solo debemos reavivar a las personas a través de la comisión de Marcos 16, sino que también debemos discipular a las naciones a través de la comisión de Mateo 28. No solo vamos a llevar a las personas a un lugar en sus vidas donde ellas puedan decir: "Dios es el Señor." Eso es un buen comienzo, pero tenemos que salir de las cuatro paredes de la iglesia y envolvernos en la cultura de tal forma que removamos a los profetas de Baal y a los profetas que comen en la mesa de Jezabel. Tenemos que sacarlos de la tierra y callar sus voces de influencia. Luego de eso, tenemos que reemplazarlos con hijos e hijas maduros quienes hablaran por Dios, harán los trabajos del reino, y serán gente de reino.

Estamos reclamando la cultura, tendiendo trampas de acuerdo con la estrategia de Dios para exponer los sistemas satánicos del mundo por lo que son: oscuros, débiles, sin valor, egocéntricos y carentes del corazón por la gente. Veremos a la cultura reestablecida como Dios lo ha diseñado para las naciones del mundo.

Ahora, Elías mató a los profetas de Baal. Nosotros no vamos a hacer eso en la natural. En vez de eso mataremos los sistemas, en la realidad espiritual y removeremos a esas personas en lo natural quienes han tenido esas posiciones de autoridad en nuestra cultura y se la han dado a Baal. Sus días han terminado; su realidad se acabo. Reclamamos las montañas de la cultura y de influencia. Estamos levantando personas y enviándolas a esos lugares para que reclamen esas montañas para el Señor.

Ahora, en este punto de la historia, el fuego ha caído, la gente se ha reavivado, y la tierra ha sido limpia de los profetas malvados. Es el tiempo de Dios para restaurar la tierra.

> *Y Elías dijo a Acab: Sube, come y bebe; porque se oye el estruendo de mucha lluvia. Acab subió a comer y beber, pero Elías subió a la cumbre del Carmelo; y allí se agachó en tierra y puso su rostro entre las rodillas. Y dijo a su criado: Sube ahora y mira hacia el mar. Y él subió, miró y dijo: No hay nada. Y Elías dijo siete veces: Vuelve a mirar.*
>
> *Y sucedió que a la séptima vez, él dijo: He aquí, una nube tan pequeña como la mano de un hombre sube del mar. Y dijo: Sube, y di a Acab: "Prepara tu carro y desciende, para que la fuerte lluvia no te detenga."*
>
> *Y sucedió que al poco tiempo, el cielo se oscureció con nubes y viento, y hubo gran lluvia. Y Acab montó en su carro y fue a Jezreel. Y la mano de SEÑOR estaba sobre Elías, el cual ciñó sus lomos y corrió delante de Acab hasta Jezreel.*

1 Reyes 18:41-46

"El sonido de un rugido". *Rugido* es la palabra *hamon*, que significa "que viene gran cantidad, viene mucha lluvia, multitudes de lluvia, viene con un ruido, un estruendo, turbulencia, una lluvia que se está produciendo".

Eso es mucha lluvia.

Estamos en el Rugido de los años 20, en una temporada del rugir del León de Judá sobre su iglesia, sobre su Ekklesia y sobre las naciones de la tierra. La lluvia viene, viene un tiempo de refrescamiento, de derramamiento del Espíritu Santo como nunca antes. Las culturas volverán a lo que Dios intentó que fueran desde el principio, exactamente como en los días de Elías.

Note, sin embargo, las diferentes formas que abordaron estos dos hombres después de que Dios se movió en el Monte Carmelo. Acab subió a comer y beber, pero Elías se agachó y puso el rostro entre las rodillas. Esta era una posición de parto, y él estaba dando a luz lluvia. Un hombre satisfizo su deseo; el otro hombre continuó la restauración de Dios de la tierra.

Esto es una lección para nosotros hoy. Mientras unos disfrutan de las inmediatas bendiciones de Dios después de un milagro, la Ekklesia—el brazo legislativo de Dios en la tierra, puede encontrarse en una posición de dar a luz al derramamiento del Espíritu Santo, el empapar celestial de Dios en la tierra. Si vamos no solo a escuchar acerca de la lluvia sino que vamos a experimentarla, necesitamos darla a luz. Pero, hay algo más.

Cuando Elías dio a luz la lluvia, su siervo finalmente vio algo que Israel no había visto en tres años y medio de sequía, una nube del tamaño de la mano de un hombre. Un comienzo desfavorable, pero de todas formas era un comienzo.

La palabra para mano es *cafa,* y significa "hueco, plano". Así que lo que vio el siervo no era un montón de nubes en el aire con el potencial de desatar torrentes de lluvia. No, esta era una nube plana que parecía hueca; podías ver a través de ella. Era como la palma de una mano. Sin embargo, prometía. Después de tres años y medio, Israel tenía una promesa del tamaño de la mano de un hombre.

Así es como Dios obra. El pueblo vio el fuego caer, el agua consumirse, el altar quemarse y al demonio residente masacrado en carne y espíritu. Y ahora, en el gran momento de la restauración, surge una pequeña nube plana y hueca. Sin relámpagos, sin truenos, sin cielos oscuros que pronosticaran nada. Sólo una bocanada de blanco. Me imagino a la gente pensando:

"¿Esto va a restaurar la tierra? Vaya Dios, ¿Se te acabaron todas las cosas grandes?

Sin embargo, ese no era el pensamiento de Elías. Él sabía lo que venía. Él la estaba dando a luz.

Sube, y di a Acab: "Prepara tu carro y desciende, para que la fuerte lluvia no te detenga." 1 Reyes 18:44

Para la gente de fe, no importa como se vean las nubes, de igual manera estamos dando a luz a la lluvia. ¿Puedes imaginarte a María mirando a Jesús recién nacido en sus brazos? Un bebé diminuto e indefenso que no se puede alimentar, ni sostener por si solo, o hablar. ¿Este es de quién el ángel habló? ¿De quién declararon los profetas? ¿El hijo de Dios, el Salvador del mundo?

Si... él es.

No desprecies estos pequeños comienzos, porque el Señor se regocija al ver comenzar la obra...

Zacarías 4:10

Cada movimiento de Dios empieza con un nacimiento. Estamos dando a luz algo hoy. No es algo pequeño cuando el Dios de toda la Creación nos susurra: "Aquí estoy" ¿De verdad necesitamos algo más que esto?.

Cuando creemos lo que Dios dice, independientemente de nuestras expectativas de grandeza, él hace más, tal como lo hizo por Elías. En poco tiempo, el cielo se oscureció con nubes y vientos y el cielo estalló con fuertes lluvias.. Finalmente, llego la lluvia... *después de que Elías* la diera a luz.

Esto es lo que significa para nosotros hoy: el despertar, el avivamiento, la redención. Nuestro objetivo final no es volver a ensamblar las piedras o comprender lo que significan. No confundas el proceso con el premio. Estamos obteniendo cosas para librar la tierra de la influencia de Baal y Jezabel para que la lluvia pueda caer. No el fuego, eso es solo un medio para un fin, pero la lluvia es otra cosa. El fuego purga pero la lluvia sana.

Tenemos que llegar a envolvernos en cada aspecto de la sociedad, educando a las personas, y enviándolas a las montañas de la sociedad para que sean una voz del Reino de Dios. La voz de Baal a sido fuerte, pero cuando se haya hecho todo y hallamos removido a sus profetas, nuestro siguiente paso será levantar otra voz en la tierra, la voz del reino y del Rey.

La Ekklesia está trayendo el cielo a la tierra, decretando la voluntad que se encuentra en el corazón del Padre, declarando, profetizando y liberando la voz de Dios, dando a luz lo que él nos ha dado, cosas que no hemos visto por años, algunas de ellas desde los años 1800, cosas que han estado ausentes por mucho tiempo en nuestras culturas.

El parto produce cosas pequeñas al principio. ¡No las desprecies! No te dejes convencer. Las cosas buenas comienzan pequeñas y luego crecen. Debemos administrar nuestros comienzos nacientes desde la viña, aprovechando nuestra fructífera historia con Dios. Entonces veremos nubes y lluvia y el derramamiento del Espíritu Santo.

Esto no va a suceder a través de nuestras predicaciones, nuestra teología o nuestros talentos. Va a suceder a través de los hijos e hijas de Dios siendo guiados por el Espíritu Santo. Será el gobierno del cielo. Mientras que seamos obedientes a seguirlo, veremos la bondad del Señor en la tierra de los vivientes.

Veremos a los Estados Unidos llegar a ser lo que ha sido llamada a ser. Veremos a Australia llegar a ser lo que ha sido llamada a ser. Veremos las Filipinas, Corea, Hong Kong, y todas las naciones de la tierra llegar a ser lo que han sido llamadas a ser. Para ver esto, debemos discipular a las naciones del mundo. Debemos administrar la cultura de tal forma que no le demos a Baal ni a Jezabel lugar ni voz de nunca mas.

Jesús está regresando por una iglesia sin manchas ni arrugas, no viene por una iglesia miedosa que se esconde detrás de las paredes y la oración: "Ven pronto, Señor Jesús. Sálvanos de estos disturbios y sácanos de aquí para verte hacer todo desde las nubes."

¡No! Dios está diciendo: "Ciñe tus lomos, ponte tu anillo de sellar. Arregla tu corona. Y sale en el nombre de Jesús. Libera mis decretos y palabras proféticas. Vuelve la tierra a la alineación. No harán esto como un rebaño de ovejas temblorosas sino que valientemente de tu unción como reyes y con el llamado que yo les he dado."

Naturalmente, algunos de nosotros vamos a dudar. Después de todo, no dice la escritura: *"¿Calcula el costo"?* Claro que lo dice. Así que, calcula. Y cuando llegues a "todo", prepárese para salir.

Algunas personas dudan si correr por un puesto de gobierno, porque hay demasiada maldad presente. Otros dudan si empiezan a enseñar hasta que Dios no elimine el desorden de la corrección política y la rebelión que esta enraizada en nuestros sistemas educativos. También hay algunos que sueñan con llegar a trabajar en Hollywood, pero... ya saben... todo el pecado y decadencia. Uf.

Escucha la palabra del Señor: La razón por la cual deberíamos estar en la cima de esas montañas es precisamente porque ellos son malvados. De la misma forma que la policía va donde está el crimen y los doctores van donde están los enfermos, la Ekklesia va donde el pecado y la oscuridad están.

Estamos despertando, reviviendo, y Dios quiere usarnos de maneras poderosas para lograr un derramamiento de su Espíritu como nunca antes. Pero primero, ¡Encuentra tu tribu!

¿A dónde perteneces? ¿Eres visionario como Rubén? ¿Un oyente como Simeón? ¿Conocedor como Isacar? ¿Una persona de negocios como Zabulón? ¿Un constructor como Benjamín? ¿Un luchador como Neftalí? ¿Un sacerdote como Leví (pero del orden de Melquisedec)? Encuentra tu lugar en este altar de Dios. Te necesitamos.

Te necesitamos donde Dios te ha llamado a estar. Estamos haciendo negocios en nombre del Rey Jesús hasta que él venga por nosotros como un ladrón en la noche.

Estamos frente a una tremenda oportunidad, traer avivamiento, despertar y redención al mundo. Creo que mil millones de almas vendrán al Reino de Dios en la próxima década, más de las que se han salvado en los últimos 2000 años.

Para hacer esto, debemos funcionar como nunca lo hemos hecho antes. Debemos adueñarnos de esto. Debemos serlo. Debemos administrarlo. Debemos operar desde un lugar no solo de fructificación para una temporada sino de transformación para las generaciones venideras. Son ellos quienes la llevarán aún más profundo.

Dios está transformando las naciones de la tierra, y lo está haciendo a través de nosotros.

> *Nos dio a conocer el misterio de Su voluntad, según la buena intención que se propuso en Cristo, con miras a una buena administración en el cumplimiento de los tiempos, es decir, de reunir todas las cosas en Cristo, tanto las que están en los cielos, como las que están en la tierra.*
>
> Efesios 1:9-10

Wallace:

Yo soy William Wallace
Y veo todo un ejército de mis compatriotas,
aquí, en desafío a la Tiranía.
Han venido a pelear como hombres libres
Y hombres libres son.
¿Qué harás sin libertad?
¿Pelearás?

Soldados:

¿Pelear? ¿Contra eso? ¡No!
¡Correremos! Y viviremos.

Wallace:

Sí. Pelea y pude que mueras. Corre, y vivirás...al menos por un
tiempo. Y muriendo en sus camas, dentro de muchos años,
Estarías dispuestos a negociar todos los días
desde este día hasta aquel,
por una oportunidad
solo una oportunidad
para regresar aquí y decirle a nuestros enemigos
que ellos puede que nos quiten la vida
¡PERO NUNCA QUITARÁN NUESTRA LIBERTAD!

Braveheart (1995)

Acerca del Autor

GREG HOOD NACIÓ Y CRECIÓ EN AMORY, MISSISSIPPI, y a estado en el ministerio por más de 33 años. Es el presidente y fundador de Global Reformation Ministries y World Mission Center Fellowship of Churches, todos con sede en los Estados Unidos de América.

Greg lidera apostólicamente a muchos líderes e iglesias alrededor del mundo. Es un plantador de centros apostólicos y ha sido pionero en varios centros apostólicos dentro de los Estados Unidos y en otras partes del mundo. Greg viaja extensamente, capacitando a los creyentes en la búsqueda apasionada de su mandato dado por Dios, lo que resulta en una transformación personal y social. Su mayor pasión es ver el Cuerpo de Cristo llegar a su plenitud dentro del Reino de Dios. A Greg le apasiona hablar a aquellos que son llamados al liderazgo de la Iglesia, el Gobierno y el Mercado. Le arde ver a las personas convertirse en lo que Dios ha diseñado que ellos sean.

Greg y su esposa, Joan, han estado casados por 23 años. Después de terminar una asignación de 10 años en Hawái, recientemente los Hood trasladaron la sede de su ministerio de regreso a Amory, Mississippi, y comenzaron recientemente a codirigir Global Connexions ubicada en la hermosa costa soleada de Queensland, Australia.

Made in the USA
Columbia, SC
05 February 2023

11783142R00146